U0742913

高职院校学生
职业核心能力培养与训练

第 2 版

主　编　梁玉国　夏传波
副主编　雷海峰　王　敏
参　编　王　静　牛雪艳
　　　　杜梅玲　徐爱红

机械工业出版社

本书以教育部教育管理信息中心《全国职业核心能力（CVCC）认证项目等级测评体系》和原劳动和社会保障部职业技能鉴定中心制定的《职业核心能力培训测评标准（试行）》为指导，结合高职院校人才培养工作要求，分章介绍了职业沟通、团队合作、自我管理、解决问题、信息处理和创新创业能力的培养与训练。

本书采用"知识—训练—实践—考核"的四步培养法，各章内容包括知识理论、能力训练、实践活动、考核评价四个方面，知识系统简明，案例生动翔实，训练实践到位，考核评价具体，既具有科学性、知识性，又具有趣味性、可操作性。

本书可作为普通高校、高职院校、中职学校学生职业核心能力培养的专用教材，也可作为职场人士提高职业核心能力的学习用书。

图书在版编目（CIP）数据

高职院校学生职业核心能力培养与训练／梁玉国，夏传波主编. —2 版. —北京：机械工业出版社，2015.9（2025.9 重印）

高职高专系列教材

ISBN 978－7－111－51411－4

Ⅰ.①高… Ⅱ.①梁… ②夏… Ⅲ.①大学生—职业选择—高等职业教育—教材 Ⅳ.①G647.38

中国版本图书馆 CIP 数据核字（2015）第 202820 号

机械工业出版社（北京市百万庄大街 22 号 邮政编码 100037）
策划编辑：王玉鑫   责任编辑：王玉鑫 王丽滨
责任校对：黄兴伟   责任印制：邓 博
涿州市般润文化传播有限公司印刷
2025 年 9 月第 2 版·第 13 次印刷
184mm×260mm·16 印张·395 千字
标准书号：ISBN 978－7－111－51411－4
定价：49.90 元

电话服务   网络服务
客服电话：010-88361066   机 工 官 网：www.cmpbook.com
          010-88379833   机 工 官 博：weibo.com/cmp1952
          010-68326294   金 书 网：www.golden-book.com
封底无防伪标均为盗版   机工教育服务网：www.cmpedu.com

序

　　职业核心能力的提出始于20世纪70年代，经济发展得益于职业教育的德国首提"关键能力"。"关键"一词在德语中原意为"钥匙"，"关键能力"寓有开启成功之门的钥匙之意。继之，英国、美国、澳大利亚、新加坡、日本等发达国家和中国香港地区纷纷响应，一时间形成职业核心能力培养这一新的趋向。

　　英国构建了完善的核心能力培训认证体系，旨在协助数以万计的国民获得求职或转职所需的技能，并协助企业与世界新崛起的经济体系竞争。美国非常重视三个基本素质（听说读写算的素质、思维素质和道德素质）和五种基本能力（合理利用与支配各类资源的能力、处理人际关系的能力、获取信息并利用信息的能力、系统分析能力、运用多种技术的能力）的培养。澳大利亚开展了以核心能力为取向的教育，并提出所有青年未来有效参与各种工作环境所必备的八项"关键能力"。新加坡倡导的就业必备技能体系包括计算能力、信息技术、解决问题与决策等十项"基本技能"。中国香港特别行政区则借鉴英国、澳大利亚经验，推出制定课程结构等强调核心能力培养的举措。

　　纵观世界，为何职业核心能力成为当代职业教育的热点？实乃经济社会发展所使然。科学技术突飞猛进，知识经济日益发展，势必推动产业结构调整和职业岗位的变动消长。曾几何时，以一纸文凭定终生、"一招鲜，吃遍天"的观念已与时代不符，世易时移，理自使然。

　　20世纪80年代，职业核心能力的观念和实践传入我国，我国高等职业教育正面临着大力发展，即为经济建设培养千百万高素质技能型人才的机遇与挑战。经济社会的快速发展要求当今高职院校的学生除具有必备的专业知识和熟练的职业技能外，还应具备全面的综合素质和社会适应能力、可持续发展能力。正是由于职业核心能力顺应了时代的这一要求，于是在我国职业教育中，职业核心能力培养层层推出新浪。

　　1998年，劳动和社会保障部在《国家技能振兴战略》的研究课题中确定了八项核心能力体系的培养战略。2004年底，劳动和社会保障部职业技能鉴定中心完成了《职业核心能力培训测评标准（试行）》的制定。2006年，教育部《关于全面提高高等职业教育教学质量的若干意见》明确指出："要针对高等职业院校学生的特点，培养学生的社会适应性，教育学生树立终身学习理念，提高学习能力，学会交流沟通和团队协作，提高学生的实践能力、创造能力、就业能力和创业能力。"这里说的正是职业核心能力。

　　职业核心能力培养首先要有教材，教材是职业核心能力培养的基础。诚然，职业核心能力教材建设的成绩已有目共睹，但目前这方面的教材多为以各项核心能力为分册的系列教材，高职院校要在一两年的时间内对职业核心能力进行全面系统的培养，就要有七八本教材之多，或从中另行组织撷取。山东华宇职业技术学院编写的这本教材，根据高职院校职业核心能力培养的实际，将除外语应用能力之外的其他七项能力的培养整合在一起，并对本书从内容的组织形式上也进行了积极的探索和创新，使本书更加适合作为职业院校的教学用书。

　　本书在体例的安排上有自己的特点和创新。目前已有的教材采取的是训练手册、知识学习和测评等分别编写成册以组成"培训包"的形式，本书与之不同，在各章每项能力的培养中均包括贯通职业核心能力培养的知识理论、能力训练、实践活动、考核评价四部分，此体例符合能力培养的规律和实际。在知识理论环节，本书重视基础知识的介绍和理论方法的应用。例如，在"职业沟通能力"中，通过语言学的知识来说明口语交际、书面交际和肢体语言在交往中的作用；在"团队合作能力"中，运用管理学的理论来揭示合作过程中的规律；在"解决问题的能力"中，运用决策学的理论来说明解决问题的过程；在"信息处理能力"中，引入计算机和现代信息技术加以说明；在"创新创业能力"中，以心理学和思维科学的知识加以说明。在能力训练环节，本书从各项能力的能力要素入手，按能力等级设计训练项目，通过活动、案例和游戏等形式进行训练。本书不仅突出能力训练，而且汇集众多训练题例，生动活泼，实为难得。本书与其他教材相比，增加了实践活动环节。对与核心能力培养相关的实践活动，本书设计贴切，内容要求具体。在考核评价环节，本书提出课程期末考核与平时过程考核相结合的考核评价体系，这是对资格认证的补充，也为资格认证奠定一定的基础。

　　本书除了突出能力训练、注重基础知识的介绍外，还十分重视理论研究。书中所谈到的职业核心能力的结构与功能、高职院校职业核心能力培养系统的构建，都是编者的研究心得。

　　本书即将付梓出版，借此谈谈关于职业核心能力和感想，谨与大家交流共勉，并真诚希望通过职业核心能力的培养与训练为莘莘学子和职场人士职业生涯的发展插上腾飞的翅膀。

2012 年 6 月 20 日

第 2 版前言

2007 年，劳动和社会保障部职业技能鉴定中心颁布了《职业核心能力培训测评标准（试行）》。本书第 1 版以该标准为指导，结合高职院校专业人才培养目标的要求，是在职业核心能力培养实践的基础上编写的，旨在促进高职院校学生对职业核心能力的全面理解、掌握和培养训练。

教育部 2010 年颁布的《国家中长期教育改革和发展规划纲要（2010—2020 年）》中指出，"教育应强化能力培养。着力提高学生的学习能力、实践能力、创新能力，教育学生学会知识技能，学会动手动脑，学会生存生活，学会做人做事，促进学生主动适应社会，开创美好未来"。并在《高职高专院校人才培养工作水平评估指标体系》和《普通高等学校本科教学工作水平评估方案》中要求测评学生的"自我学习、信息处理、语言文字表达和合作协调能力"。

同年，教育部教育管理信息中心全国职业核心能力认证办公室颁布了《全国职业核心能力（CVCC）认证项目等级测评体系》。

鉴于此，编者结合两部委对职业核心能力测评的标准对本书做了如下修订：

1. 保留核心。即以"职业沟通、团队合作、自我管理、解决问题、信息处理和创新创业"六种能力为核心。在结构上每章内容分为知识理论、能力训练、实践活动、考核评价四部分，此体例符合能力培养的规律和实际。

2. 简化内容。在内容的取舍上以培养学生从事实际工作的职业核心能力为目的，对书中的一些冗长的内容进行简化，同时对学生在实际工作中应用较多的"职业沟通"和"团队合作"能力进行适当的扩充。

3. 优化案例。从案例的时效性来看，及时更新教学案例，把生动鲜活的素材编写进教材，删除陈旧的表述，增强教材的吸引力，把与岗位能力密切相关的案例纳入教材修订内容。

本书修订的目的是重新设计教材的逻辑结构，以培养"成功职业人"为目标，立足于学生"基础核心能力"和"拓展核心能力"的培养，与职业生活紧密结合、与学生实际结合，在培养"基础核心能力"和"拓展核心能力"的基础之上加强"延伸核心能力"的培养，突出专题化，注重时效性和高职学生素质教育的特点。

本书大纲由梁玉国、夏传波统筹规划，雷海峰、王敏统稿。

参加本次修订的人员还有（以章为序）：王敏（绪论）、杜梅玲（第一、二章）、王静（第三章）、徐爱红（第四、五章）、牛雪艳（第六章）。

由于能力水平所限，书中不足和疏漏之处在所难免，诚请各位读者批评指正，不吝赐教。

编 者
2015 年 6 月

目　录

绪　论

一、职业核心能力的提出

从 20 世纪 70 年代起，世界一些发达国家在职业教育中提出"职业核心能力"这一概念并大力进行研究和实践。这一概念于 20 世纪 80 年代传入我国后，引起政府部门和学者的高度重视。人们越来越认识到，考试虽然是一种能力的培养方式，它也可以使人获得一定的知识和专业能力，也会有助于培养出一些优秀人才，但对于整个社会的发展和进步而言，显然是很不够的。当今社会之所以对"应试教育"批判得多，是因为它过分地强调学生的考试成绩，而忽略了他们作为未来职业人赖以生存所必需的某些关键能力，诸如自我管理、沟通协调、适应环境变化、与人合作、应对突发事件以及创造性地解决问题的能力等。

1998 年，原国家劳动和社会保障部在《国家技能振兴战略》中把人的职业能力分为职业特定能力、行业通用能力和职业核心能力三个层次，把职业核心能力又分为自我学习、信息处理、数字应用、与人交流、与人合作、解决问题、创新、外语应用等八项能力。

2006 年，教育部《关于全面提高高等职业教育教学质量的若干意见》的文件中在阐述"加强素质教育，强化职业道德，明确培养目标"时明确指出："要针对高等职业院校学生的特点，培养学生的社会适应性，教育学生树立终身学习理念，提高学习能力，学会交流沟通和团队协作，提高学生的实践能力、创造能力、就业能力和创业能力，培养德智体美全面发展的社会主义建设者和接班人。"这里所强调的"能力"，我们称其为"职业核心能力"，并赋予它以下几个方面的内涵：职业沟通能力、团队合作能力、解决问题能力、自我管理能力、信息处理能力、创新创业能力。简单地说，也就是一个人适应工作岗位变化，处理各种复杂问题，以及敢于和善于创新的能力，它是职业活动中最基本的能力，适用于任何职业的任何阶段，具有普适性。

现在，教育部、人力资源和社会保障部都在积极开展关于职业核心能力的培训和认证工作。全面、系统地掌握职业核心能力的相关知识，培养并具备良好的职业核心能力，已成为时代和社会对职业院校学生的呼唤、期待和迫切要求，高职院校对此负有自己的使命和责任，这也是我们开设这一课程的目的。

二、职业核心能力的定义及层次分类

为了加深对职业核心能力的理解，我们先从能力、知识与技能说起。

（一）能力、知识、技能的区别

能力是顺利完成某项活动所需要的主观条件，是直接影响活动效率、并使活动得以顺利完成的个性心理特征。个性心理特征包括兴趣、气质、性格等，能力也是其中之一。

理解能力这个概念要从三个方面入手：一是能力平时潜伏在人的心里，看不见，摸不着，所以它是一种心理特征；二是它只有遇到某种具体活动才表现出来；三是它是完成某种活动所必须具备的主观条件。如解一道数学题，需要理解题意的敏捷和运算严密这些能力，这些能力就存在于我们心里，一旦做题时它才体现出来，且是完成数学活动所必备的主观条件，与需要的圆规、角尺等客观条件不同。

知识则是对经验的总结，通过学习储存在我们的记忆中。

技能则是通过训练在个体身上固定下来的、已经固定掌握的行为方式。例如，关于数学的定义、公式是知识，解题的方法、步骤是技能。能力的重要性及能力与知识、技能的不同，我们还可以通过下面一个故事来了解。

【案例 0-1】

看能力

澳大利亚前总理霍华德决定到伊拉克访问，选谁为霍华德总理开飞机呢？

国防军司令豪斯顿不仅亲自看了空军推荐的三名优秀飞行员的资料和档案，而且还要面试他们，对他们进行深入了解和考查。

空军推荐的第一位优秀飞行员叫安德鲁，在皇家空军赫赫有名。豪斯顿司令在询问有关飞机和飞行的一些基本情况时，他对答如流，显得对完成这次飞行任务胸有成竹。

空军推荐的第二位优秀飞行员叫汤克斯，是空军中的王牌飞行员，曾多次排除空中险情，被誉为空难的克星。他不仅出色地回答了豪斯顿司令的提问，而且还将自己对这次飞行的准备情况做了详细的汇报。他出色的表现几乎征服了在场的所有人，他们都认为他是最优秀的。

空军推荐的第三位优秀飞行员叫杰克逊，当豪斯顿司令问他对此次飞行的看法时，他没有立刻回答豪斯顿司令的提问，而是焦急地上前向豪斯顿司令低声说了几句。

豪斯顿司令听后感到震惊，立刻转身对身边的秘书交代了任务。20分钟之后，秘书回来了。豪斯顿司令听完秘书的汇报后，当即决定：此次的飞行任务，由杰克逊来承担。

大家有些纳闷：从级别、地位、荣誉、名声、经验等各个方面看，杰克逊都不占优势，可豪斯顿司令为什么偏偏选中了他呢？杰克逊究竟对豪斯顿司令说了些什么呢？

原来，杰克逊向豪斯顿司令说的是："我们三个人来面试路过机场的跑道时，看到有一架飞机正在做试飞前的准备。我听到那架飞机发动机的声音，感觉有严重问题。如果这样试飞，后果不堪设想，请司令马上派人去了解情况，如属实，请推迟试飞。"

结果证明，杰克逊的判断是完全正确的。

于是他果断决定，让杰克逊担任此次重任。

执行任务那天，杰克逊驾机将霍华德总理一行安全地送到了伊拉克南部城市的塔利尔军事基地。在看望了驻扎在当地的澳大利亚士兵之后，霍华德总理决定当天晚上飞往巴格达。

可就在飞机起飞后不久，杰克逊就发现一些不祥之兆，做出了很可能发生事故的判断。他当机立断，调头返回了塔利尔军事基地。

当飞机上所有人员刚刚撤离完毕后，机舱里突然冒出了滚滚浓烟……如果不及时返航，那可真是太危险了！

事后，豪斯顿司令感慨地说："看一个人不仅要看他处理事故的能力，更要看他防患于未然的能力。"

通过这个故事我们想到，关于驾驶飞机的方法、经验是知识，如何实际驾驶飞机是技能，而通过飞机发动机的声音就能判断是否存在故障的这种心理特征，则是能力。

（二）职业核心能力的定义

职业核心能力是在人们工作和生活中除专业岗位能力之外取得成功所必需的基本能力。它可以使人自信和成功地展示自己、并根据具体情况进行选择和应用，它包括职业沟通、团队合作、解决问题、自我管理、信息处理、创新创业等内容，它还包括很多延伸内容，如礼仪训练等。

职业核心能力适用于各种职业，适应岗位的不断变换，是伴随人终生的可持续发展能力。如果说学业水平和专业能力可以使人胜任自己的工作的话，那么学业和专业以外的能力则可以帮助人获取更多的机会，为更好地从事专业工作创造条件、搭建平台，从而提升专业水准并从中获得更多的成功和职业幸福感，这种能力将使人终身受益。德国、澳大利亚、新加坡称之为"关键能力"，美国称之为"基本能力"，我国香港称之为"共同能力"，我国内地则称之为"核心能力"。尽管其称谓不同，但所指的都是人们在工作和生活中必须具备的基本能力，它一方面超越于具体的职业和行业，一方面又是从事任何行业和职业不可或缺的能力基础。

我们之所以称其为职业核心能力，是因为职业核心能力与行业通用能力、职业特定能力之间的关系。可以说，人从幼年成长开始，便自觉不自觉地在培养自己的沟通、合作、管理、解决问题、创新等基本能力。有了这些基本能力，再经过学科的学习，就可提升为行业通用能力。根据我国《国民经济行业分类》，国民经济行业共有 913 个小类。若再经过不同专业方向的学习，职业核心能力就会提升为特定职业能力，即在具体职业、工种、岗位上的工作能力。我国《国家职业分类大典》分有 1838 个职业。这样，在职业能力中，职业核心能力、行业通用能力和职业特定能力的关系，便依次形成一个金字塔式的结构，处于基础的是职业核心能力（见图 0-1）。如果画一个截面图，职业核心能力便居于核心（见图 0-2）。图 0-1 表明，我们在日常生活中看到的特定能力，其实只是浮出海面的冰山一角，而通用能力和核心能力则是海面下的冰山主体。相对于特定能力和通用能力，核心能力往往是人们职业生涯中更重要的、最基本的能力，对人的影响和意义更为深远。图 0-2 表明，核心能力是存在于一切职业中的，从事任何工作都需要的能力。正像纷繁复杂的物质世界，在其最深层次上仅由原子核内的少数几种基本粒子组成的一样，人类在社会活动中表现出来的多姿多彩的能力，在最深层次上也仅是由几种核心能力构成的。

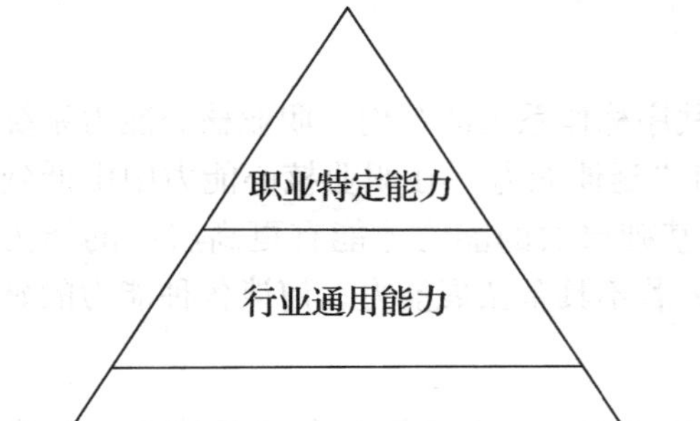

图 0-1　职业能力分层示意图

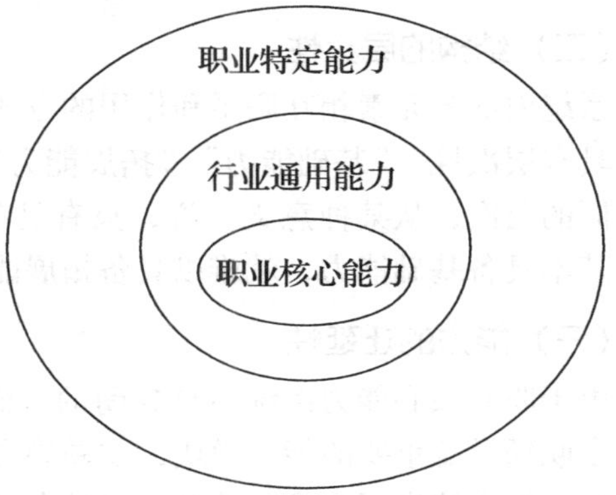

图 0-2　职业能力分层截面示意图

（三）职业核心能力的层次分类

我们把职业核心能力分为三个层次，即基础核心能力、拓展核心能力和延伸核心能力。

基础核心能力包括"职业沟通""团队合作"和"自我管理"能力，它是职业人士在一定职场环境内与他人积极交往、合作并通过自我管理实现工作目标的能力。是一个人在社会中的基本生存能力，也是一个人在职业生涯中的基本发展能力，更是一个人在职业活动中的基本素质。

拓展核心能力包括"解决问题""信息处理"和"创新创业"能力。它是职业人士在职业生涯中不断发展、获取新的知识和技能的基本发展能力。

延伸核心能力包括"礼仪训练""心理平衡"等能力。

三、职业核心能力的特性

职业核心能力的特性是什么，其发挥作用的机制是什么，可以用系统论的方法去阐明，因为职业核心能力本身就是一个系统。

（一）各能力之间的差异性与系统的整体性

所谓系统，是指由相互联系、相互作用的不同元素组成的整体。如人体系统是由九个不同的分系统组成的：运动系统、呼吸系统、循环系统、消化系统、泌尿系统、生殖系统、感官系统、神经系统、内分泌系统。每个系统又包含着不同元素，如呼吸系统是由肺、气管、咽、鼻组成的整体。同样，职业核心能力作为一个完整的系统，各种能力在内容、作用、所处的地位上是各不相同的。但是，这些不同的能力不是孤立地存在着，不是机械地相加，而是相互关联构成一个有机的整体。整体的功能也不等于各部分的简单相加。

譬如，《庄子》中有个"混沌之死"的故事。传说南海之帝叫"倏"，北海之帝叫"忽"，中央之帝叫"混沌"。倏与忽经常到混沌的国土做客，受到混沌热情丰盛的招待。倏与忽商量着如何报答混沌的恩德。他俩说："人都有七窍，用来看外界，听声音，吃食物，呼吸空气。唯独混沌没有七窍，让我们试着给他凿出七窍吧。"他们每天凿出一窍，凿到第七天，七窍终于凿成了，可没想到，混沌却呜呼哀哉地死了。这个故事说明，混沌虽然没有七窍，但他的眼、耳、鼻、口的感官能力是作为一个整体存于混沌身体之中的，倘若故意把这些能力分割开来，混沌的整体感知能力就不存在了。

（二）结构的层次性

系统内部各元素相互联系和作用的方式或秩序称作系统的结构。职业核心能力系统在结构上具有层次性。"基础能力""拓展能力"和"延伸能力"在职业核心能力中由低到高构成不同的层次，从某种意义上说，只有具备了基础层次的能力才能有更高层次的能力。譬如，若不具备基础能力，就难以具备拓展能力，若不具备拓展能力，何谈各种能力的延伸？

（三）能力的迁延性

由于职业核心能力系统不是封闭的，而是开放的，未来还将会在"延伸能力"中增加一些在职场日益重要的能力模块，如领导力、执行力、个人与团队管理等。职业核心能力还可以与其他系统进行交换和结合，并具有自动调节内部结构的功能，所以在职业核心能力的基础上，可以进一步衍生出行业通用能力和职业特定能力。如高职院校的学生就业后，转换工作岗位或"跳槽"是难免的，如果有了良好的职业核心能力，就会很快地产生新的职业能力。

四、培养职业核心能力的意义

（一）培养职业核心能力是实施素质教育的要求

随着国际竞争和我国经济社会发展的需要，实施素质教育已成为教育改革和发展的共识。素质教育与"应试教育"的不同之处在于，它不是单纯追求知识的传授，而是注重学生整体素质的提高和全面发展。《中共中央国务院关于深化教育改革全面推进素质教育的决定》明确指出："实施素质教育，就是全面贯彻党的教育方针，以提高国民素质为根本宗旨，以培养学生的创新精神和实践能力为重点，造就'有理想、有道德、有文化、有纪律'的、德智体美等全面发展的社会主义事业建设者和接班人。"要转变教育观念，改革人才培养模式，"重视培养学生收集处理信息的能力、获取新知识的能力、分析和解决问题的能力、语言文字表达能力以及团结协作和社会活动的能力。""职业教育和成人教育要使学生在掌握必需的文化知识的同时，具有熟练的职业技能和适应职业变化的能力。"《国家中长期教育改革和发展规划纲要（2010—2020 年）》也明确指出："全面实施素质教育是改革发展的战略主题""其核心是解决好培养什么人、怎样培养人的重大问题"，要"坚持能力为重""强化能力培养""着力提高学生的学习能力、实践能力、创新能力"。可见，培养职业核心能力是实施素质教育的要求，也是素质教育的内容之一。

（二）培养职业核心能力是掌握专业技能的基础

前面说过，能力不同于知识和技能，但它们又是相互联系、相互制约的。一定的能力是掌握知识和技能的前提条件，具有相应的能力就易于掌握相应的技能，人们技能形成的速度及形成技能的难度往往与能力水平有关。如记忆能力和语言表达能力强，就容易形成作家的写作技能。对运动的感知能力强，就容易形成体育运动技能。职业核心能力虽然是一种跨专业的、与纯粹的职业技能无直接关系的能力，但它会影响到专业技能。下面这个故事便说明了这一点。

【案例0-2】

听诊器的发明

1986 年的一天，法国医生雷奈克出诊去为一位年轻的姑娘看病。一见病人，雷奈克犯起愁来：她身体非常肥胖，要诊断她的心脏和肺都是否正常，按当时医生惯用的方法，把耳朵贴在病人胸部来听，肯定听不清楚，更何况她是一位年轻的姑娘。雷奈克抬头看见院子里有小孩在玩耍，头脑中突然浮现出几年前看到的孩子们玩的游戏：一个孩子用钉子敲打木板的一头，另外的孩子争先恐后的把耳朵贴近木头的另一头，兴致勃勃地倾听着。

为什么木头能把声音清晰地传过来呢？雷奈克稍微想了想，只见他狠狠地拍了一下手说："就是这样！就是这样！"

雷奈克要来一叠纸，紧紧地卷成一个卷，然后把纸卷的一端按在姑娘的胸口，另一端放在自己的耳朵上，侧着脸听了起来。"真是一个妙法！"雷奈克情不自禁地喊了一句。

回到家里，雷奈克找到一根木棒，做成了第一个"听诊器"。只不过他当时没有用"听诊器"这个名字，他把自己的发明亲切地称为"指挥棒"。

从这个故事我们看到，发现问题、分析问题、创新等这些职业核心能力在发明听诊器这一专业技能中的作用。而对于一个高职院校的学生来说，具备了良好的职业核心能力，不论在校学习期间还是走上职业岗位，都有助于对专业技能的掌握。

（三）培养职业核心能力是增强就业竞争力的需要

随着高等教育的大众化和市场经济的发展，增强高职院校学生的就业竞争力已是一个不可忽视的问题。用人单位招聘人才的标准，已不只是文凭，而更重要的是看一个人的综合素质和职业能力。例如，在一本《我为什么不要应届毕业生》的书中，十多位老板、CEO、人事干部指出，被他们辞退的大学生不是因为专业能力不达标，而是没有社会责任感，不善于与他人交流合作，没有创新精神和独立思考能力。这说明，高职院校学生的就业竞争力，除了专业知识和专业技能外，思想道德素质和职业核心能力更重要。另外，一份关于临床护士对职业社会能力需求的问卷调查显示，对其中选项选择集中的是职业道德素质、人际沟通、团队合作精神、心理素质、身体素质和应用写作能力，多与职业核心能力相关。又如，山东华宇工学院为中国重汽集团进出口有限公司订单培养的"中国重汽集团境外维修工程师班"，对外语应用能力就有特别要求。这无疑说明，职业核心能力是就业竞争力的重要因素。

（四）培养职业核心能力是职业生涯可持续发展的关键

随着知识经济社会的到来和高新技术的迅猛发展，当今社会的产业结构正在发生着不断变化。一些行业在萎缩，有的职业甚至消失，一些新兴行业如电子、计算机等则日趋发展。如英国《职业名称词典》第3版（1965年）列有21741个岗位，比第2版（1949年）增加了6432个，第4版（1977年）又比第3版增加2100个岗位。但第3版中的3500个岗位在第4版中却消失了。这说明，一种职业技能定终身的传统已经不适应社会发展了。即使在一种专业内，知识的更新也越来越快。这就要求一个高职院校的学生，要具有终身学习的能力，要具有职业岗位转换的能力，而这种能力的基础就是职业核心能力。

另外，高职院校的学生，毕业后多在经济建设的第一线从事生产、建设、管理、服务等工作。岗位不同，其强调的职业能力也不同。生产岗位，强调的是操作能力；管理岗位，强调的是人际沟通能力；设计研究岗位，强调的是创新能力。这都要求每一个学生要具有终身学习的能力，要具有职业岗位转换的能力，要具有职业生涯可持续发展的应变能力，而这种能力的基础就是职业核心能力。

第一章　职业沟通能力

第一节　职业沟通能力概述

有效的职业沟通已成为人们生存和发展所必需的基本能力，拥有了沟通能力就等于掌握了成功的钥匙。中国职业能力认证中心曾经对近千名被解雇的员工进行调查，得出了以下结论：因为知识和技能不称职而遭到解雇的只占到不足 15%，而超过 85% 的被解雇者是因为他们缺乏职业沟通的能力。

要知道，现实中大部分的成功者都是擅长人际沟通、重视人际沟通的人。一个人只有能够与他人准确、及时地沟通，才能建立起牢固、长久的人际关系，进而能够使得自己在事业上左右逢源、如虎添翼，最终取得成功。

一、职业沟通的含义

（1）定义。职业沟通是在职场中人与人之间用语言、文字等符号交流信息、交流思想和情感来达成职业活动的双向互动过程。

（2）目标。职业工作关系的对方理解你的意图；取得对方的支持；保持良好关系；相互理解，相互支持，相互信赖。

（3）过程。发信者将信息通过多种渠道传送给收信者；收信者会给发信者一定的反馈，因此说职业沟通是双向互动的过程。

二、培养职业沟通能力的重要性

当你准备进入职场去应对更深层次的相互关系时，沟通能力对你的成功将会变得极为重要。在职场中，不善于沟通将失去许多机会，同时也将导致自己无法与别人顺利地合作。我们都不是生活在与世隔绝的孤岛上，只有与他人保持良好的沟通协作，才有机会获得成功。

（一）职业沟通是人的本质的内在要求

人的本质是社会关系的总和。职业沟通是人类生存发展的需要，不难想象，一个人一旦离开了社会，不与别人进行交往和沟通，他的工作和生活都将难以继续。因此，作为生活在社会中的每一个人，提高自己的职业沟通能力是工作和生活所必需的。

（二）培养职业沟通能力是大学生学习成长的需要

现代社会是信息社会，信息量之大，信息价值之高，是前所未有的。职业沟通是交流信息、获取知识的重要途径。通过职业沟通能力的培养，大学生在学习和生活中可以相互传递、交流信息和成果，使自己丰富经验，增长见识，开阔视野，活跃思维，启迪思想。在大学校园里与同学交谈，可以争论不同的学术观点，可以谈对社会现象的不同认识，在辩论中提高自己的思辨能力；与老师交谈，可以交流读书心得，理清对不同思想的认识，可以从中受到启迪，为将来走向社会奠定良好的基础。

（三）培养职业沟通能力是人生职业生涯的需要

职业沟通能力的强弱是职业活动成败的前提。在各高校举行的校园招聘会中，一些企业负责人表示，员工的交流与沟通能力越来越成为企业在市场竞争中获胜的主要动力，因而用人单位在招聘时更看重求职者的"情商"。面对用人单位开出的招聘条件，越来越多的大学生感受到了职业沟通能力的重要性。

天津师范大学教育科学院心理研究所曾经针对"大学生职业适应能力"做过一项调查，有41.98%的学生认为职业沟通能力的训练"找工作时对自己特别有帮助"，对职业沟通能力的认可程度大大超过了对其他能力的认可度（对专业能力训练的认可度只有14.9%、对基础知识与技能训练的认可度是17.5%、对心理素质教育的认可度为17.5%）。而在回答"通过择业你感到自己特别欠缺的素质是什么"时，选择职业沟通能力的比例最高达34.8%，同样排在分析与解决问题的能力、操作技能、基础知识等之前，位列首位。调查结果表明，越来越多的大学生意识到，职业沟通能力的欠缺已经成为求职路上的"拦路虎"。因此，职业沟通能力的培养已经刻不容缓。

三、培养主动沟通的意识

21世纪是一个需要沟通和理解的世纪，信息社会的飞速发展使得世界各国之间的距离逐渐变短，地球村正在变成一个现实。在这样的一个环境里，了解并认同世界各国的文化，争取不同种族、不同信仰人们之间的相互了解，对个人的生活环境、对国家和世界的稳定都具有重要的意义。作为一个新时代的大学生，主动积极地与他人交流沟通，是让他人了解自己、发现自己的有效方式之一。每一个人都有被人认同、被人承认的需要，而自己的积极主动常常会起到很有效的作用。在领导或同事面前要善于表达自己的观点，有了工作方面的成果要及时和同事进行分享，在工作中犯了错误也要勇于承认并及时和相关人员沟通……善于和他人进行积极主动的交流和沟通的人，获得的机会也会比他人多。

（一）培养主动沟通意识的重要性

1. 沟通意识为沟通行动提供方向

【案例1-1】

全球最愚蠢的银行

2008年9月15日上午10:00，拥有158年历史的美国第四大投资银行——雷曼兄弟公司正式向法院申请破产保护，消息转瞬间通过电视、广播和网络传遍地球各个角落。令人匪夷所思的是，在如此明朗的情况下，德国国家发展银行于当日上午 10:10，居然按照外汇掉期交易协议，通过计算机自动付款系统向雷曼兄弟公司即将冻结的银行账户转入了 3 亿欧元。毫无疑问，3 亿欧元将是肉包子打狗有去无回。

转账风波曝光后，德国社会各界大为震惊，舆论哗然，人们普遍认为，这笔损失本不应该发生，因为此前一天，有关雷曼兄弟公司破产的消息早已传遍全球，全球各地只要是与银行证券业沾点边的人或是对经济稍有常识的人都已知道。德国国家发展银行应该知道交易的巨大风险，并事先作好防范措施才对。德国销量最大的《图片报》，在 9 月 18 日头版的标题中，指责德国国家发展银行是迄今"德国最愚蠢的银行"。此事惊动了德国财政部，财政部长佩尔·施泰因布吕克发誓，一定要查个水落石出并严厉惩罚相关责任人。

人们不禁要问，短短 10 分钟里，德国国家发展银行内部到底发生了什么事情，从而导致如此愚蠢的低级错误？一家法律事务所受德国财政部的委托，带着这个问题进驻银行进行全面调查。

法律事务所的调查员先后询问了银行各个部门的数十名职员，几天后，他们向国会和财政部递交了一份调查报告。调查报告并不复杂深奥，只是一一记载了被询问人员在这 10 分钟里忙了些什么，答案就在这里面。看看他们忙了些什么：

首席执行官乌尔里奇·施罗德：我知道今天要按照协议预先约定转账，至于是否撤销这笔巨额交易，应该让董事会开会讨论决定。

董事长保卢斯：我们还没有得到风险评估报告，无法及时做出正确的决策。

董事会秘书史里芬：我打电话给国际业务部催要风险评估报告，可那里总是占线，我想还是隔一会儿再打吧。

国际业务部经理克鲁克：星期五晚上准备带上全家人去听音乐会，我得提前打电话预订门票。

国际业务部副经理伊梅尔曼：忙于其他事情，没有时间去关心雷曼兄弟公司的消息。

负责处理与雷曼兄弟公司业务的高级经理希特霍芬：我让文员上网浏览新闻，一旦有雷曼兄弟公司的消息就立即报告，现在我要去休息室喝杯咖啡了。

文员施特鲁克：10:03，我在网上看到了雷曼兄弟公司向法院申请破产保护的新闻，马上就跑到希特霍芬的办公室，可是他不在，我就写了张便条放在办公桌上，他回来后会看到的。

结算部经理德尔布吕克：今天是协议规定的交易日子，我没有接到停止交易的指令，那就按照原计划转账吧。

结算部自动付款系统操作员曼斯坦因：德尔布吕克让我执行转账操作，我什么也没问就做了。

信贷部经理莫德尔：我在走廊里碰到了施特鲁克，他告诉我雷曼兄弟公司破产的消息，但是我相信希特霍芬和其他职员的专业素养，一定不会犯低级错误，因此也没必要提醒他们。

公关部经理贝克：雷曼兄弟公司破产是板上钉钉的事，我想跟乌尔里奇·罗德谈谈这件事，但上午要会见几个克罗地亚客人，等下午再找他也不迟，反正不差这几个小时。

不良沟通后果不仅招致个人失败，也会让企业承受损失，饱尝恶果。这种情况处处存在，甚至连以严谨著称的德国人也会有这种毛病。仅仅 10 分钟，3 亿欧元化为乌有。其实在这家银行，从董事长到交易员，一个一个训练有素，职业素养非常棒，但是由于每个人都想当然，不愿意多花几秒钟时间去咨询、去沟通、去确认，导致信息不对称，沟通渠道堵塞，交流不畅，才招致如此重大失误。其实，上述相关人员只要有一人与其他人有一句话的沟通，即可避免此事件的发生。但不该发生的事偏偏发生了，所以，由于此事发生，德国国家发展银行被人称为德国甚至全球"最愚蠢的银行"，沦为全球财经人士的笑柄，也成了MBA课堂里鼎鼎有名的、沟通失败的经典案例。

2. 沟通意识指导、控制沟通时的心理活动

【案例1-2】

世界是内心的影子

一个老人坐在小镇郊外的一条马路旁边。有一位陌生人开车来到这个小镇，看到了老人，他停车打开车门询问老人："这位老先生，请问这是什么城镇？住在这里的是哪种类型的居民？我正打算搬来居住呢。"

这位老人抬头看了一下陌生人，并且回答说："你刚离开的那个小镇上的人们，是哪一种类型的人呢？"

陌生人说："我刚离开的那个小镇上住的都是一些不三不四的人，我们住在那里没有什么快乐可言，所以我们打算要搬来这里居住。"

老人回答说："先生，恐怕你要失望了，因为我们镇上的人，也跟他们完全一样。"不久之后，又有另一位陌生人向这位老人询问同样的问题："这是哪一种类型的城镇呢？住在这里的是哪一种人呢？我们正在寻找一个城镇定居下来呢。"老人又问他同样的问题："你刚离开的那个小镇上的人们到底是哪一种类型的人？"

这位陌生人回答："住在那里的都是非常好的人。我的太太和小孩子在那里度过了一段美好的时光，但我正在寻找一个比我以前居住的地方更有发展机会的小镇。我很不想离开那个小镇，但是我们不得不寻找更好的发展前途。"老人说："你很幸运，年轻人。居住在这里的人都是跟你们那里完全相同的人，你将会喜欢他们，他们也会喜欢你的。"

思维的态度决定人生的高度，这是一个亘古不变的人生命题。一个玻璃杯，装了半杯水，积极的人说玻璃杯是半满的，而消极的人士则说玻璃杯是半空的。积极的态度就会有积极的结果，灰色的思维就只有灰色的世界，相信自己拥有美好的世界就能拥有美好的世界。这即是说，人们相信会有什么结果，就可能有什么结果，人不能取得他自己并不追求的成就。

（二）与陌生人交往是培养职业沟通意识的关键

在职业沟通中存在问题最多的就是与陌生人之间的沟通。但是在人生发展的每个阶段，都是从和陌生人沟通开始的。因此要培养职业沟通的意识首先得学会和陌生人交往。

1. 捅开陌生人之间的"纸膜"

在职业沟通时，有的人很想和对方交谈，但又不知该说什么，心里七上八下，因而显得很紧张。其实大可不必如此，如果你能跟他谈一些轻松的话题，将会使双方都感到愉快。陌生人之间的沟通之所以存在障碍，是因为人们之间隔着一层"纸膜"，如果能勇敢而巧妙地将这层纸膜捅破，人们之间的沟通也就非常顺利了。

2. 消除影响与陌生人沟通的心理戒备

影响沟通的一个重要因素是交往双方各存有一定的"心理戒备"。双方在互不认识的情况下开始沟通，由于不知对方"底细"而略显谨言慎行是正常的，但不必"过度设防"。我们要做的就是改变观念，消除与陌生人沟通的心理戒备，用真诚互换信任，打通沟通障碍。

3. 保持健康心态，尊重沟通对象

陌生人之间的沟通应该建立在彼此尊重的基础之上，这样才能达到理想的沟通效果。

四、职场新人沟通中存在的问题

（一）自我封闭

许多职场新人在中学和大学期间，因上网时间过长，沉溺在虚拟世界里寻求心理满足，导致自我封闭，疏离社会及群体生活，喜欢独来独往，不顾、不屑、不能和同学友好交往。进入职场后，往往表现出与世隔绝、无人与之进行情感或思想交流、孤单寂寞的精神状态。

这类职场新人虽然具有独立的个性，但由于不能主动与同事或者合作伙伴进行沟通，造成人际沟通能力下降，形成冷漠、孤独、内向的性格，游离于群体之外，很少感到快乐，导致越来越封闭，严重者甚至发生抑郁症，影响正常的工作和生活。

【案例1-3】

跳蚤实验

科学家做过一个有趣的实验：他们把跳蚤放在桌上，一拍桌子，跳蚤迅即跳起，跳起高度是其身高的100倍以上，堪称世界上跳得最高的动物！然后在跳蚤头上罩一个玻璃罩，再让它跳，这一次跳蚤碰到了玻璃罩。连续多次后，跳蚤改变了起跳高度以适应环境，每次跳跃总保持在罩顶以下高度。接下来逐渐改变玻璃罩的高度，跳蚤都在碰壁后主动改变自己的高度。最后，玻璃罩接近桌面，这时跳蚤已无法再跳了。科学家于是把玻璃罩打开，再拍桌子，跳蚤仍然不会跳，变成"爬蚤"了。

跳蚤变成"爬蚤"，并非它已丧失了跳跃的能力，而是由于一次次受挫学乖了、习惯了、麻木了。最可悲之处就在于，实际上的玻璃罩已经不存在了，它却连"再试一次"的勇气都没有。

这并不是跳蚤筋疲力尽的结果，而是它在环境中多次受挫，给心灵加了一个"罩"，虽然现实生活中的限制已经不存在，但是行动的潜能正被扼杀！科学家把这种现象叫作"自我设限"。相反，只有那些敢于突破障碍的人，相信凡事皆有可能的人，才能实现心中的梦想，完成他人口中、眼里"办不到"的事情。

人，一旦自我设限，自我封闭，就会像玻璃罩中的跳蚤一样，放弃成功的机会。所以，不是因为有些事情难以做到，我们才失去了信心，而是我们失去了信心，根本不做努力，有些事情才显得难以做到。

（二）自我为中心

当代青年人主体为独生子女，由于独生子女教育失误及市场经济意识渗透，社会物质化冲击，人文精神的失落，造成为数不少的职场新人自我意识不健全、自我中心主义，缺乏正确认识及评价自身的意识与能力，缺乏社会责任感和团体意识，不能换位思考，自私、功利、任性，导致个人心理灵活性差，固执己见。

（三）功利色彩

进入职场，存在着各种形式的竞争。如各级各类先进工作者的评定、干部或职员职级的晋升、各种岗位的竞聘等，这些都会给职场新人的人际关系带来微妙的变化，甚至引发冲突。新入职场的年轻人在同他人比较时会发现自己在才能、学习、能力等方面不如他人，就产生了一种不悦、自惭形秽、怨恨甚至带有破坏性的行为。这种嫉妒心理严重阻碍了职场新人的心理健康和交际能力，使他们在职业沟通交往中产生排斥情绪，甚至诋毁、贬低他人，造成人际关系扭曲，给自己的成长和职业生涯带来严重影响。

（四）缺乏自信

在职场新人中，有些人往往表现出悲观、忧郁、孤僻的精神状态，他们经常是萎靡不振，情绪低落，怯懦胆小，没有勇气，也不敢与人沟通，生怕被他人看不起，缺乏自信心。形成这种自卑心理的原因主要有：过多的自我否定，消极的自我暗示，挫折的影响和心理或生理等方面的不足。有的则是因为自己身材矮小、相貌丑陋、出身低微、在学校时学习较差而产生自卑心理。很多来自农村的职场新人表现尤其明显，他们因为生活经验的限制而不能完全适应城市生活和就职单位的工作环境，容易产生自卑心理或者自闭行为。

【案例1-4】

境由心生

小镇上有一个非常穷困的女孩子，她失去了父亲，跟母亲相依为命，靠做手工维持生活。她非常自卑，因为从来没穿戴过漂亮的衣服和首饰。在这样极为贫寒的生活中，她长到了18岁。

在她18岁那年的圣诞节，妈妈破天荒地给了她20元钱，让她用这些钱给自己买一份圣诞礼物。

她大喜过望，但是还是没有勇气从大路上大大方方地走过。她捏着这些钱，绕开人群，贴着墙角朝商店走。一路上她看见所有人的生活都比自己好，心中不无遗憾地想，我是这个小镇上最抬不起头来、最寒碜的女孩子。看到自己特别心仪的小伙子，她又酸溜溜地想，今天晚上盛大的舞会上，不知道谁会成为他的舞伴呢？她就这样一路嘀嘀咕咕躲着人群来到了商店。一进门，她感觉自己的眼睛都被刺痛了，她看到柜台上摆着用特别漂亮的缎子做的头花、发饰。正当她站在那里发呆的时候，售货员对她说：小姑娘，你的亚麻色的头发真漂亮！如果配上一朵淡绿色的头花，肯定美极了。她看到价签上写着16元钱，就说我买不起，还是不试了。

但这个时候售货员已经把头花戴在了她的头上。售货员拿起镜子让她看看自己。当她看到镜子里的自己时，突然惊呆了，她从来没看到过自己这个样子，她觉得这一朵头花使她变得像天使一样容光焕发！她不再迟疑，掏出钱来买下了这朵头花。她的内心无比陶醉、无比激动，接过售货员找的4元钱后，转身就往外跑，结果在一个刚刚进门的老绅士身上撞了一下。她仿佛听到那个老绅士叫她，但已经顾不上这些，就一路飘飘忽忽地往前跑，她不知不觉就跑到了小镇最中间的大路上，她看到所有人投给她的都是惊讶的目光，她听到人们在议论说，没想到这个镇子上还有如此漂亮的女孩子，她是谁家的孩子呢？她又一次遇到了自己暗暗喜欢的那个男孩，那个男孩竟然叫住她说："不知今天晚上我能不能荣幸地请你做我圣诞舞会的舞伴？"这个女孩子简直心花怒放！她想我索性就奢侈一回，用剩下的这4元钱回去再买点东西吧。于是她又一路飘飘然地回到了小店。

刚一进门，那个老绅士就微笑着对她说，孩子，我就知道你会回来的，你刚才撞到我的时候，这个头花也掉下来了，我一直在等着你来取。

真的是一朵头花弥补了这个女孩生命中的缺憾吗？境由心生，其实，弥补缺憾的是她自信心的回归。

第二节 口语沟通与表达

语言是人类最重要的交际工具，是人们进行沟通交流的符号，人们借助语言保存和传递人类文明的成果。根据语言的交际功能可以把语言交流分为口语沟通和书面语言沟通。

一、口语沟通的特点

（一）现场性

口语沟通总是由一定的对象、在一定的场合、一定的环境，以一定的话题面对面进行的，虽然在遣词造句方面独具个性且比较简略，但不会影响信息的交流。这就是口语沟通的现场性特点。

（二）综合性

口语沟通是一种人与人之间的交际活动，一方要根据另一方的反应做出相应的反应。在这样的人际互动中，不仅需要一个人的语言能力，而且需要倾听、理解、察言观色等能力和技巧，这就是口语沟通的综合性特点。

（三）通俗性

口语沟通使用的是口头语言，主要用于听，所以它具有易逝性。因此，在运用口语进行交流时，应当尽量避免过多地使用专业术语、晦涩难懂的词汇以及寓意深奥的句子，以免影响交流，这就是口语沟通的通俗性特点。

【案例1-5】

秀才买柴

有一个秀才去买柴，他对卖柴的人说："荷薪者过来！"卖柴的人听懂了"过来"两个字，于是把柴担到秀才前面。秀才问他"其价如何？"卖柴的人听懂了"价"这个字，于是就告诉秀才价钱。秀才接着说："外实而内虚，烟多而焰少，请损之。"卖柴的人因为听不懂秀才的话，于是担着柴就走了。

口语沟通必须要用对方听得懂的语言进行沟通，这是沟通成功的保障。

二、口语沟通的分类

面对面沟通是指运用口头表达方式来进行信息的传递和交流，也就是我们通常所说的你一言、我一语的面对面的交谈。通过本节学习，你可以了解面谈的目的，掌握面谈的技巧。

（一）面对面沟通

1．面对面沟通的特点

（1）直接、亲切。面对面沟通不仅可以从语言上得到信息，而且可以从对方声音和身体语言上获得信息。讲话者可以利用情绪的感染力大大增强沟通效果。通过信息的表达、积极的倾听、恰当的提问充分展现一个人的沟通能力，使得信息、思想和情感得到充分的交流。

（2）迅速、深入。和书面沟通相比，面对面沟通可以立即实现双方的交流，还可以迅速得到对方的反馈信息，以便作进一步深层次的交流。

（3）澄清。面对面沟通时，听话人可以即时提问，以澄清含混的信息，减少误解，实现快速有效的沟通。但面对面沟通也有其缺点，如需要反应敏捷，不利于信息的保留和储存。

【案例1－6】

沟通小故事

二战期间一个小伙子与一个姑娘热恋了，可惜好景不长，美国正式参战，小伙子入伍远赴战场。此后，无论是战斗间隙还是战壕静守，无论是白天还是黑夜，只要一有空隙，小伙子坚持给姑娘写信，以遥寄相思之苦。

几年后战争结束了，小伙子荣归故里，姑娘准备好当新娘，但新郎不是小伙子，姑娘嫁给了每天给她送信的邮递员。

这个案例强调的是任何热烈的方式都替代不了面对面的沟通，因为人的大部分信息来自于眼睛。

2．面对面沟通的目的

（1）传递信息。如任命、绩效评估的信息。

（2）寻求观念和行为改变。如劝告、销售。

（3）做出决策。如招聘面试。

（4）解决问题。如绩效评估、纠正错误。

（5）探求新信息。如民意测验、调查研究、咨询等。

3．面对面沟通包含五个过程

（1）沟通准备。明确面谈沟通的目的；知道面谈沟通的对象是谁；确定面谈沟通的地点和时间；考虑面谈沟通的内容；把握面谈沟通的方式。

（2）营造氛围。简要概述面谈者自身所面临的问题；就某个问题征求意见或寻求解决问题的方法；以引人注目的方式开始话题；不谈问题本身而谈其背景；说出你代表的组织、公司、团体或派你与面谈对象见面的人的名字；明确占用对方多少时间，十分钟或半小时；表述要明确，以提问为先导。

（3）阐明目的。除非由于某些特殊的目的有意不向面谈对象透露这些信息，否则，就要在开始阶段提出面谈目的。

（4）交流信息。交流信息是面谈的关键阶段，它占据面谈大约90%的时间，主要用于获取信息、传递信息和阐明信息。

（5）结束面谈。在结束面谈时应该对面谈的内容作简要归纳，这有助于确认面谈双方对问题的理解和认识，提高所获信息的准确性，从而有效避免误解。

【案例1-7】

徐庶走马荐诸葛

三国时期，刘备创业前期的首席谋士徐庶因为老母亲被曹操扣留，不得不向刘备提交辞呈，刘备百般挽留无果，只得进行最后的离职面谈。面谈气氛恳切感人，刘备不仅放声大哭，还亲自为徐庶牵马，送了一程又一程，不忍分别，让徐庶感动得热泪盈眶。挥手道别走了好几里后，徐庶忽然想起一件至关重要的事，急忙打马回转，特意向刘备推荐接替自己的最佳人选，也就是更胜自己一筹的诸葛亮。这就是"徐庶走马荐诸葛"的美谈，也是刘备所创造的经典离职面谈案例。

送走一个员工，但却使他得到了一个更为优秀的继任者。

离职面谈是指在员工准备离职或已经离职后即将离开公司时，企业与员工进行的一种面对面的谈话聊天方式，其目的在于从离职员工那里获得相关信息，以便企业改进工作和维系与离职员工的良好关系。离职面谈通常由人力资源管理部门负责实施，成功的离职面谈可以给企业带来显性和隐性的双重收获：维系双方关系、预防不利行为、获得真实心声、提升公司形象、放眼未来合作。

4．面谈的原则

（1）把握局面，营造氛围。通过充分的面谈前准备，要树立十足的自信，做到表达自然，态度平和。注意穿着搭配，衣着得体，交谈环境和主题相适宜，适时寒暄赞美，轻松入题。

（2）目的明确，清晰准确。交谈逻辑清楚，始终有一条主线贯穿其中，表达简洁，富有活力。资料准确，表达清晰，减少语病。

（3）认真倾听，真诚友好。在沟通的过程中，要保持礼貌和友好，要注意表达感受的方式，不能直接伤害和触怒对方，先肯定成绩，再指出缺点。学会换位思考，控制自己情绪。

（4）实事求是，客观评价。尊重事实，运用智慧、理性的判断以及丰富的业务经验，客观全面做出评价。

【案例1-8】

小王绩效评估面谈

经理：小王，有时间吗？（评：面谈时间没有提前预约。）

小王：什么事情，头儿？

经理：想和你谈谈，关于你年终绩效的事情。（评：谈话前没有缓和气氛，沟通很难畅通。）

小王：现在？要多长时间？

经理：嗯……就一会儿，我9点还有个重要的会议。哎！你也知道，年终大家都很忙，我也不想浪费你的时间。可是HR部门总给我们添麻烦，总要求我们这、那的。（评：推卸责任，无端牢骚。）

小王：……

经理：那我们就开始吧，我一贯强调效率。

于是小王就在经理放满文件的办公桌的对面，不知所措地坐下。（评：面对面的谈话容易造成心理威慑，不利于沟通。双方最好呈90°直角面谈。）

经理：小王，今年你的业绩总的来说还过得去，但和其他同事比起来还相差较多，但你是我的老部下了，我还是很了解你的，所以我给你的综合评价是3分，怎么样？（评：评估没有数据和资料支持，主观性太强。）

小王：头儿，今年的很多事情你都知道的，我认为我自己还是做得不错的呀，年初安排到我手里的任务我都完成了，另外我还帮助其他的同事做了很多的工作。

经理：年初是年初，你也知道公司现在的发展速度，在半年前部门就接到新的市场任务，我也对大家作了宣布，我们的新任务还差一大截没完成，我的压力也很重啊！

小王：可是你也并没有因此调整我们的目标啊！（评：目标的设定和调整没有经过协商。）

这时候，秘书直接走进来说："经理，大家都在会议室里等你呢！"

经理：好了，好了，小王，写目标计划什么的都是HR部门要求的，他们哪里懂公司的业务！现在我们都是计划赶不上变化，他们只是要求你的表格填得完整、好看。（评：HR部门在考核的时候只注重形式而忽视了内容。）而且，他们还对每个部门分派了指标。其实大家都很不容易，再说了，你的工资也不错，你看小王，他的基本工资比你低（评：将评估与工资混为一谈），工作却比你做得好，所以我想你心里应该平衡了吧。明年你要是做得好，我相信我会让你满意的。（评：轻易许诺，而且有第三人在场）好了，我现在很忙，下次我们再聊。

小王：可是头儿，去年年底评估的时候……

经理没有理会小王，匆匆地和秘书离开了自己的办公室。

这是一次失败的面谈，由于经理缺乏准备和根据，绩效考核仅仅流于形式，最后都未能达成一致意见，必然使员工产生不满情绪。不难看出，这次谈话之所以不成功，主要存在这样几个问题：考核的着眼点是关注过去，不重将来；针对人；气氛严肃；感到突然；缺乏资料、数据的支持；凭主观印象；单向沟通。

（二）电话沟通

电话沟通因为方便、经济、快捷，已成为人们在工作、生活中一种主要的交流方式。在职场，电话沟通所反映的应该是本单位或团队的风貌、精神、文化，甚至管理水平、经营状态等。因此，你如果在电话应对上表现不当，就会导致外部人员做出对你所在的单位或团队不利的判断。所以，在许多大型机构中，电话礼仪和技巧往往是新进员工上岗培训的一个必备内容。

1. 打电话时的注意事项

（1）表现你的真诚和友善。微笑着开始说话，要知道，对方能够感受到你的微笑。

（2）以职业化的问候开始。问候之后确认一下接电话是何人，是不是你要找的人，接下来主动说明自己的身份。

（3）简要说明通话目的。要求说话简洁、清晰、明了。

（4）算好时间。打长途电话或给国外打电话要选择双方都方便的时间，以免打扰对方休息。

（5）写好通话提纲。如果电话内容多，时间长，应写好通话提纲，在电话结束前确认一下主要观点，要做的事等。如果你要找的人不在，可以请接电话的人转告，可以留言或者询问何时再打过来能找到本人，最后要道谢。

（6）拨错号。如果拨错了电话号，要说声对不起，以表示歉意。

【案例1-9】

一流的推销员

日本有一个非常有名气的推销员叫夏木至郎，在他身上曾经发生过这样的一件事情。

有一次，在一天晚上很晚了，夏木和太太都睡下了，突然他把棉被掀开，把睡衣换下。穿上衬衫、西服，打好领带，然后梳头发，梳完头发后喷香水，然后穿好皮鞋、打好鞋油，一切准备停当。他老婆看着这一切，还以为他有什么重要的事情要出门。这时候，只见夏木拿出电话来打电话给顾客，跟顾客说："先生抱歉，这么晚打电话给你，因为我跟你说好今天晚上要跟你确定明天见面的时间地点，我们现在可以确定一下吗？"确定好了，谈话3分钟以后他挂了电话，回到卧房，脱掉鞋子、领带、西服，换上睡衣上床睡觉。他老婆骂他："你有神经病啊你，你打个电话给顾客用得着大费周章吗？顾客又看不见你。"夏木说："太太，你不懂，我是一流的推销员，顾客看不见我，可是我看得见我自己，如果我穿睡衣跟客户通电话，我感觉那不是我，我感觉那不是一流的推销员的做法，我感觉我对顾客不尊敬。顾客在电话中会感觉得到我的态度，我穿上西装打上领带，我就尊重我的顾客，电话里面的语气都会不一样。"

夏木至郎提供给顾客的服务，好到顾客看不见他都把自己打扮得非常正式地去打电话，这叫发自内心给顾客以世界上最完美的服务。

在打电话时，无论是表情、还是预期都要到位，即便是对方看不到你。

2. 接听电话注意事项

（1）及时接听。不要让铃声响太久，要迅速接听，最好在响过第二声铃声立即接听。

（2）自报家门。拿起电话先问好，接着介绍自己，报出单位和自己的名字，然后确认对方的单位、姓名及来电话的意图。

（3）适当回应。如对方讲话比较长，不要沉默，要有响应，否则对方不知你是否在听。

（4）做好记录。接电话前准备好纸和笔，认真做好来电记录，随时牢记5W1H技巧。所谓5W1H是指：When何时、Who何人、Where何地、What何事、Why为什么、How如何进行。

在工作中这些资料都是十分重要的。对打电话、接电话具有相同的重要性。电话记录既要简洁又要完备，都有赖于5W1H技巧。

（5）中断处理。有时在接打电话中需中断一下，处理别的电话或事情，要向对方解释清楚，处理后尽快返回并说："很抱歉让您久等了。"

（6）替人传达。如果对方要找的人不在，此时需询问对方可否转达，可否请别的人代接。

（7）接到误拨电话。如果接到打错的电话，记住，对方不是有意的，要礼貌地告诉他：

"您打错了。"

（8）声音的控制。打电话的声音过高和过低都不好，太高有大喊大叫的意思，太低则对方听不清。

（9）谁先挂断电话。尊者先挂断电话；客户先挂断；双方平级，则打电话者先挂断。

（10）列举在打电话前你应该做的6件事。确保知道受话人的姓名；核对欲拨的电话号码及分机号；长途电话要核对两地时差，选好打电话时间；记下交谈提纲或制备一份议程；确保有关主题和资料已按交谈顺序整理好；在随手可及处准备好笔和记录本。

3．接听电话基本应答礼仪

（1）基本情况应答技巧　见表1-1。

表1-1　基本情况应答技巧

不恰当的做法	恰当的做法
你找谁？	您好！有什么可以帮忙吗？
有什么事？	请问您有什么事？可以为您提供帮助吗？
你是谁？	您是哪一位？
不知道！	不好意思，这件事我不太清楚。
我问过了，他不在！	抱歉，他还没回来，如果方便的话我可以帮您转告。
没这个人！	对不起，我们这里确实没有这个人。
你等一下，我要接个别的电话。	抱歉，请稍等一下。

（2）突发事件处理技巧。

1）听不清对方的话语。当对方讲话听不清楚时，进行反问并不失礼，但必须方法得当。如果惊奇地反问："咦？"或怀疑地回答："哦？"对方定会觉得无端地招人怀疑、不被信任，从而非常愤怒，连带对你印象不佳。但如果客客气气地反问："对不起，刚才没有听清楚，请再说一遍好吗？"对方定会耐心地重复一遍，丝毫不会责怪你。

2）接到打错了的电话。有一些职员接到打错了的电话时，常常冷冰冰地说："打错了。"最好能这样告诉对方："这是××公司，你找哪儿？"如果自己知道对方所找公司的电话号码，不妨告诉他，也许对方正是本公司潜在的顾客。即使不是，你热情友好地处理打错的电话，也可使对方对本公司抱有初步好感，说不定将来会成为本公司的客户，甚至成为公司的忠诚支持者。

3）遇到自己不知道的事。有时候，对方在电话中一个劲儿地谈自己不知道的事。职员碰到这种情况，常常会感到很厌烦，往往迷失在对方喋喋不休的陈述中，好长时间都不知对方到底找谁，待电话讲到最后才醒悟过来："关于××事呀！很抱歉，我不清楚，负责人才知道，请稍等，我让他来接电话。"碰到这种情况，应尽快理清头绪，了解对方真实意图，避免被动。

4）接到领导亲友的电话。领导对下级的评价常常会受到其亲友印象的影响。打到公司来的电话，并不局限于工作关系。领导及亲朋好友，常打来与工作无直接关系的电话。他们对接电话的你的印象，会在很大的程度上左右领导对你的评价。

例如，当接到领导夫人找领导的电话时，由于你忙着赶制文件，时间十分紧迫，根本顾不上寒暄问候，而是直接把电话转给领导就完了。当晚，领导夫人可能会对领导说："今天接电话的人，不懂礼貌，真差劲。"简单一句话，便会使领导对你的印象一落千丈。可见，领导的亲朋好友对下属职员的一言一行非常敏感，期望值很高，切记时刻严格要求自己。

【案例1-10】

AB 汽车客户满意度回访

李新是 AB 汽车特约维修中心的客户经理，近一段时间，他通过电话回访进行客户满意度的调查。今天早上他一到公司，就开始了电话拜访。

场景一：

"是陈强吗?"

"我是，哪位?"

"我是 AB 汽车特约维修中心的。"

"有事吗?"

"是这样，我们在作一个客户满意度调查，想听听您的意见?"

"我现在不太方便。"

"没有关系，用不了您多长时间。"

"我现在还在睡觉，您晚点打过来好吗?"

"我待会也要出去啊，再说这都几点了，您还睡觉啊，这个习惯可不好啊，我得提醒您。"

"我用得着你提醒吗? 你两小时后再打过来。"

"您还是现在听我说吧，这对您很重要，要不然您可别怪我……"

客户挂断。

场景二：

"您好，请问是陈强先生吗?"

"我是，哪位?"

"您好，我是 AB 汽车特约维修中心的客户经理，我叫李新。"

"有事吗?"

"是这样，您是我们公司的老客户，为了能为您提供更好的服务，我们现在在作一个客户满意度的调查，想听取一下您的意见，您现在方便吗?"

"我现在不太方便。"

"噢，对不起，影响您工作了。"

"没有关系。"

"那您看您什么时候方便呢，我到时候再给您打。"

"哦，您中午再打吧。"

"噢，那不会影响您吃饭吗?"

"您十二点半打过来就可以了。"

"好的，那我就十二点半打给您，谢谢您，再见!"

第一个回访没有收到预期效果。在这里，李新在提问语气的使用上就有问题，更何况他没有考虑客户当时的情况，没有站在客户的角度上思考问题，从而导致回访没能达到预期的效果，也给客户留下了十分不好的印象。第一个回访李新没有掌握电话沟通的基本技巧。第二个回访效果较为理想。在这里，李新运用了一些技巧，先站在客户的角度思考问题，给客户留下了比较好的印象，在下次回访时肯定能得到预期的效果。

（三）说服与拒绝沟通

提高职业沟通的能力在很大程度上就是提高你说服他人的能力。其实早在春秋战国时期，人们就已经懂得了用游说去获得职位这一方法。例如，当时著名的政治家、军事家张仪运用说服术，说服了秦王，获得了丞相一职，从此出将入相；还有当时的苏秦、公孙衍等莫不如此。从某种意义上讲，每个人都是推销员，每个人都在推销自己，推销自己的主张、价值观、能力，推销自己的产品、方案、成果等，如何使自己的说服有收获，能成功，如何提高自己的说服力，把握交流沟通中说服的基本原则十分必要。

1. 说服的原则

（1）用真诚、可靠、权威、魅力来建立信赖感。在说服的过程中，建立信赖感是说服的基础。没有这个基础，任何说服都不会取得理想的效果。人们往往被魅力吸引，魅力是信赖的前提。无论是权威、财富、外表、知识与能力都是一种魅力，但最重要的还是人格魅力。一个正直诚实的人往往更容易获得他人的信任。

让自己变得更有魅力。无论内外，打造自己的形象，增加自己的头衔，提高自己的能力，积累自己的知识，更重要的是修炼自己的内在品质。这些都是说服别人最有力的武器。

（2）打造信息内容，利用真理的力量，晓之以理。每个人的信念都是建立在自己认为真实的基础上的，说服别人改变自己的观点，必须有理有据，必须利用逻辑的力量，以理服人。无论是改变他人的信仰主张、认识还是行为，如果你没有充分的理由、新的论据材料、合理的推理逻辑，将很难达到好的说服效果。

（3）关注说服方式，依靠情感的力量，动之以情。人是有情感的动物，有时在表达自己的意见时，光有理性的力量还不够，用诚挚而令人感动的语气，用真挚动人的情感说出来，往往能打动人、说服人。

1）理智对待情感。受到良好的教育或者善于分析思维的人比受教育水平不高或不善于分析思辨的人更容易接受理性的说服。初始的态度来源于情感，人们更容易被情感性的论点说服。

2）好心情效应。开始说服之前要给对方一个好消息，一方面有利于个体进行积极思考，一方面是因为个体与信息相互关联。

3）唤起恐惧效应。人们的诉求基本上只有两个方面，追求快乐和逃避痛苦。而大多数人逃避痛苦的动力要远远地大于追求快乐的动力，因此，在说服开始，用一个能够使对方痛苦的信息来引发他的恐惧心理从而使对方接受你的意见。

4）单方面说服和双方面说服。对那些已经持有赞成态度的人来说，单方面的论证更具有说服力；而双方面的论证则对那些持反对意见的人比较有效。

（4）了解说服对象，感同身受，运用同理心。当你要说服他人时，必须先了解他人，充分站在对方的角度，感同身受，体会了解，并产生、运用同理心。你需要了解以下情况：他人的意见和想法；他人的需求；他人接受你的意见、方案，响应你的主张的能力；还要了解他人的性格特征以及接受你意见的方式。

【案例1-11】

说服罗斯福

第二次世界大战期间，美国的一批科学家要试制原子弹，他们把这项工程定名为"曼哈顿工程"。核物理学家西拉德草拟了一封信，由爱因斯坦签署后，交给美国经济学家、罗斯福总统的私人顾问亚历山大·萨克斯面呈总统罗斯福，信的内容是敦促美国政府要抢在希特勒前面研制原子弹。1939年10月11日，萨克斯同罗斯福进行了一次具有历史意义的谈话。

萨克斯先向罗斯福面呈了爱因斯坦的长信，继而又朗读了科学家们关于核裂变发现的备忘录。可是罗斯福听不懂那深奥的科学论，因而反应十分冷淡。

罗斯福对萨克斯说："这些都很有趣，不过政府若在现阶段干预此事，看来还为时过早。"鉴于事态和责任的重大，未能说服罗斯福总统的萨克斯整夜在公园里踯躅，苦苦思索着说服总统的良策。第二天早晨7时，萨克斯与罗斯福共进早餐。萨克斯尚未开口，罗斯福就先发制人地说："今天不许谈爱因斯坦的信，一句也不许，明白吗？"

"我想谈一点历史"，萨克斯望着总统含笑的面容说，"英法战争期间，在欧洲陆地上不可一世的拿破仑在海上却屡战屡败。这时，一位年轻的美国发明家罗伯特·富尔顿来到这位法国皇帝面前，建议把法国战舰上的桅杆砍掉，撤去风帆，装上蒸汽机，把木板换成钢板。但是拿破仑却认为，船若没有风帆就不能航行，木板换成钢板船就会沉没。他嘲笑富尔顿说：'军舰不用帆？靠你发明的蒸汽机？哈哈，这简直是想入非非，不可思议！'结果富尔顿被轰了出去。历史学家们在评论这段历史时认为：如果当初拿破仑采纳了富尔顿的建议，19世纪的历史就得重写。"萨克斯讲完后，目光深沉地注视着罗斯福总统。

罗斯福沉思了几分钟，然后取出一瓶拿破仑时代的法国白兰地，斟满了酒，他把酒递给了萨克斯，说道："你胜利了！"

这就是说服的力量。萨克斯说服了罗斯福总统，可以说是推进了人类历史的进程。说服随处可见，在职业场景中更是如此，领导说服下属，下级说服上级，推销员说服客户，等等，它在我们的职场中占有重要的地位。

2. 说服的技巧

当你去参加一次社交活动，进行一次会谈、一次营销活动，组织一次洽谈，进行一次思想动员活动时，你将在一对一、一对多的交谈环境中试图说服他人。在工作中，良好的说服技巧是你开展工作、完成任务、发展自己的重要手段。每个人在进行上述活动前，都要对进行的活动做必要的准备，考虑怎么去做才能达到最好的沟通效果。在现实生活中，有的人三言两语就能让人心服口服，乐意接受你的主张和意见，配合你的行动；有的人滔滔不绝，他人仍无动于衷，收效甚微，其中的技巧方法是十分重要的。

（1）学会提问，运用苏格拉底说服术。说服的方式有许多种，但可以肯定的是说服的最高境界是通过提问，让被说服者自己去说服自己。每一个人都需要被了解，需要被认同。然而，被认同最好的方式就是有人很仔细地听你讲话。因为在现代的生活中很少有人愿意去耐心听别人讲话，大家都急于发表自己的意见。所以假设你一开始就能通过很好的提问把听的工作做好，你跟对方的信赖感就已经开始建立了。问问题需要技巧，如先从简单的问题开始问起，要问让对方回答"是"的问题，要问二选一的问题。

简单的问题不会给被说服者带来压力，从而减少说服的阻力。而让对方不断地回答"是"能使对方整个身心趋向于肯定的方面，身体组织呈开放状态，从而易于接纳你的观点。通过二选一的封闭式提问，会限定对方的回答范围，很容易得出你想要的结果，还会让被说服者觉得是他自己的选择。

（2）以对方的认识为起点，强调给对方带来的利益。要说服对方，必须换位思考，先承认对方的认识、态度存在的合理性，先避开矛盾分歧，从对方的认识基点出发，先赞同或部分赞同，寻找共同点，抵消对方的抵触情绪，逐步地放松对方的心理防线，以逐步扩大说服的范围，逐步迫近要害和问题的关键。在说服过程中，发表自己的主张和意见时，需要换位思考，要着重讲对对方有什么好处，这样才能使对方接受。只从自己的利益出发，不顾对方的需求和感受，很难达到说服的目的。

（3）模仿对方，寻找相似点，物以类聚，人以群分。每个人都喜欢两类人：一是和自己一样的人；二是他希望变成的那个人。在说服的过程中，你有意识地去模仿对方，模仿他的动作、表情，模仿他说话的语气，甚至模仿他呼吸的频率，就会达到意想不到的效果。例如，他说话慢，你就慢；他说话快，你就快；他手叉口袋，你也手叉口袋；他叉腰，你也叉腰；他微笑你也微笑……

但是，在模仿的过程中一定要注意，不要太同步，要有一个时间上的延迟。他跷二郎腿你隔20秒钟再跷；他往前转，你隔10秒钟往前转；他喝水，你隔10秒钟再喝水，等等。

（4）名言支持法。人们相信名人和权威，在说服中，引用名人的语录或权威的理论来支持自己结论，能增加说服力。因为名人的话往往有一定的号召力，借助名人的话，可以达到事半功倍的效果。

（5）"使人信"五步定式。美国心理学家杜威提出了说服他人的"使人信"的五步定式。这五步定式是：第一步，直截了当告诉对方某处存在某个极其严重的问题或状态；第二步，帮助对方分析研究该严重问题产生的原因；第三步，帮助对方搜集各种可能解决问题的办法，尽可能穷尽一切办法，并把自己准备提出的观点放在最后介绍；第四步，帮助对方依次分析和斟酌这些可能的解决方法；第五步，最终使对方认可并接受其中最理想的解决方法，也即最后提出的你认为是最正确的方法。

（6）暗示说服法。暗示说服法就是通过委婉的语言形式，把自己的思想、观点巧妙地传递给对方。受暗示是人的心理特性，它是人在漫长的进化过程中形成的一种意识的自我保护能力，它是人的一种本能。人们为了追求成功和逃避痛苦，会不自觉地使用各种暗示的方法。例如，困难临头时，人们会安慰自己或他人："快过去了，快过去了"，从而减少忍耐的痛苦。人们在追求成功时，常常会鼓励自己说："坚持，坚持一下，我一定可以的。"这些简单的语言都给了人们强烈的暗示，让人们在无形中有了强大的抵抗困难或勇于进取的动力。

暗示有以下几种方式：借此言彼，利用事物与事物之间的相似之处，互相比较；旁敲侧击，说话时避开正面，而从侧面曲折表达、鼓动，等等。

（7）对比说服法。鲁迅先生说："如果有人提议在房子墙壁上开个窗口，势必会遭到众人的反对，窗口肯定开不成。可是如果提议把房顶扒掉，众人则会相应退让，同意开个窗口。"当提议把房顶扒掉时，对方心中对于开窗的"秤砣"就变小了，对于"墙壁上开个窗口"就会顺利答应了。

冷热水效应可以用来劝说他人，如果你想让对方接受"一盆温水"，为了不使他拒绝，不妨先让他试试"冷水"的滋味，再将"温水"端上，如此他就会欣然接受了。

【案例1-12】

向和尚推销梳子

有一个单位招聘业务员，由于公司待遇很好，所以有很多人来面试。经理为了考验大家就出了一个题目：让他们用3天的时间去推销梳子，而且是向和尚推销。很多人都说这不可能的，和尚是没有头发的，怎么会买梳子？

于是很多人就放弃了这个机会，但是有3个人愿意试试。3天后，他们回来了。

第一个人说："经理，我推销了一把梳子。"经理说："你告诉我你是怎么向和尚推销梳子的？"第一个人说："我到处给和尚讲，我们的梳子是多么多么的好，对头发是多么多么的好，结果那些和尚都骂我神经病，说我笑他们没有头发，赶我走甚至要打我。我很绝望，这时候我看到一个小和尚，头上生了很多癞子，很痒，在那里用手抓。我就告诉他用手抓头不如用梳子梳，于是卖出了一把。"

第二个人说："经理，我卖出了10把梳子。"经理说："你是怎么向和尚推销的？"第二个人说："我想了很多办法，后来我到了一个高山上的寺庙里，我问和尚，这里是不是有很多人拜佛？和尚说是的，我又问他，如果他们的头发被山风吹乱了，是不是对佛不尊敬？和尚说当然不尊敬。我说你知道了又不提醒他们，是不是一种罪过？和尚说当然是一种罪过。于是我建议他在每个佛像前摆一把梳子，游客来了梳完头再拜佛！一共10个佛像我卖出去10把。"

第三个人说："经理，我卖出了3000把梳子！"经理说："你告诉我你是怎么卖的？"第三个人说："我到了本地最大的一座寺庙里，直接跟方丈讲，寺庙想不想增加收入？方丈说：想。我就告诉他，在寺庙最繁华的地方贴上标语，捐钱有礼物拿。什么礼物呢，一把功德梳。这个梳子有个特点，一定要在人多的地方梳头，这样就能梳去晦气梳来运气。于是很多人捐钱后就梳头又使很多人去捐钱，一下子就卖出了3000把。"

销售其实就是一个说服的过程。在销售沟通的过程中，如何说服更多的客户以获得更多成功的销售机会呢？首先，要弄清楚谁是产品的潜在购买者，这就需要对市场进行深入的分析，寻找潜在的消费者。同时，任何一种产品都不可能满足所有的消费者，所以必须要找准目标客户。其次，如何引导客户对产品感兴趣？人都会有需求，找到了需求点自然一切水到渠成。最后，抓住客户的心理，通过产品的功能、质量、用途、价格等卖点对目标客户进行引导，销售工作自然就事半功倍了。

3. 沟通中的拒绝

拒绝是一门学问。有些时候，我们心里很不乐意，本想拒绝，但却点了头，碍于一时的情面，却给自己留下长久的不快。

说"不"的好处很多：你拥有了更多的闲暇时间，这对工作繁忙的你来说尤为重要。你可以专注于自己觉得真正重要和有兴趣的项目。你减少了别人下次以同样理由来麻烦你的机会。重要的是，你显示出了你是一个有"自我选择权利"的、有主见的人，这样你就不必总是逆来顺受。当然，掌握说"不"要有技巧，这样能在很大程度上对事情的自由进展起到良好的作用。

（1）拒绝的技巧。

1）直接分析法。遇到很明显的无理或过分的要求，可以采用直接拒绝的方法。把你拒绝的理由阐述清楚，并让对方体会到你的难处，让他也产生同感，这样就会在一定程度上接受你的拒绝。拒绝时要清楚地表达，要自信、直截了当，拒绝时语气要肯定，不要吞吞吐吐。

2）巧妙转移法。如果遇到的是难于直接拒绝的要求，并且对方也说明了理由，这时候比较难处理，而你又不能接受，可以采用转移的方法。先对对方的要求表示理解和赞许，并在交谈中慢慢地陈述你的难处，让对方在慢慢放松的同时与你产生共鸣，对你的难处表示出同情和支持，这样再提出你的看法，留待以后条件成熟再给对方解决。这种方法需要考虑、照顾对方的自尊心，不是立即说"不"，而是先肯定对方的要求，表示理解、同情和尊重，而后再据实陈述无法满足对方要求的理由，以获得谅解，使对方自动放弃请求。这种方式为先扬后抑，给对方留面子。承认对方的要求，使对方得到了抚慰，不容易引起委屈和抱怨。后用"暂时、目前"缓和地拒绝，给对方留有余地。

3）微笑打断法。人在说话的时候，都喜欢别人在倾听，而不喜欢被打断。但当你遇到别人提出一个你已经预感到有困难的问题时，可以运用这个方法。在对方谈这个问题或在作铺垫的时候，就用微笑的语言打断谈话，而把话题引导到其他方面。

4）拖而不办法。当对方的要求并没有很过分，但你却由于各种原因无法完成的情况下，可以采用拖的办法。可以说自己能否答应需要时间考虑有关问题，过些时间答复或者要求对方提供更多的信息资料或作进一步的说明以便完成。这种"推迟做出决定"的方法给自己留下充裕思考时间。有时也可找出折中方案，有条件地答应，而有时也可能在拖之中也就不了了之了。

5）李代桃僵法。当对方提出一个很棘手的问题，或者你目前无法解决的时候，可以退而求其次找到一个双方都能接受的替代办法。暂时性的解决办法，往往是处理矛盾和预防危机的手段。为对方介绍几种解决问题的途径，使对方的需求得到了满足，这样不仅不会因为你的拒绝而生气，反而会对你的关心、帮助而心存感激。

【案例 1 - 13】

"礼貌"拒绝对方

罗斯福在就任美国总统前，曾担任海军要职。有一次，他的一位好友向他打听海军在加勒比海一个小岛建潜艇基地的计划。罗斯福很神秘地向四周看了看，压低声音问道："你能保密吗？""当然能。"

罗斯福微笑地看着他："那么，我也能。"

（2）说"不"的艺术。

1）不要立刻就拒绝。立刻拒绝，会让人觉得你无情，甚至觉得你有成见。

2）不要轻易地拒绝。有时候轻易地拒绝，会失去许多帮助他人、获得友谊的机会。

3）不要盛怒下拒绝。盛怒之下拒绝，容易在语言上伤害他人，让人觉得你一点同情心都没有。

4）不要随便地拒绝。太随便地拒绝，他人会觉得你并不重视他（她），容易造成反感。

5）不要无情地拒绝。无情地拒绝就是表情冷漠，语气严峻，毫无通融的余地，会令人很难堪，甚至心生怨恨。

6）不要傲慢地拒绝。傲慢地拒绝，他人很难接受。一个盛气凌人、态度傲慢不恭的人，谁也不会喜欢亲近。

7）要能婉转地拒绝。真正有不得已的苦衷时，应以婉转的态度拒绝，他人还是会感动于你的诚恳。

8）要有笑容地拒绝。拒绝的时候，要能面带微笑，态度要庄重，让他人感受到你对他（她）的尊重、礼貌，就算被你拒绝了，也能接受。

9）要有代替或帮助地拒绝。你跟我要求的这一点我帮不上忙，我用另外一个方法来帮助你，这是一种有智慧的拒绝。这样，人家是会很感谢你的。

10）要有退路地拒绝。拒绝的同时，如果能提供其他的补偿方法，帮忙想出另外一条出路，实际上还是帮了忙的。

【案例1－14】

小昭应该怎么说？

一向性情温和的财务部主管刘华已经向小鱼催了三遍报表了，小鱼每次都态度很好地说："好的，好的，马上就交。"但离公司规定的最后期限都超过两天了，小鱼还是没交。刘华没办法，就跑到小鱼的同部门同事小昭那里请求帮忙："小昭呀，小鱼的报表你能不能帮她填一下呀，反正你对这报表也很熟，很快就填好了。"一向不喜欢填报表的小昭冷着脸拒绝："你还是让小鱼自己填吧。"这时忍无可忍的刘华终于火山爆发了，在办公室当着所有同事们的面咆哮道："哎！你们部门怎么这样呀，一个报表催了十多天，耽误了发工资你们乐意吗？"小昭这时也满心委屈和怒火："你冲我发什么火，又不是该我干的？"

其实，在这个案例中，小昭的确有点冤枉，事情本来和她无关，但是最后她却成了替罪羔羊。假如她和颜悦色地说："刘姐姐，你先别着急啊，时间是够长的了！"其实她根本不必着急表态，就能先让对方心情稍微平缓一些，然后她再找小鱼。如果此时财务主管还坚持让她帮忙，她可以笑笑说："我真的挺想帮你的，不过我这儿还有一大堆事儿，早上也被催过好几遍了，我现在头都大了，真不好意思。"相信财务主管也不会难为她，更不会当场发火。可正是因为小昭没有把握好拒绝的技巧，反而使用了表情和语言双重冷暴力，让自己陷入被动的困局。

三、口语沟通的应用

（一）求职面试

1. 求职面试的艺术

（1）引人入胜的自我介绍。自我介绍是面试中非常关键的一步，因为众所周知的"首因效应"的影响，这2～3分钟的自我介绍将在很大程度上决定你在各位面试官心里的印象。自我介绍是很好的表现机会，应把握以下几个要点：首先，要突出个人的优点和特长，并要有相当的可信度。特别是具有实际管理经验的人员，要突出自己在管理方面的优势，最好是通过自己所做过的项目来说明。其次，要展示形象鲜明的个性。可以适当引用别人的言论，如老师、朋友等的评论来支持自己的描述。再次，回答问题时要充满自信。最后，内容要符合逻辑，介绍时应层次分明、重点突出，使自己的优势很自然地显露出来。

（2）良好的面试语言习惯。在面试时，首先要做到声音自然，不失自我。这样不仅听来真切自然，而且有利于缓解紧张情绪。其次是音量适中，音量以保持对方能听清为宜，喃喃低语是没有自信的表现；而嗓门高，又有咄咄逼人之势。再次，要做到语速适宜。就是要根据内容的重要性、难易度，以及对方的注意力等情况调节语速和节奏。最后是不要过分地使用语气词和口头语。

2. 求职面试中的误区

第一是不善于打破沉默。面试开始时，面试者不善于打破沉默，而是等待面试官打开话匣。实际上，无论是面试前或面试中，面试者主动致意与交谈会给面试官留下热情和善于与人交流的良好印象。

第二是与面试官"套近乎"。具备一定专业素养的面试官是忌讳与面试者套近乎的，因为面试中双方关系过于随便或紧张都会影响面试官的评判。聪明的面试者可以列举一至两件有依据的事情来赞扬招聘单位，从而表现出你对这家公司的兴趣。

第三是不善于提问。有些人在不该提问时提问，如面试中打断面试官说话而提问。也有些人面试前对提问没有做准备，轮到有提问机会时却不知说什么好。而事实上，一个好的提问，胜过简历中的无数笔墨，会让面试官刮目相看。

第四是对个人职业发展计划模糊。对个人职业发展计划，很多人只有目标，没有思路。例如，当问及"您未来5年事业发展计划如何?"时，很多人都会回答说"我希望5年之内做到公司销售总监一职。"如果面试官接着问"为什么"，面试者常常会觉得莫名其妙。其实，任何一个具体的职业发展目标都离不开个人对目前技能的评估以及为胜任职业目标所需拟订的技能发展计划。

最后是不知如何收场。很多面试者面试结束时，或因成功的兴奋，或因失败的恐惧，会语无伦次、手足无措。其实，面试结束时，作为面试者，首先应该表达你对所应聘职位的理解，充满热情地告诉面试官你对此职位感兴趣，并询问下一步需要做的事情是什么，面带微笑和面试官握手并感谢面试官的接待以及对你的关注。

【案例1-15】

巧妙回答打开求职之门

在上海某单位组织的一次面试中，面试官先后向两位毕业生提出了同样的问题："我们单位是全国数一数二的大集团公司，下面有很多子公司，凡被录用的人员都要到基层去锻炼，基层条件比较艰苦，请问你们是否有思想准备?"毕业生A说："吃苦对我来说不成问题，因为我从小在农村长大，父亲早逝，母亲年迈，我很乐意到基层去，只有在基层摸爬滚打才能积累丰富的工作经验，为今后发展打下基础。"毕业生B则回答："到基层去锻炼我认为很有必要，我会尽一切努力克服困难，好好工作，但作为年轻人总希望有发展的机会，不知贵公司安排我们下去的时间多长? 还有可能上来吗?"结果前一位学生被录用，后一位学生被淘汰。

分析：在面试过程中，回答问题的技巧非常重要。对有些问题的回答，表面上看来合情合理，无可厚非，但却令面试官反感。这是因为：面试官并不在乎你回答内容的多少，而在于考察你对问题本身的态度，进而了解你对职业的态度等。显然，这一案例中，毕业生A对下基层态度端正、诚恳，令面试官欣赏；而毕业生B思想上则明显有顾虑，尽管是人之常情，但这种场合下他的回答显然不合时宜。

（二）演讲交流

在较为正式的场合中，按照预定的主题当众完整地表述自己的意见和建议的发言就是演讲。工作时，在部门会议中布置工作，或者对某项工作提出自己的意见和看法，或对某产品的销售作分析说明，或对产品做宣传说明等，都需要有当众演讲的能力。

1. 演讲前的准备

【案例 1 - 16】

凡斯的启示

凡斯是巴黎波欧艺术学校的学生，几十年后他成为世界最大保险公司之一——衡平保险公司的副总裁。他年轻时，曾在来自全美各地两千名衡平人寿代表参加的会议上发表演讲。当时他从事保险行业才不过两年，但由于业绩突出，他被安排要作 20 分钟的演讲。

听到这个消息后，凡斯欣喜异常，他觉得这是个出人头地的机会。他把演讲词整个背了40 多次。在家做了充分的准备，每个动作、表情，他都设计得天衣无缝。

然而，不幸的是，当凡斯站起身演讲时，却忽然害怕了起来。他只说了一句"我在本计划里的职责是……"就再也说不下去了，他的脑袋一片空白。慌乱之下，他咳了两声，打算重来。但那些演讲词却无论如何也想不起来了。他把那句话重复了 3 次，仍然无法接着继续下去。看到台下人们脸上的笑容，他不禁向后退去。演讲台有 4 英尺高，后面没有栏杆，演讲台与墙之间还有一小段的距离。由于不停地后退，他一不小心，竟然后仰摔下了演讲台，被夹在了讲台和墙壁的缝隙里。听众们随即哄堂大笑，有个人因笑得太过厉害，甚至翻出了椅子摔到了过道上。在衡平保险公司的历史上，在演讲台上出了这样滑稽事件只有凡斯一个人。更为可笑的是，观众们还以为这是娱乐节目，不住地叫好，希望他再表演一次。至今，衡平保险公司的老员工们还对这次表演津津乐道。

那么，演说者本人——凡斯又如何呢？他说，演讲之后的那一段日子，是他一生中最难熬的时光。

他觉得羞愧难当，便递交了辞职信。凡斯的上司把信撕掉了，并最终说服了他，鼓励他应该重建自信，而凡斯也确实那样做了。在那次事件之后，凡斯再也不写什么演讲稿了，再也不背诵讲稿了，他成了公司里首屈一指的演讲家。

（本案例摘自戴尔·卡耐基《成功有效的团体沟通》）

让我们也记住这个惨痛的教训吧！这个故事告诉我们，演讲前千万别去死记硬背演讲稿。其实不只是凡斯，其他很多人都可能有过类似的教训，只不过他们的教训没有凡斯那么经典，那么叫人忍俊不禁。

演讲前的准备包括以下几个方面：

（1）端正态度与克服紧张心理。演讲之前紧张是最正常的事情。有调查显示，演讲前有超过 90% 的演讲者都会产生恐惧紧张感。一定程度的恐惧感会使脉搏加快、呼吸急促。实际上，这种生理上的紧张会与精力集中、精神亢奋、动机加强等心理现象同时发生，会从另一个角度使我们的思维更敏捷，口齿更伶俐，并且会超常地发挥。

那么如何克服这种紧张的心理呢？一是熟悉演说的内容。演讲之前作好充分准备，进行必要的练习，特别是要把开头语说好，前面几句话说好说顺了，紧张的情绪就会慢慢缓解。二是调整呼吸。演讲前作几次深呼吸、全身放松。想象美好或积极的事物，令自己感到愉快、轻松。三是进行积极自我暗示。演讲前给自己一个积极的暗示：我是最棒的！我一定行！还可以适度给自己"减负""释怀"，告诉自己：我可能成功，但失败也没什么，顶多下次再来等，让自己轻松起来。

（2）了解听众情况。听众是演讲交流的对象和客体，也是演讲效果的评委。所以，了解听众的背景和需求是演讲准备的内容之一。首先要了解听众的自然状况：人数、年龄、性别、职位、文化背景等。其次要了解听众的心理状态：他们对什么感兴趣，他们关注什么，他们遇到的问题有哪些等。最后是了解听众的态度：如果他们支持你，只要激发并告知行动计划即可；如果他们中立，则需要你说服；如果听众的态度是敌意的，你就要表达对其观点的理解并阐释坚持自己计划的理由。对观众的态度越是了解，演讲才能越适合他们的口味。

（3）熟悉演讲地点。古人讲"天时、地利、人和"是赢得一场战役的关键因素。如果把一场演讲看作一场战争，那么"地利"这种因素就非常重要。因此，演讲前要调查一下演讲所处的地理环境，包括房子的布局结构和是否需要讲台或者麦克风等问题都要考虑详细。

2. 演讲内容的把握

演讲首先要内容清晰，主题突出，能给人留下深刻的印象。演讲需要在限定的时间内，确定讲话的内容，所以要学会舍弃。其次，是按照事物自身的条理性进行说明。事物都有它内在的逻辑，都有它本身的特征，抓住事物的逻辑和本身的特征表达，容易说清楚。如介绍一个建筑的地理位置时，按照空间方位介绍比较合适；介绍一个历史景点时按照时间发展的顺序介绍较好。再次，在演讲过程中学会巧用比喻，给你所要描述的事物增添一种形象感，增强语言的形象性、生动性和感染力。最后，在演讲中尽量使用通俗易懂的语言，避免向非专业听众使用术语，必要时可以由浅入深地进行解说。

3. 演讲过程的控制

在演讲的开始要抓住听众，一个好的开场白能够建立起演讲者的可信度和信誉。开场白常用的方法有：运用与主题相联系的一个故事、笑话或大家都熟悉的事情开场；与演讲主题相关的自我介绍，让听众感觉到你有资格来谈论这个话题；必要时可以告诉听众所需要的大概时间；甚至可以利用展示物来吸引观众的注意力。演讲的展开部分，要环环相扣、层层深入，要注意演讲的顺序并做好组织。演讲的结尾，要简洁有力，力求达到余音绕梁的效果。

【案例 1-17】

胡适先生的毕业致辞

1930 年，胡适先生在一次毕业典礼上进行了一次演讲，内容如下。

诸位同学，你们现在要离开母校了，我没有什么礼物送给你们，只好送你们一句话。

这一句话是：珍惜时间，不要抛弃学问。

再会了，你们的母校眼睁睁地要看你们 10 年之后成什么器。

有人说：出去做事之后，生活问题急需解决，哪有工夫去读书？即使要做学问，既没有图书、没有图书馆，又没有实验室，哪能做学问？我要对你们说：凡是要等到有了图书馆才读书的，有了图书馆也不肯读书；凡是要等到有了实验室方才做研究的，有了实验室也不肯做研究。你有了决心要研究一个问题，自然会节衣缩食去买书，自然会想出法子来购置仪器。

至于时间，更不成问题。达尔文一生多病，不能多做工，每天只能做1个钟点的工作。你们看他的成绩！每天花1个钟点看10页有用的书，每年可看3 600多页书；30年读11万页书。

诸位，11万页书可以使你成为一个学者了。可是每天看3种小报也得费你1个钟点的时间；四圈麻将也得费你1个半钟点的光阴。看小报呢？还是打麻将呢？还是努力做一个学者呢？全靠你们自己选择！易卜生说：你的最大责任就是把你这块材料铸造成器。学问就是铸器的工具。抛弃了学问便是毁了你自己。

以前的功课也许有一大部分是为了这张文凭，不得已而做的。从今以后，你们可以依自己的心愿去自由研究了。趁现在年富力强的时候，努力做一种专门学问。时间是一去不复返的，等到精力衰竭的时候，要做学问也来不及了。

胡适先生的这个演讲属于说服型演讲。他在开头直入主题，结尾部分强调主题，提出建议。胡适用词简洁明了、比喻恰当、通俗易懂。他使用了大量的事例来说明珍惜时间的道理，并使用了名人名言来强化所讲的道理。

（三）商务洽谈

1. 商务洽谈的基本要求

商务洽谈是商务运营中交易或合作的必然前提，良好的商务洽谈应遵循以下要求：

（1）以诚待人。古人有言"精诚所至，金石为开"。要把各方的诚意作为洽谈的首要条件，真诚坦率地将自己的意图、目标、需要向对方交代清楚。为洽谈创造和谐轻松的气氛，改变由于陌生或误解等原因形成的不和谐场面，获得对方的谅解和认同，实现合作共赢的预期。

（2）信誉至上。信誉至上是洽谈中不可动摇的原则，各方均应严格遵守所达成的协议，履行各自的诺言。洽谈中双方可以坦诚展示自己的利益和要求，甚至可以进行必要的争论，一旦各方就某些问题达成协议后，各方就有义务和责任严格遵守。

（3）礼敬对方。礼敬对方就是要求洽谈双方在整个洽谈的过程中，排除一切心理和情绪上的干扰，始终如一地对自己的洽谈对手保持尊重与礼貌。洽谈过程中，文明的语言，诚挚的笑容，友好的态度，得体的举止等，有助于消除双方的隔阂与抵触心理，营造合作、友好的氛围。

2. 洽谈的艺术

（1）讲话的艺术。在进行洽谈时，说话的语言应该是中性的、客观的、礼貌的，并且要简洁明了，紧扣主题，层次清楚。每一句话、每一个承诺、每列举的一个数字，都代表着己方的观点，都必须一丝不苟，经得起调查和推敲，切不可把道听途说、没有事实根据、主观臆测的材料作为依据。

（2）听的艺术。在洽谈中认真倾听对方的意见非常重要。听时要注意面带微笑、眼睛注视对方以表示尊重；同时，在听时要随时留心对方的"弦外之音"，有选择、有分析地去听。"说三分听七分"应成为在谈判桌前的基本行为准则之一。

【案例1-18】

日本与澳大利亚的煤铁谈判

日本的铁矿石和煤炭资源短缺，渴望购买煤和铁矿石。澳大利亚的煤和铁矿石资源丰富，并且在国际贸易中不愁找不到买主。按理来说，日本谈判者应该到澳大利亚去谈生意，但日本人总是想尽办法把澳大利亚人请到日本去谈生意。

澳大利亚人一般都比较谨慎，讲究礼仪，而不会过分侵犯东道主的权益。澳大利亚人到了日本，使日本方面和澳大利亚方面在谈判桌上的相互地位就发生了显著的变化。澳大利亚人过惯了富裕的舒适生活，他们的谈判代表到了日本之后不几天，就急于想回到故乡别墅的游泳池、海滨和妻儿身旁，在谈判桌上常常表现出急躁的情绪；而作为东道主的日本谈判代表则不慌不忙地讨价还价，他们掌握了谈判桌上的主动权。结果日本方面仅花了少量款待费作"鱼饵"，就钓到了"大鱼"，取得了大量谈判桌上难以获得的东西。

日本人在谈判前就进行了大量的调研，在了解了澳大利亚人恋家的特点之后，宁可多花招待费用，也要把谈判争取到自己的主场进行，并充分利用主场优势掌握谈判的主动权，使谈判的结果最大限度地对己方有利。一个小小的精心安排，赢得了和谐融洽的谈判气氛，这不能不说是一种高超的谈判艺术。美国总统杰弗逊曾经针对谈判环境说过这样一句意味深长的话："在不舒适的环境人们可能会违背本意，言不由衷。"

（3）问的艺术。问询是洽谈过程中重要的语言技巧，通过巧妙而恰当的提问可以摸清对方的需求，把握对方的心理状态，甚至是探求情报、引导话题，以便于进一步沟通。出于不同的目的，应提出不同的问题，对同一个问题，也可以用不同的方法、从不同的角度发问。

（4）答的艺术。在洽谈过程中，洽谈的各方往往会感受到一种压力，那就是如何把握准确、及时、有效地答复对方问题的时机，同时又不陷入被对方所操纵和控制的境地。同时，谈判者应该清楚地意识到在谈判中应该说什么、不应该说什么和怎样说。

【案例1-19】

周总理的回答技巧

1960年4月下旬，周恩来总理与印度谈判中印边界问题，印方提出一个挑衅性问题："西藏自古就是中国的领土吗？"周恩来总理说："西藏自古就是中国的领土，远的不说，至少在元代，它已经是中国的领土。"对方说："时间太短了。"周恩来总理说："中国的元代离现在已有700多年的历史，如果700多年都被认为是时间短，那么，美国到现在只有100多年的历史，是不是美国不能成为一个国家呢？这显然是荒谬的。"

第三节 书面沟通与表达

在工作中，除了口语沟通以外，书面沟通也是十分重要的。书面沟通自身所具有的特点决定了它可以达到口语沟通所无法达到的效果。书面沟通包括"读"和"写"两部分，如果"阅读"是收集信息、接受信息，那么"写作"就是运用信息、表达信息。

一、书面沟通的特点

（一）非在场性

相对于口语沟通的现场性来说，书面沟通的重要特点是非在场性，即交流双方不是进行面对面的交流，双方之间有着时间或空间上的间隔。

（二）信息可存性

书面沟通就是将大脑所记不住的东西以书面的形式记录下来。这样，书面文字便成为人们对难以记住的东西进行记忆的有效载体了，因此书面沟通具有信息可存性的特点。

（三）严谨性

相对于生活化的口语而言，书面语言在遣词造句方面要求更加严格，也更为严谨。

二、书面沟通的文书形式

应用文是指在社会工作、活动及生活中经常使用的一类文体，按照其内容、性质划分主要分为日常应用文、公务活动应用文以及专业应用文。了解这些文体的特点并掌握其基本的写作方法，对增强职业沟通能力、完成工作任务有着重要的作用。

（一）日常应用文的写作

日常应用文主要包括计划、总结、调查报告、简报、大事记、信函（邀请信、感谢信、贺信）、讲话稿、启事等文体。这里以总结为例来介绍日常应用文的写作。

1. 定义

总结是人们对前一段工作进行系统地回顾、检查、分析、评价，找出经验、教训，引出一些规律性认识，以指导今后工作的应用文件。

2. 总结的分类

总结的种类繁多，但是各种总结，从其内容性质看，可以归纳为综合性总结与专题性总结两大类。综合性总结也叫作全面总结，专题性总结又叫作单项总结。

3. 总结的构成

总结由标题、正文和落款构成。

（1）标题。要求能醒目地反映出总结的性质、内容或基本思想，其具体写法大致分为两类，即文件式标题和文章式标题。文件式标题接近于公文标题，其基本形式是：单位、时间、内容和文种的依次组合，如"××公司2010年销售工作总结"。文章式标题形式比较自由，如"普法教育工作回顾"。

（2）正文。正文部分可以从内容和结构两方面来说明。

从内容方面讲，可以分为基本情况、成绩和缺点、今后的打算三部分。基本情况也就是自身实践活动的基本情况，例如，在什么条件下做了什么工作，怎样做的，主要的成绩、收获是什么等。成绩和缺点是总结的中心，总结的目的就是要肯定成绩，找出缺点。成绩有哪些，有多大，表现在哪些方面，是怎样取得的；缺点有多少，表现在哪些方面，是什么性质的，怎样产生的，都应讲清楚。今后的打算应根据今后的工作任务和要求，吸取前一时期工作的经验和教训，明确努力方向，提出改进措施等。

从结构方面讲，总结主要有分部式、条文式、贯通式三种形式。分部式是按照"情况—成绩—经验—问题—意见"分成几个大的部分来写；条文式是把总结内容按性质逐条排列的写法；贯通式是围绕中心按时间顺序或者事物发展的顺序来写。

（3）落款。正文之后，署上单位名称和总结日期，就是落款。

4. 写总结需要注意的问题

总结的内容一定要实事求是，成绩不夸大，缺点不缩小，更不能弄虚作假。因为这是分析得出经验教训的基础。

总结的条理要清楚。总结是写给人看的，如果条理不清，人们就不愿去看，即使看了也不知其所以然，这样就达不到总结的目的。

总结要详略适宜。总结内容要有本质的，有现象的；有重要的，有次要的。写作时要有主次、详略之分。

（二）公务活动应用文写作

公文是国家党政机关、社会团体、企事业单位在处理各种公务活动中所形成的一种具有特定格式的应用文体。公文主要有命令、指令，决定、决议，指示，布告、公告、通告，通知，通报，报告、请示，批复，函，会议纪要等类型。这里以通知为例来介绍公文的写作。

1. 通知的分类

通知可以分为指令性通知、批示性通知、周知性通知和会议通知。

2. 通知的构成

（1）指令性通知的构成。标题包括发文机关、主要事由和公文种类。正文分为两部分，一部分说明通知的原因、目的；另一部分说明通知的规定、要求、原则和措施等。

（2）批示性通知的构成。标题一般由发文机关、主要事由和公文种类组成。正文包括批示的文件名称和意见，执行要求及相关问题与事项；落款和日期。

（3）周知性通知的构成。标题、正文、落款。

（4）会议通知的构成。标题和正文。正文包括开会原因、会议事项和具体要求等。

（三）专业应用文写作

专业应用文是指广泛使用于各专业领域并直接为各种专业活动服务的一类文体。专业应用文可以分为经济专业应用文、司法专业应用文、新闻专业应用文和科技专业应用文等。这里以经济合同为例来介绍专业应用文的写作。

1. 经济合同

经济合同是在双方或多方法人之间，根据国家法律、法令、政策的规定，为了实现各自的经济目的，明确相互的权利和义务关系而共同订立的契约。这类文体是工作中经常用的一种应用文体。

2. 经济合同的构成

经济合同的结构依次由标题、立约单位、正文和结尾组成。

（1）标题。写在合同第一行居中的位置。一般只写明合同的性质即可，如"购销合同""财产保险合同"等。

（2）立约单位。位于标题正下方，括号中的甲方、乙方是为了行文方便，注意不能用"我方""你方"这种指代不明的简称，以免引起合同纠纷。例如：

×××（甲方）

代表人×××

订立合同者

×××（乙方）

代表人×××

（3）正文。第一部分说明订立合同的目的和依据。经常用"为了……，经双方协商同意，签订本合同，并共同遵守"之类的句式表述。第二部分具体写双方议定的条款、项目等。

（4）结尾。经济合同的结尾一般包括合同正副本的份数，交存机构，生效和终止期限，附件名称，当事人单位及代表签章，合同订立日期，当事人单位的地址、邮编、电话、开户银行、账号等。

三、书面沟通的原则与技巧

（一）标题的艺术

标题被人们喻为文章的眼睛，一个好的标题，是文章的一道美丽的风景线。应用文的标题应做到：准确、通俗、简洁、生动。

1. 准确，不出错

准确是指标题能够正确、清楚、恰当地概括出应用文的内容或范围，或是揭示出文章的核心意思。标题的语言不生硬、没有语病或其他错误。

2. 通俗，不陈旧

通俗是指应用文的标题要通俗易懂，让人看了马上明白意思。因为这类文章是给大家看的，标题不能晦涩难懂，不能用陈词滥调。

3. 简洁，不害意

简洁是指应用文的标题应简练，不拖泥带水，让人看得清楚、读得明白。但是简洁也不能让人读了标题后概念模糊，伤害了所要表达的意思，而是要合乎语言的表达习惯。

（二）语言的艺术

1. 简洁性

这是指要简明扼要，没有多余的话。例如，作为应用文的一种，下面这则留言条的语言就非常简洁。

留言条

刘师傅：

今天我来找你，你不在家。我想借你的《车工手册》学习，晚上8时我再来，请在家等我。

罗东民

××××年××月××日

2. 准确性

应用文语言的准确性主要是指不会令人产生歧义或误解，让人一看就知道眼前这篇应用文的中心思想或基本意思。应用文写作是一种实用写作，是为了解决社会生活中的各种实践问题而写的，所以其对语言准确性的要求特别高。

3．不具有主观感情色彩

在应用文中，语言感情色彩的运用有严格的规定，例如，在指示、命令等行政公文写作中语言要稳重、得体，不能有明显的个人感情倾向、情绪的词语出现，否则就失去了公文的权威性。

4．语言要严谨

应用文一般都有特定的读者对象，其语言要讲究得体。例如，给上级的公文，用词要谦恭诚挚；给下级的公文，用词要肯定平和。以公文语言为例，公文一旦出现错漏、误解，轻则损害机关的名誉，重则带来不可弥补的损失。因此，公文写作多采用书面语，不仅精准严密，而且郑重其事。

【案例1-20】

巧改奏折

曾国藩手下有一员大将，本来是一个书生，根本不会领兵作战。曾国藩命令其领兵作战，每打一次仗便败一次。曾国藩很无奈，向皇上报告战情，在他的奏折上有"屡战屡败"这样的词语。曾国藩有一军师看了后，把"屡战屡败"改为"屡败屡战"，意思便变得大为不同。因此这员大将竟被免罪了。

在书面的沟通中，要注意强调积极因素。"屡战屡败"会传达给人失败和痛苦的感觉，而"屡败屡战"则带给人希望。

"屡败屡战"突出的是一个"战"字，说明战者勇猛，次次战败，但是次次卷土重来不肯认输。

"屡战屡败"突出的是一个"败"字，说明战者无能，次次战败，让人产生对其能力的极大不信任。

（三）结构的艺术

1．格式规范

应用文有比较固定的格式：法定格式和惯用格式。只有按照格式来写，才是规范的，否则就不符合要求。

2．条理分明

应用文的结构安排重视逻辑性，段落层次之间讲究有条理。常用的结构形式有：总分式，即层次之间形成总说和分说的关系；递进式，即层次之间一层深入一层；并列式，即层次之间是平等并列的关系。此外，为了条理分明，常用数词一、二、三……（一）（二）（三）……1.2.3.……表示层次，或用小标题表示层次。

3．突出重点

应用文表现为一文一事，重点突出，不同的事情一般不得同为一文。全文有一个基本观点，各层次、段落的分观点紧扣基本观点，为基本观点服务，重点突出基本观点。

（四）表达方式的艺术

表达方式是指由表达目的所决定的使用语言的手段。应用文写作最常用的表达方式主要有叙述、说明、议论。描写和抒情只在通讯或调查报告等极少的几个文种中偶尔用到。

1. 应用文的叙述

应用文的叙述一般以简单概括为主，目的是介绍、交代、说明事件发生、发展和变化的过程、原因、特点。以讲事实、列材料为主题服务。

2. 应用文的说明

应用文的说明以概括说明为主，客观地说明原因、目的、方法，明确地指出应该怎样做、不应该怎么做，什么时候做，做事的步骤和方法。

3. 应用文的议论

应用文的议论一般只在叙述、说明的基础上进行，无须作长篇大论，只求对事物直接加以论断，直截了当地提出论点，简要分析议论，点到即止，不展开，不作深入论证。

第四节 ◪ 职业沟通技巧

一、倾听是有效沟通的关键

会说话是一种才能，会倾听则不仅是一种才能，也是一种修养。耳听八方能使我们跟上时代的步伐，广纳群言，能使我们保持清醒的头脑。自然界赋予人类一张嘴巴和两只耳朵，也就是要我们多听少说，在与人沟通中，倾听与说话一样重要。倾听是一种姿态，是一种与人为善、谦虚谨慎的姿态，这种姿态能使你海纳百川、虚怀若谷。

学会倾听不仅是一种才能更是一种修养，在职业沟通的过程中倾听是有效交流的关键。

（一）倾听的作用

1. 倾听是信息的重要来源

国际倾听协会这样对倾听定义：倾听是接收口头及非语言信息，确定其含义和对此做出反应的过程。美国《幸福》杂志对500家公司进行的一项调查发现：59%的被调查公司回答他们对员工提供了倾听方面的培训。研究表明，多数公司的员工把60%的时间花在倾听上，而经理们则平均把57%的时间花在倾听上。缺乏经验的人可以通过倾听来弥补自己的不足，富有经验的人通过倾听可以使工作更出色，善于倾听各方的意见有利于做出正确的决策。

日本企业家松下幸之助是一位善于倾听的人，一次他在市场闲逛，听到几位妇女议论说："现在家里电器多了，家用电器的电源插头要是能同时插上几种电器，就方便多了。"说者无意，听者有心，松下幸之助回去立刻研制，很快生产出三通电源插头。

2. 倾听有利于知己知彼

通往别人内心世界的第一步就是认真倾听。在陈述自己的观点之前先让对方畅所欲言，就可以有的放矢，找到说服对方的关键。

3. 倾听还有利于获得友谊和信任

真正的沟通高手不是因为自己具有雄辩的天赋，而是因为具有聆听他人谈话的耐心和技巧。在与人交谈的时候，认真聆听，对对方的话题表示出浓厚的兴趣，实际上是对对方最大的尊重。

英国温莎公爵"不爱江山爱美人"的故事世人皆知。他所挚爱的辛普森夫人经历两次婚姻，不年轻，长得也不算漂亮，她的魅力中有一点是特别善于倾听温莎公爵说话。记者说："在我所见过的听众中最具有赞赏力量的要数温莎公爵夫人了。"在演唱会上夫人的细心倾听使公爵为之倾心，她坐在公爵对面，肘支桌上，手托下巴，沉醉在对方说的每一句话、每一个字中，这明确地表示出"请说下去，我正在倾听，这一切有趣极了"。

4. 倾听也是推销的最好手段

在销售中倾听技巧的运用也是大有文章的。若是在与顾客沟通时，对方出现了沉默，你千万不要以为自己有义务去说些什么。相反，你要给顾客足够的时间去思考和做出决定。千万不要自作主张，打断他们的思路，否则，你会后悔。

【案例 1 - 21】

一个汽车推销员的故事

他是世界上最伟大的推销员，连续 12 年荣登世界吉尼斯纪录大全世界销售第一的宝座，他所保持的汽车销售纪录：连续 12 年平均每天销售 6 辆车，至今无人能破。他也是全球最受欢迎的演讲大师，曾为众多世界 500 强企业精英传授他的宝贵经验，来自世界各地数以百万的人被他的演讲所感动，被他的事迹所激励。他就是美国雪佛兰汽车推销员乔·吉拉德。

他入职初始，曾经有过这样一次经历：乔花了近一个小时时间才让他的顾客下定决心买车，然后，他所要做的仅仅是让顾客走进自己的办公室，把合约签好。

当他们向乔·吉拉德的办公室走去时，那位顾客开始向乔提起了他的儿子。

乔，顾客十分自豪地说，"我儿子考进了普林斯顿大学，我儿子要当医生了。"

"那真是太棒了。"乔回答。

俩人继续向前走时，乔却看着其他顾客。"乔，我的孩子很聪明吧，当他还是婴儿的时候，我就发现他非常的聪明了。""成绩肯定很不错吧？"乔应付着，眼睛在四处看着。

"是的，在他们班，他是最棒的。"

"那他高中毕业后打算做什么呢？"乔心不在焉。"乔，我刚才告诉过你的呀，他要到大学去学医，将来做一名医生。""噢，那太好了。"乔说。那位顾客看了看乔，感觉到乔太不重视自己所说的话了，于是，他说了一句"我该走了"，乔·吉拉德呆呆地站在那里。

下班后，乔回到家回想今天一整天的工作，分析自己做成的交易和失去的交易，并开始分析失去客户的原因。

次日上午，乔一到办公室，就给昨天那位顾客打了一个电话，诚恳地询问道："我是乔·吉拉德，我希望您能来一趟，我想我有一辆好车可以推荐给您。""哦，世界上最伟大的推销员先生，"顾客说，"我想让你知道的是，我已经从他人那里买到车啦。"

"是吗？""是的，我从那个欣赏我的推销员那里买到的。乔，当我提到我对我儿子是多么的骄傲时，他是多么认真地听。"顾客沉默了一会儿，接着说，"你知道吗？乔，你并没有听我说话，对你来说我儿子当不当得成医生并不重要。你是个笨蛋！当他人跟你讲他的喜恶时，你应该听着，而且必须聚精会神地听。"

听完这个故事，大家对倾听的重要性了解了吧。乔·吉拉德对这一点感触颇深，因为他从自己的顾客那里学到了这个道理，而且是从教训中得来的。

（二）倾听的技巧

沟通是双向的。我们并不是单纯地向他人灌输自己的思想，我们还应该学会积极的倾听。倾听是一种艺术，更是一种技巧。

1. 要表示出诚意

倾听他人谈话总是会消耗时间和精力的。如果是因为真的有事不能倾听，那么就客气地直接提出，这样要比心不在焉地勉强去听给人的感觉要好得多。听就要真心真意地听，这样对交谈双方都是有益的。

2. 要有耐心

人的谈话内容在通常情况下都是与心情有关的事情，在交流时要鼓励对方把话说完，自然就能听懂全部的意思了。否则，很容易自以为是地理解、发表意见，产生非常不好的效果。

3. 要避免不良习惯

随意打断他人的谈话，或借机把谈话主题引到自己的事情上，甚至任意地以自己的观点做出评论和表态等，都是很不尊重对方的表现，一定要避免。

4. 适时参与和表示理解

谈话者往往都希望自己的表述得到理解和支持，所以要适当回应，如身体语言应该是积极开放的动作，可以赞许地点头、关注的目光、对谈话感兴趣的表情等。在谈话中加入一些简短的语言，如"对的""是这样"等或点头微笑表示理解，都能鼓励谈话者继续说下去，并引起共鸣。

5. 适时做出反馈

在交流中，准确地反馈会激励谈话者继续进行，对他有极大的鼓舞。但不准确的反馈则不利于谈话，因此要把握好反馈的时机。

【案例 1-22】

父子间的对话

史蒂芬·柯维博士在他的《成功人士的七个习惯》中曾经有这样一个案例。

子：上学真是无聊透了。

父亲：怎么回事？

子：学的都是些不适用的东西。

父亲：现在确实看不出好来，我当年也有同样的想法，可是现在觉得那些知识还挺有用的，你就忍耐一下吧！

子：我已经耗了十年了，难道那些 $x+y$ 能让我学会修车吗？

父亲：修车？别开玩笑了。

子：我不是开玩笑，我的同学王明辄学修车，现在月收入不少，这才有用啊！

父亲：现在或许有用，以后他后悔就来不及了。你不会喜欢修车的。好好念书，将来不怕找不到更好的工作。

子：我知道，可是王明现在很成功。

父亲：你已经尽了全力吗？这所高中是名校，应该差不到哪里去。

子：可是同学们都有同感。

父亲：你知不知道，把你养到这么大，我和你妈付出多少？已经读到高二了，不许你半途而废。

子：我知道你们付出很多，但是不值得。

父亲：你应该多读书，少看电视。

子："爸，哎……算了，多说也没有什么用。"

父子间的对话显然是失败的，父亲至少犯了以下四种错误：

1）价值判断——对旁人的意见只有接受与不接受。

2）追根究底——以自己的价值观来探查别人的隐私。

3）好为人师——以自己的经验提供忠告。

4）想当然——依据自己的行为动机来衡量他人的行为与动机。

我们来看看如何去用同理心倾听：

子：上学真是无聊透了。（我想引人注意，与人谈谈心。）

父亲：你对上学有很深的挫折感？（对，这正是我的感觉。）

子：学的都是些不适用的东西。（我现在学习有了问题，心里好烦）

父亲：你觉得读书对你没什么用？

子：对，学校的东西对我不一定有用。你看王明，他现在修车技术一流，这才实用。

父亲：你觉得他的选择正确？

子：嗯，从某个角度看，的确如此。现在他的收入很高。可是几年以后，或许会后悔。

父亲：你认为他将来会后悔他现在的决定？

子：一定会的，现在的社会里，受教育程度不高会吃亏的。

父亲：教育很重要。

子：对，如果高中都没毕业，一定找不到好工作。有一件事让我真的很担心，你不会告诉妈吧？

父亲：噢，你不想让你妈知道？

子：不是啦，跟她说也无妨了，反正她早晚也会知道的。今天学校举行阅读能力测验，结果我只有小学程度，可是我已经高二了。（儿子终于吐露真言，原来他担心阅读不如他人。此时才是父亲发挥影响、提供意见的时候。不过在开导的过程中，依然要注意孩子的言谈间所传达的信息。如是合理的反应不妨顺其自然，但情绪性反应出现时，必须仔细聆听。）

父亲：我有个构想，也许你可以补习加强阅读能力。

子：我已经打听了，可是每星期要补习好几次！（父亲意识到这是情绪性反应，又恢复同理心倾听。）

父亲：你觉得补习的代价太高了？

子：哦，我已经答应了同学，晚上另有活动。

父亲：哦，你不想食言？

儿子：不过补习如果真的有效，我可以想办法跟同学改时间。

父亲：其实你是很想下工夫的，但又怕补习没有效果？

儿子：你会觉得有效果吗？（孩子又恢复了理性，父亲则再次扮演导师角色。）

同理心倾听的父亲做到了：

专注——倾听内容的同时倾听情感，集中听并概括所听到的信息。

负责——全心关怀对方这个完整的人，通过提问来确保理解正确。

移情——尊重对方的价值观，不要让自己的价值观凌驾对方之上，避免任意批评对方，把自己置身于说话者的位置上，努力去理解说话者想表达的意思。

接受——客观地倾听内容而不作判断。

少建议——唯有理解才能提出有建设、有理解的建议，否则只会伤害对方。

在现实生活中，许多的猜疑、误解、矛盾、冲突来源于沟通不畅，有些时候，甚至会带来不可挽回的后果。父母与子女之间的沟通尚且这样，何况是在没有任何血缘关系的职场人士之间呢？

二、赞美是良好人际关系的润滑剂

要建立良好的人际关系，恰当地赞美他人是必不可少的。莎士比亚说过这样一句话："赞美是照在人心灵上的阳光。没有阳光，我们就不能生长。"

（一）赞美的艺术

赞美他人的前提是善于发现他人的长处。每个人都有自己的长处。生活中其实不缺少美，缺少的是发现美的眼睛。要学会赞同和认可他人，关键要转变观念，在自己头脑中培养一种赞同的思维框架，成为一个自然而然地欣赏他人和认可他人的人。记住："没有一无是处的人，只有带偏见的自己。"

1. 态度要真诚

虽然人都喜欢听赞美的话，但并非任何赞美都能使对方高兴。能引起对方好感的只能是那些符合事实、发自内心、实事求是的赞美。真诚的赞美不但会使被赞美者产生心理上的愉悦，还能让他人对你产生好感。

赞美和阿谀奉承是不同的，两者的区别在于前者出于真心诚意，后者则是虚情假意；前者发自内心，后者心口不一；前者为他人喜欢，后者令人厌恶，因为阿谀奉承在刻意讨好、吹捧他人，别有用心，当然会被人轻视和唾弃。

2. 内容要具体

在日常生活中，人们取得突出成绩的时候并不多见。因此，应从具体事件入手，善于发现别人最微小的长处，并不失时机地给予赞美。赞美用语越翔实具体，说明你对对方越了解，对他的优势和亮点越看重。让对方感到你的真挚和可信，从而产生亲近的效应。

3. 时机要恰当

第一时间送上赞美，赞美是有有效期的，过期作废。赞美他人要真诚而及时。当他人计划做一件有意义的事情时，开头的赞扬能鼓励他下决心做出成绩；中间的赞扬有益于他再接再厉；结尾的赞扬则可以肯定他的成绩，指出进一步的努力方向，从而达到"赞扬一个，激励一批"的效果。

4. 对象要因人而异

人的素质有高低之分，年龄有长幼之别，也有男女之异。因人而异，突出个性，有特点的赞美，比一般化的赞美能收到更好的效果。

【案例1-23】

巧妙的批评

1923年登上美国总统宝座的卡尔文·柯立芝以少言寡语出名，常被人们称作"沉默的卡尔"，但他也有出人意料的时候。

柯立芝有一位女秘书，人虽然长得漂亮，但工作中却常粗心出错。一天早晨，柯立芝看见秘书走进办公室，便对她说："今天你穿的这身衣服真漂亮，正适合你这样年轻漂亮的小姐。"

这几句话出自柯立芝口中，简直让秘书受宠若惊。柯立芝接着说："但也不要骄傲，我相信你的公文处理也能和你一样漂亮的。"果然从那天起，女秘书在公文上很少出错了。

一位朋友知道了这件事，就问柯立芝："这个方法很妙，你是怎么想出来的?"柯立芝得意扬扬地说："这很简单，你看见过理发师给人刮胡子吗? 他要先给人涂肥皂水，为什么呀? 就是为了刮起来使人不痛。"

启示：职场中，赞扬比批评更有效。

（二）赞美的技巧

1. 寻找赞美点

赞美的前提是寻找赞美点。只有找到对方所具有的闪光的赞美点，才能使赞美显得真诚而不虚伪。赞美点如下：外在的、具体的；内在的、抽象的；间接的、关联的。

2. 间接赞美法

一是背后赞美他人效果更好。二是运用第三者赞美他人更容易接受。三是赞美事实而不是人。

3. 称呼名字法

从柏拉图和苏格拉底以来多数人都觉得自己的名字是世界上最动听的，人们会对包含其名字的话语给予更多的注意。此外，称呼对方的名字也可以让对方觉得你的赞扬是专门针对他的。

4. 先抑后扬法

赞美他人之前，不妨先指出对方一个小小的不足，然后再赞美，会取得意想不到的效果。

5. 希望赞美法

赞美你所希望对方做的一切，一般领导对下属常常运用这种方法。如果你希望对方很有耐心，就赞美对方是个富有耐心的人，对方也真的变得很有耐心了。

另外，赞美还有一些其他具体方法，如逢物加价，遇人减岁，这是交际赞美的要领；生人看特征，熟人看变化，第一次见面要寻找他显著的特征，第二次见面就要寻找他身上发生的变化等。这些需要我们在日常生活中、实践中总结经验。

【案例1-24】

改变人一生的赞美

戴尔·卡耐基小时候是一个被公认的坏孩子，甚至被认为无可救药。在他9岁的时候，父亲把继母娶进家门。当时他们还是居住在乡下的贫苦人家，而继母则来自富有的家庭。

当父亲第一次向继母介绍卡耐基时，他说："亲爱的，希望你注意这个全郡最坏的男孩，他已经让我无可奈何。明天早晨以前，他就会拿石头扔向你，或者做出你完全想不到的坏事。"当时卡耐基就十分伤心，更想表现得坏一些来气气父亲。但出乎意料的是，继母没有露出厌恶的表情，反而微笑着走到他面前，托起他的头认真地看着他。接着她回头对丈夫说："你错了，他不是全郡最坏的男孩，而是全郡最聪明、最有创造力的男孩。只不过他还没有找到发泄热情的地方。"

继母的话说得卡耐基心里热乎乎的，眼泪几乎滚落下来。继母到来之前，没有一个人称赞过他聪明。他的父亲和邻居认定，他就是坏孩子。但是继母只说了一句话，便改变了他一生的命运。就是凭着这一句话，他和继母开始建立友谊。也就是这一句话，成为激励他一生的动力，使他日后创造了成功的28项黄金法则，帮助千千万万的普通人走上成功和致富的道路。卡耐基14岁时，继母给他买了一部二手打字机，并且对他说，相信你会成为一名作家。卡耐基接受了继母的礼物和期望，并开始向当地的一家报社投稿。他了解继母的热忱，也很欣赏她的那股热忱，他亲眼看到继母的热忱，如何改变了他们的家庭。所以，他不愿意辜负她。最终，在这样的信念下，凭着继母当时一句赞美的言语，他成了我们众所周知的成功学大师。

赞美的力量是无穷的，它能改变一个人的自我评价，令人重拾信心和希望，产生进取的力量乃至改变人的一生。赞美是一种激励，可以使人信心十足，表现得比以前更好。不要吝啬你的赞美，每个人身上都有闪光点，去发现并赞美别人的同时，你会发现你也变得快乐，你的生活也在改变。

三、正确运用非语言交流

非语言交流作为交流活动的一部分在完成信息准确传递的过程中起着重要的作用。它能使有声语言表达得更生动、更形象，也能更真实地体现交流者的心理状态。

（一）表情语交流

无论是高兴还是生气，紧张还是放松，人们往往会把这种情绪挂在脸上，同意时会点头微笑，疑惑时会眉头紧蹙，这些都是人们的表情语言。

（1）眉毛能表达人们丰富的情感。如舒展眉毛，表示愉快；紧锁眉头，表示遇到麻烦或表示反对；眉梢上扬，表示疑惑、询问；眉尖上耸，表示惊讶；竖起眉毛，表示生气。

（2）嘴巴可以表达生动多变的感情。如紧闭双唇，嘴角微微后缩，表示严肃或专心致志；嘴巴张开成"O"形，表示惊讶；双唇撅起，表示不高兴；撇撇嘴，表示轻蔑或讨厌；咂咂嘴，表示赞叹或惋惜。

（3）笑容是一种令人感觉愉快的面部表情。笑容是人际交往的润滑剂，在所有的笑容中，微笑最自然大方，最真诚友善。真正的微笑应是发自内心，表里如一，毫无包装的微笑才最具感染力，它被视作"参与社交的通行证"。

（二）眼神交流

眼睛是心灵的窗户，眼神语言在职业沟通过程中有着极其重要的作用。在社交场合交谈时，目光要正视对方，表示对对方的尊重，但凝视的时间不能超过4~5秒，因为长时间凝视对方，会让对方感到紧张、难堪。如果面对熟人、朋友或同事，可以用从容的眼光来表达问候，征求意见，这时目光可以多停留一些时间，切忌迅速移开，不要给人留下冷漠、傲慢的印象。

【案例1-25】

王局长的习惯

王局长在某局工作，因为工作需要经常要找下属谈话，本想借此机会多了解一些干部的情况和下属的思想动态，可下属好像都不愿意敞开心扉，每次谈话总是草草收场，就连平时工作常接触的下属也不太愿意和他交流。王局长很委屈地说："其实我很注意和下属的交往，从来不打'官腔'，力争平等地对待每一个下属和下级沟通思想，可是为什么大家对我还是有这么强烈的生疏感？"后来他将疑惑告诉了他的一个学心理学的朋友，于是他的朋友走进了王局长的办公室，观察了他的行为举止。正如王局长自己所说的那样，对来谈工作的同志，无论职务的高低，他都是热情接待，可是当开始谈话时，王局长就显得有点"心不在焉"了，下属汇报工作的时候，很少把目光投向下属，虽然也在认真地听，可手边总是"不闲着"，一会看看笔记本，有时下属的话还没有说完，他就会打断，表明下属的意思他已经明白了，于是，和他谈工作的同志反应也是事情说完，就匆匆离去。

像王局长这样工作繁忙、边办公边和下属交流的领导在我们的身边不是少数。他们总能"一心多用"，似乎在忙于其他工作，似乎又在倾听下属的汇报，从表面上看好像工作效率高，很有魄力，实际上其行为却是"拒下属于千里之外"了。结果，很多重要的信息领导没有捕捉到，下属的很多设想没有表露出来，错过了很好的碰撞和交流机会，工作中的漏洞没能及时得到弥补，甚至会直接导致判断和决策的失误。

作为一个领导者，是否善于和下属沟通是衡量领导水平高低的主要因素，有些领导认为和下属沟通只需要在百忙之中抽出一些时间多听听下属的汇报就可以了，而且沟通时看重的也只是汇报的内容，忽视了领导者身体语言在沟通中的重要性。王局长越和下属沟通往往越事与愿违。由此可见，一个善于沟通的领导者必定要善于运用身体语言。

（三）身体动作

1. 手的姿势

双臂交叉：缺乏自信，紧张不安。

双手相搓：左右为难，烦躁不安。

推手：表示对抗、矛盾、抗拒或观点对立。所以一般情况下不可以使用。

用手搔头：表示尴尬、为难、不好意思。

双手交叉放于脑后：表示自信和优越感。

手指敲桌子：表示很无聊或不耐烦。

双手没事找事做：表示一种无言的拒绝。

拍头：表示遗憾、自责。

双手放在面颊上：表示对谈话者感兴趣。

双手攥在一起：表示失望、消极的态度。

右手摸鼻头：表示在撒谎。

【案例 1 - 26】

总统也不例外

美国前总统克林顿在莱温斯基绯闻案审理中，向大陪审团提供证词时，口口声声说与莱温斯基关系清白，但是在他讲话的过程中，每分钟摸鼻子平均达 26 次之多。伊利诺伊州某研究身体语学家便由此得出结论：克林顿在撒谎，因为人在撒谎时，摸鼻子的次数会陡然增多。

从这一例子不难看出，当无声语言与语言信息产生矛盾的时候，无声语言所传递的信息一般仅反应在人身上，总统也不会例外。

2. 腿和脚的姿势

双腿抖动：表示焦急和紧张。

双腿交叉：表示心中不安或想拒绝对方。

双腿架起：表示对对方的不耐烦。腿部的动作是一种极具暗示性的动作，社交场合女性尽量少采用架腿的姿势。

脚尖敲打地面：表示内心强烈地不耐烦。

脚踝交叠，手抓紧椅子扶手：表示内心很压抑。

【案例 1 - 27】

脚部动作

有的人，平时很少有交叠脚踝的动作，可是一上了飞机，他们的脚踝却不断地交叠又松开。结果他们承认，坐飞机时心里万分紧张。所以空中小姐对于那些真正需要服务却又羞于启齿的旅客，似乎具有独到的辨别本领。她们能从乘客紧紧交叠的脚踝中，看出他们的紧张与不安。与此同理，许多人在面试时，由于面对考官而自然地把脚踝紧紧交叠，表现出紧张来。

脸离大脑中枢最近而且最不诚实。我们与他人相处，总是最注意他们的脸，而且我们也知道，他人也以相同的方式注意我们。所以，人们都在借一颦一笑撒谎。再往下看，手位于人体的中间偏下，诚实度也算中等，人们多少利用它说过谎。可是脚远离大脑，绝大多数人都顾不上这部位，于是，它比脸、手诚实得多。英国心理学家莫里斯经过研究，发现一个有趣的现象："人体中越是远离大脑的部位，其可信度越大。"

3. 坐姿和站姿

手脚伸开，懒洋洋地坐：表示非常自信，对对方稍有瞧不起。

骑在椅子上：表示对对方抱有敌意。

喜欢对面坐的人：希望能被你理解。

正襟危坐、目不斜视：表示对你恭敬并力图留下好的印象。

站立时经常改变姿势：性格急躁，身心常处于紧张状态。

人体语言同其他语言一样，无论是手的姿势、腿和脚的姿势还是坐姿和站姿，在不同场合中所表示的含义是不同的。因此在职业沟通的过程中应该掌握这些技巧，正确地运用人体语言，更好地发挥其在交往中的重要功能。

四、沟通礼仪

随着社会进步，人们社交面的扩大，礼仪已成为社会文明的标志。人们的正常生活都离不开礼仪。在人际交往中，讲究礼仪不仅是对他人的尊重，更是自身修养的表现。在职场中，讲究礼仪、注重礼节、掌握交往原则、融洽人际关系已经成为每一位有志之士走向成功的必备通行证。

（一）沟通礼仪的原则

1. 敬人

古人云："敬人者，人恒敬之。"只有相互尊重，人与人之间的关系才会融洽和谐。在交往过程中要重视、尊敬对方。尊重上级是一种天职，尊重同事是一种本分，尊重下级是一种美德，尊重客户是一种常识，尊重所有人是一种修养。

2. 自律

礼仪宛如一面镜子。对照它，你可以发现自己的品质是真诚、高尚还是丑陋、粗俗。真正领悟礼仪、运用礼仪，关键还要看你的自律能力。礼仪沟通的自律就是在交往过程中要克己、慎重、积极主动、自觉自愿、礼貌待人、表里如一、自我对照、自我反省、自我要求、自我检点、自我约束，不能妄自尊大，口是心非。

3. 适度

适度得体，掌握分寸。人际交往要注意不同情况下的社交距离，也就是要把握沟通时的情感尺度。在一般交往中，既要彬彬有礼，又不能低三下四；既要热情大方，又不能阿谀奉承。所谓适度，就是要注意感情适度，谈吐适度，举止适度，只有这样才能真正赢得对方的尊重，达到沟通的目的。

4. 真诚

诚心诚意，以诚待人。职场中的礼仪主要是为了树立个人和单位的良好形象，因此沟通礼仪不仅限于形式和手段上的意义，也并非是短期行为，而是重视其长期效应。因此沟通礼仪要着重于真诚原则，着眼于未来，才能赢得最终的利益。

【案例 1-28】

千里送鹅毛　礼轻情意重

千里送鹅毛的故事发生在唐朝。当时，云南一少数民族的首领为表示对唐王朝的拥戴，派特使缅伯高向唐太宗贡献天鹅。路过沔阳河时，好心的缅伯高把天鹅从笼子里放出来，想给它洗个澡。不料，天鹅展翅飞向高空。缅伯高忙伸手去捉，只扯下几根鹅毛。缅伯高急得顿足捶胸，号啕大哭。随从们劝他说："已经飞走了，哭也没有用，还是想想补救的方法吧。"缅伯高一想，也只能如此了。到了长安，缅伯高拜见唐太宗，并献上礼物。唐太宗见是一个精致的绸缎小包，便令人打开，一看是几根鹅毛和一首小诗。诗曰："天鹅贡唐朝，山高路途遥。沔阳河失宝，倒地哭号啕。上复圣天子，可饶缅伯高。礼轻情意重，千里送鹅毛。"

今天，人们用"千里送鹅毛"比喻送出的礼物单薄，但情意却异常深厚。

（二）沟通礼仪的内容

1. 外在仪表

仪表是指人的外在美，同时也是内在美的体现。具体来说，外在仪表是一个人的容貌、服饰、发型等给人留下的综合印象。

2. 言谈交流

人际交往中，要保证人与人之间的言谈交流顺利、通达，除了要注重内容，讲究谈话的技巧外，更要注意礼仪的规范。职场礼仪中的言谈交流主要包括以下几个方面。

（1）用语。交流语速适中，尽量使用普通话，学会礼貌用语。

（2）目光。人们相互间的信息交流，总是以目光交流为起点，目光交流发挥着信息传递的重要作用，故有所谓眉目传情之说。

（3）微笑也是一种语言。微笑是社交场合中最有吸引力、最有价值的面部表情，能充分体现一个人的热情、修养和魅力。在面对客户、宾客及同仁时，要养成微笑的好习惯。要自然地微笑，要笑得真诚，要在合适的场合微笑。

3. 仪态举止

仪态举止是一个人的德才学识等各方面的内在修养的外在表现，是构成礼仪的核心要素，主要包括：

（1）姿态。姿态又称体姿、仪态。不同的姿态显示人们不同的精神状态。用优美的姿态表达礼仪，比用语言更让受礼者感到真实、美好和生动。我国古人对人体姿势的要求是"站如松、坐如钟、行如风、卧如弓"，从现代礼仪角度来考虑，也必须刻意训练自己的站姿、坐姿和步姿。

1）站姿。站姿是人的一种基本姿势。常言说："站如松"，就是说，站立应像松树那样端正挺拔。站姿是一种静态造型，显现的是静态美。站姿又是训练其他优美体态的基础，是表现不同姿态美的起始点。

站姿的要求：头正、肩平、臂垂、躯挺、腿并。

这种规范的礼仪站姿，同部队战士的立正是有区别的。礼仪的站姿较立正多了些自然、亲近和柔美。

2）坐姿。坐也是一种静态造型，是非常重要的仪态。在日常工作和生活中，更有"坐如钟"一说。端庄优美的坐姿，会给人以文雅、稳重、大方的美感。

女士标准坐姿：轻缓地走到座位前，转身后两脚成小丁字步，前右后左，两膝并拢的同时上身前倾，向下落座。如果穿的是裙装，在落座时要用双手在后边从上往下把裙子拢一下，以防坐出皱褶或因裙子被坐住，而使腿部裸露过多。

落座时要坐在椅子的2/3处。坐下后，上身挺直，双肩平正，两臂自然弯曲，两手交叉叠放在两腿中部，并靠近小腹。两膝并拢，小腿垂直于地面，两脚保持小丁字步。

男士标准坐姿：落座时要坐在椅子的 2/3 处，上身挺直，双肩平正，手放在扶手上，双膝并拢，小腿垂直地落于地面，两脚自然分开成 45°。坐下时切忌半躺半坐，应当避免形象颓废，甚至显得放肆。在职场礼仪中，坐姿所起作用更大，所占位置更重要，更应当重视。

（2）握手。握手是人与人交际的一个部分，是目前国际上最通行的会面礼仪之一。握手的力量、姿势与时间的长短往往能够表达出不同礼遇与态度，显露自己的个性，给人留下不同的印象。也可以通过握手了解对方的个性，从而赢得交际的主动。

1）握手的次序。在公务、商务等正式场合，握手时伸手的先后次序主要取决于职位、身份。职位、身份高者与职位、身份低者握手，应由职位、身份高者首先伸出手来。在社交、休闲场合，则主要取决于年龄、性别、婚否。女士与男士握手，应由女士首先伸出手来；年长者与年幼者握手，应由年长者首先伸出手来；长辈与晚辈握手，应由长辈首先伸出手来；社交场合的先到者与后来者握手，应由先到者首先伸出手来；主人应先伸出手来，与到访的客人相握；告辞时，客人应首先伸出手来与主人相握。

2）握手的动作要领。与人握手时应面含笑意，注视对方双眼。神态要专注、热情、友好而自然，问候也是必不可少的。不要迟迟不握他人早已伸出的手，或是拒绝和别人握手。与他人握手时应起身站立，以示对对方的尊重。右手伸出，手掌垂直于地面，虎口对虎口、手心对手心相握以表诚意。与人握手不可以不用力，否则会使对方感到缺乏热忱与朝气；同样不可以太用力，否则会有示威、挑衅的意味。握手的时间不宜过短，也不宜过长。时间过短，会显得敷衍；时间过长，尤其是和异性握手，则可能会被怀疑为居心不良。不要一边握手一边东张西望，或忙于跟其他人打招呼。

（3）交换名片。名片是商务人士的必备交流工具，它直接承载着个人信息。精美的名片使人印象深刻，也能体现个人风格。要使名片作用发挥更充分，就必须掌握相关的礼仪。

1）发送名片：递名片时应起身站立，使用双手或者右手将名片正面对着对方递出；若对方是外宾，应将名片印有英文的那一面朝上递出。将名片递给他人时，应说一些问候语，如"请多关照""常联系"等，也可以先做一些自我介绍；与多人交换名片时，应讲究先后次序。可以根据场合选择由近而远，或由职位高低进行。职位低者应当先把名片递给职位高者。

2）接受名片：接受名片时，应起身站立，面含微笑，目视对方；接受名片时，双手捧接，或以右手接过，不要只用左手接；接过名片后，要从头至尾把名片认真默读一遍，并表示适当赞美。念名字时，应使用礼貌用语，如"很高兴认识你"等。

3）名片礼仪的禁忌：发送名片时，不要用左手递交名片；不要将名片背面对着对方或是颠倒着面对对方；不要将名片举得高于胸部；不要以单手指夹着名片给人。

4）介绍。介绍是人们在社会活动中相互结识的一种常见形式，它是指把同行者或自己的简要情况和思想性格通过明示或暗示告诉对方。介绍得体能使被介绍者感到高兴，新相识者感到欣喜。因此，正确地掌握介绍的要领，往往可为今后进一步交往奠定基础。

1）介绍有两种情况：一是为他人作介绍；二是作自我介绍，把自己的相关情况告诉对方。

2）介绍他人的场合：在办公地点，接待彼此不相识的客人或来访者；陪同上司时，遇见了其不相识者，而对方又跟自己打了招呼；受到为他人介绍的邀请；打算推介某人加入某一方面的交际圈；等等。

3）介绍他人的原则："尊者优先"的规则。把年轻者介绍给长者；把职务低者介绍给职务高者；如果双方年龄、职务相当，则把男士介绍给女士；把家人介绍给同事、朋友。

清楚地介绍每个人的姓名，并多提供一些个人相关资料，如职务、头衔等。介绍时应注意称呼，在社交场合，"先生"是对成年男性的尊称，"女士"是对已婚妇女的尊称，"小姐"是对未婚女子的尊称。不能既称先生又加上头衔，如"杨教授先生"或"李局长先生"。

介绍者为被介绍者介绍之前，一定要征求一下被介绍双方的意见，切勿上去开口即讲，显得很唐突，让被介绍者感到措手不及。

被介绍者在介绍者询问自己是否有意认识某人时，一般不应拒绝，而应欣然应允。实在不愿意时，则应说明理由。

介绍时，介绍者和被介绍者都应起立，以示尊重和礼貌；待介绍者介绍完毕后，被介绍双方应微笑点头示意或握手致意。在宴会、会议谈判桌上，视情况介绍者和被介绍者可不必起立，被介绍双方可点头微笑致意；如果被介绍双方相隔较远，中间又有障碍物，可举起右手点头微笑致意。

介绍完毕后，被介绍的双方应依照合乎礼仪的顺序握手，并且彼此问候对方。问候语有"你好""很高兴认识你""久仰大名""幸会幸会"，必要时还可以进一步作自我介绍。

五、通晓职场沟通中的技巧

在工作中，与同事的沟通、领导的沟通很重要，而与客户的沟通更是企业的生命线，因此需要通晓职场中的沟通技巧。

（一）同事之间的沟通技巧

1．坦诚相见

坦率和真诚是建立良好人际关系的重要基础，对待自己的同事，能够不存疑虑，坦诚相见是赢得信赖的法宝。

2．赞美欣赏

能够看到同事身上的优点，并及时给予赞美、肯定；对一些不足之处给予积极的鼓励，这是良好沟通的基础。

3．善于倾听

善于倾听是增加亲和力的重要因素。当同事把自己的家庭生活、工作琐事向你倾诉时，你一定要认真倾听，把自己的情感融入进去，成为同事最真诚的倾听者，这样会加深同事之间的情感。

4．容忍异己

容许每个人有自己独立的思维和行为方式，不要妄图改变任何人，要认识到改变只能靠他自己，强劝其改变往往是徒劳的。

5．理解宽容

在发生误解和争执的时候，要学会换位思考，学会宽容待人，千万不要情绪化。这样人生路上就会少些荆棘，多些绚丽的霞光。

6．经常联络

对进入自己交际圈的朋友要常联络，一个电话、一声问候就可以拉近朋友间的距离。在竞争激烈的信息社会中，不仅要保住现有的交际圈，而且应尽量扩大交往的范围。

【案例1-29】

这样开始职业生涯

陈晓峰大学毕业后，在一家较大的 IT 企业做研发工作。他刚到单位的时候，与他关系较好的几个同事，都和他一样是新来的，由于大家被分配的办公室不同，平时也不容易看到。陈晓峰开始感到有点不适应，到了办公室都不知道和谁说话。感觉别人是一群人聚集在一起，讨论他们彼此熟悉的人和事，而自己作为新人，一下子感觉不合群。

但是，陈晓峰下定决心要打破这种被动的局面。一天，一个同事的行为启发了他，那是早上，一个同事见他进办公室就说了一句："晓峰，早啊!"正是这句温暖的话语让他觉得无比亲切。他受到了启发：作为一名新人，很多同事在路上见到自己都和自己打招呼，但是他却叫不出其他同事的名字，甚至连他们的姓或者他们做什么工作，都不知道，这样很不礼貌，更不利于同事之间的交往。办公室里有一张名单，上面有每个同事的名字、所在部门，于是陈晓峰按照名单开始用心记住他们的名字和部门。每当他看到一个不认识的同事，他就问已认识了的同事，知道他们的名字后，就了解他们的相关信息。每当认识了一个新的同事，陈晓峰就在纸上做记号。过了大约一个星期，他终于把所有这一间大办公室的五六十人都能对上号了，路上碰到这些同事他都能自如地打招呼了。

很多同事都佩服他，短短时间，好像全公司的人都认识了，其实他们不知道他是刻意去记住他们的。因为陈晓峰知道，在路上碰到一个同事，简单说一句"你好"和问候一句"某某，你好"是有本质不同的。

所以，能尽快记住同事的名字，让对方感觉自己很重要，你，才会变得重要! 与对方建立和谐的关系，对你的工作会有很大的帮助。

(二) 与领导的沟通技巧

1．事先准备

在与领导谈话时，要充分了解自己所要说的话的要点，简练、扼要、明确地向领导汇报。如果有些问题是需要请示的，自己心中应有两个以上的方案，而且能分析各方案的利弊，这样有利于领导作决断。为此，事先应当周密准备。

2．选择时机

领导经常是公务繁忙，在这种情况下应当根据自己的问题的重要与否，选择适当时机汇报。

3．报告有据

美国广告大王布鲁贝克在他年轻时，他所在公司的经理问他："印刷厂把纸送来没有?"他回答："送过来了，共有 5000 份。"经理问："你数了吗?"他说："没有，是看到单子上这样写的。"经理冷冷地说："你不能在此工作了，本公司不能要一个连自己也不能替自己作证明的人来工作。"从此，布鲁贝克得出一个教训：对领导，不要说自己没有把握的事情。

4．不妨主动

作为下属，可以积极、主动地与领导交谈，渐渐地消除彼此间可能存在的隔阂，使上下级关系相处得正常、融洽。

5．不卑不亢

在工作中要做到不卑不亢。绝大多数有见识的领导，对那种一味奉承、随声附和的人，是不会予以重视的。

6．注意沟通场合

对于那些只需要简单回答"是"或"否"的问题，可以在电梯间或停车场进行汇报，这种只需要领导讲一句话的沟通，就不需要到领导办公室汇报。

【案例1－30】

老练的秘书

有一家公司，新近招聘来几位员工，在全员会上，老板亲自介绍这几位新员工，老板说："当我叫到谁的名字，就请他站起来和大家认识一下。"当念到第三个人名字时，没有人站起来，"周华来了没有"？老板又问了一声，这时一位新员工怯生生地站了起来。"您是不是在叫我，我叫周烨，是中华的华加一个火字旁。"其他员工发出一阵阵低低的笑声。老板脸上有些不自然。"报告总经理"，这时秘书小王站起来说，"是我工作粗心大意，打字时把烨字的火字旁丢了，打成了周华。""太马虎了，以后可要仔细点。"老板挥挥手，接着往下念，尴尬局面就此化解了。没过多久，小王得到了升迁。

领导的错误不明显无关大碍，其他人也没发现，不妨"装聋作哑"。新来的员工显然没有做到。而必要时要学会给领导提供台阶，秘书小王得到升迁不足为奇。

（三）与客户的沟通技巧

1．把握好交流的尺度

在与客户进行交流时首先要充分尊重客户，绝不伤害客户的尊严和利益。这样客户才能对你产生好感，你就不会失去客户，你与客户的顺利沟通就有了可靠的保证。

2．善于微笑

与客户交往不能面无表情，那样将有可能会失去客户。而面带微笑则能协调人与人之间的关系，可以提高办事效率，收到意想不到的效果。

3．信守诺言

中国有句古话："一诺千金"。信守诺言是人生的美德，与客户的交往更要信守诺言，说到的一定要办到，这样客户才会更有信心，更愿意与你合作，合作关系才会牢不可破。

4．了解客户的心理需求

掌握客户的心理非常重要，了解客户属于哪种类型的人，如果是那种贪图价钱便宜的人，就在权力范围之内尽量压低价格；如果是只注重质量而不太注重价格的人，则可以介绍质量如何好，然后价格高些他也会接受。人往往会认为高价买的东西一定是品质优良的。

【案例 1 - 31】

赞美 + 激励 = 成交

在一个家装用品店里，一位顾客在一款地砖前驻留了很久，导购走过去对顾客说："您的眼光真好，这款地砖是我们公司的主打产品，也是上个月的销售冠军。"

顾客说："多少钱一块啊？"

导购说："这款地砖，打折后的价格是 110 元一块。"

顾客说："有点贵，还能便宜吗？"

导购说："您家在哪个小区？"

顾客说："在东方绿洲。"

导购说："东方绿洲应该是市里很不错的楼盘了，听说小区的绿化非常漂亮，而且室内的格局都非常不错，交通也很方便。在这么好的地方购置房产，我看就不用在乎多花些钱了？不过我们近期正在对东方绿洲和威尼斯城做促销活动，这次还真能给您一个团购价的优惠。"

顾客兴奋地说："可是我现在还没有拿到钥匙呢？没有具体的面积怎么办呢？"

导购说："您要是现在就提货还优惠不成呢，我们按规定要达到 20 户以上才能享受优惠，今天加上您这一订单才 16 户，还差 4 户。不过，您可以先交定金，我给您标上团购，等您房间具体面积出来了，再告诉我。"

这样，顾客提前交了订金，两周之后，这个订单就算搞定了。

案例虽然很简短，但是值得我们思考。

首先，这位导购善于赞美："您的眼光真好。这款地砖是我们公司的主打产品，也是上个月的销售冠军。"每个人都需要认同，顾客也是，"上个月的月销售冠军""我们公司的主打产品"就是对顾客选择最好的、也是最有力的认同。

再看后面的部分："东方绿洲应该是市里很不错的楼盘了，听说小区的绿化非常漂亮，而且室内的格局都非常不错……"这位导购先赞美顾客购买的楼房的小区非常漂亮（实际上是夸客户的选择），再告诉顾客不该省钱，让顾客感觉到住这么好的小区再谈价钱有点惭愧，然后，再告诉顾客我们正在做促销，"即使您不谈，我们也可以给您打折的"这等于给顾客额外的惊喜。根据这位导购的谈话技巧，我们来分析，导购没有马上给顾客团购的价格，而是故意让顾客有得到这种折扣点"来之不易"的感觉，只有来之不易的东西，才能够让人们珍惜，这就是一种超值的心理感受。

能力训练

【训练任务】这个孩子怎么啦！

情节 1：

"一天，美国知名节目主持人林克莱特在节目现场采访一位小朋友，问他说：'你长大以后想要做什么呀？'小朋友天真地回答：'嗯……我要当飞机的驾驶员！'林克莱特接着问：'如果有一天，你的飞机飞到太平洋上空所有的引擎都熄火了，你会怎么办呢？'小朋友想了想：'我会先告诉坐在飞机上的人绑好安全带，然后我挂上降落伞跳出去。'当时现场的观众笑得东倒西歪……"

现在，大家思考以下问题：

1. 这个孩子是什么样的人？
2. 现场观众为何发笑？
3. 如果你是林克莱特，你会如何做？为什么？

情节2：

"林克莱特继续注视这个孩子，想看他是不是个自作聪明的小家伙……"

现在，大家设想一下：

1. 林克莱特为何要继续注视这个孩子？
2. 林克莱特会看到什么？

情节3：

"没想到，接着孩子的两行热泪夺眶而出，这才使林克莱特发觉这个孩子的悲悯之情非笔墨所能形容……"

现在，大家设想一下：

1. 这个孩子流泪的原因是什么？
2. 林克莱特可能从哪些方面看出孩子的悲悯之情？
3. 想一想在生活中，我们如何了解别人的感受？
4. 想一想，林克莱特这时会说些什么？

情节4：

"于是林克莱特问他：'你为什么要这么做？'……"

大家现在设想一下：

1. 林克莱特问这句话想了解什么？
2. 这个孩子将会如何回答？

情节5：

"孩子的答案透露出这个孩子真挚的想法：'我要回去拿燃料，我还要回来！我还要回来！'"

现在整个故事讲完了，思考下列的问题：

1. 你对这一结果有何看法？
2. 该结果与你自己预期有何差异？原因是什么？
3. 对大家的日常生活有什么启发？

【训练目标】

训练采用讲故事、分组讨论的方法，让学生理解沟通在职业生涯发展过程中的重要作用，强化沟通意识，掌握沟通技巧，培养沟通习惯。

【训练过程】

步骤一：沟通意识导入

（1）活动介绍。这节课由教师给学生讲一个有趣的故事，故事分5个情节，按故事发展线索一个情节一个情节地给学生介绍，每介绍一个情节，就请学生预测故事接下来会如何。学生以小组为单位可以展开讨论分析，然后，派代表发言，说明你们小组的结论。希望学生积极参与、积极思考，相信一定会有许多收获。

（2）分组。将学生分成若干组，每组 5~8 人。

（3）教师讲述情节 1 并讨论。教师在黑板上投影或挂出情节 1 和情节 1 的思考题并朗读，要求每组学生结合思考题，预测故事情节。小组汇总后，推举一位同学向全班宣读，教师在黑板事先分好区域，将汇总大意记录在黑板的特定区域里。宣读时，教师要提醒其他同学认真听，此时，教师不需点评，并提醒同学思考：为何自己没有预想到情节这样发展。

（4）教师讲述情节 2 并讨论（继续前面步骤）。

（5）教师讲述情节 3 并讨论（继续前面步骤）。

（6）教师讲述情节 4 并讨论（继续前面步骤）。

（7）教师讲述情节 5 并讨论（继续前面步骤）。

（8）教师引导。上面我们对 5 个故事情节进行了预测，但为什么我们的想法和真正的故事发展差距很大呢？好，现在就给大家 2 分钟的时间讨论，等会儿，我请大家谈看法。

（9）学生发言。经过进一步思考和小组讨论，教师可以用点名的方式或学生自愿的方式，要求 3~5 名学生谈一谈：在今天的活动中自己的收获是什么？有什么新的想法？

（10）教师总结。主要归纳四点：第一，当我们听别人讲话时，在许多情况下，其实并未真正听明白；第二，在没有听完别人讲话之前，我们总是在猜测，或是先入为主，将自己的一些主观想法强加于人；第三，生活中存在很多误解，原因很多，但许多情况下，都是来源于并不了解对方；第四，若想了解对方，首先要做到倾听，倾听是沟通的第一要素。

（11）布置作业。让学生结合自己日常生活，体会自己是否存在上述情况，并思考：为避免主观臆断，应如何去做？

注意事项：

（1）教师介绍活动内容语速不要太快，读音要清晰准确，确保学生理解活动规则。

（2）教师应注意学生发言中的闪光点，以备点评之用。

（3）在个别学生发言时，注意维持班级的秩序。

（4）鼓励学生说出更多的预测结果，但是，小组汇总时要求学生将重复的内容合并。

必要准备：

（1）事先将各故事情节及问题分别写在大纸上或制作成幻灯片。

（2）将黑板划分出若干区域。

步骤二：表达技巧

（1）分组。将学生分成若干小组，每组 5~8 人。

（2）发材料。教师事先将打印好的活动背景资料（见材料）发给同学。

（3）教师介绍活动要求：为什么下列材料中的话用在沟通当中不太妥当？你觉得怎么表达会更好一些？请把你的答案写下来，并且用清晰、缓慢的语调反复朗读几遍，仔细体会它们的细微差别。

（4）写完以后，以小组为单位进行讨论，确定最合适的表达方法。

（5）小组代表发言，教师点评。

材料：

（1）我很想帮你这个忙，但是我现在实在太忙了，恐怕暂时还帮不了。

不妥的原因＿＿＿＿＿＿＿＿＿＿＿＿＿＿＿＿＿＿＿＿＿＿＿＿＿＿＿＿＿＿

更好的表达_____

（2）你这套新西装真是太有型了，但是袖口这里如果能再讲究一点就更好了。

不妥的原因_____

更好的表达_____

（3）我很赞成你的这个提法，但是我不同意你的最后一句话。

不妥的原因_____

更好的表达_____

（4）你的工作热情是大家有目共睹的，但是我觉得你应该更细致一点。

不妥的原因_____

更好的表达_____

（5）这件事确实对你有些不公平，但是既然这是公司的规定，我也没有办法帮你。

不妥的原因_____

更好的表达_____

实践活动

活动1　预算削减会议

【活动目标】

通过此次预算削减会议实践活动，让学生体会如何做到用心倾听，努力认真说服上级领导，认真对待下属观点并耐心说服下属服从大局；体会职场复杂情况下，如何理清思路，抓住主要矛盾，完成自己的既定目标。

1．时间：120分钟左右。

2．场地：室内，每个小组围成一圈，互不干扰。

3．所需道具：

（1）顶尖制造公司简介、预算削减指标单若干。

（2）预算表若干。

（3）白纸、笔若干。

【活动过程】

1．将学生分为若干小组，每小组7名学生。由指导教师指定其中一人担任"总裁"，其他小组成员按照"A、B、C、D、E、F"字母顺序编号，每个人都是一个分厂经理，6个工厂同属于一家公司。编号A的成员就是A分厂经理，依此类推。

2．给每位小组成员发一份预算削减指标单、预算表、顶尖制造公司简介以及纸和笔。预算表上有各分厂计划事项，小组成员可以根据表格提供的信息进行讨论。

3．各组成员用15分钟时间认真阅读资料，为预算会议做准备。如遇到疑惑可以提问。

4．15分钟后，各组成员停止准备工作，每个小组的预算会议正式开始，"总裁"主持会议，会议用时45分钟。

【活动分享】

1．会议的总体氛围如何？最终达成共识了吗？

2. 会议中是否有沟通危机发生？如果有，是什么因素导致危机发生？如果没有，是什么原因阻止了危机的发生？

3. 在小组中每个人的根本利益明显冲突的情况下，通过什么方法最容易达成一致？

附件1：顶尖制造公司简介

顶尖制造公司是一家生产计算机配件的企业，目前在全国有6家生产厂，共有2446名员工。这6家分厂生产的产品及销售的目标市场都相同。在不同的地方开办分厂是为了降低运输成本，为当地的用户提供更好更及时的服务。公司已经发展了12年，产品在全国市场占有率一直保持在11%左右，预计未来的三五年内，公司将会稳步发展。

附件2：预算削减指标单

你是顶尖制造公司6个生产厂中一个分厂的经理，受世界经济危机影响，公司必须在下一个财政年度削减本来已经做好并得到6个分厂经理同意的预算，约需削减350万元。为此，公司总裁决定召开会议，召集所有分厂经理讨论预算削减的问题。

作为分厂经理，你希望利用这次机会证明你们分厂的重要性，争取到最小额度的预算削减，但与此同时，你又要表现出对公司削减预算的支持。

附件3：预算表（见表1-2）

表1-2 预算表

工厂	预算项目	价格/万元	说明
A	1. 库房扩建	350	库房储存能力有限，需要扩建25%
	2. 购买半拖货运卡车	140	目前工厂没有卡车，需购买4辆卡车，每辆35万元
	3. 员工培训	36	员工压力较大，需要进行心理调适培训
B	1. 扩充生产线	280	订单量已超出最大的生产能力
	2. 购买起重机	130	目前没有起重机，起重机价格是112.5万元，还有17.5万元的安装和调试费用
	3. 安保工程	46	安装防盗系统，并聘用4名全职保安
C	1. 购买地皮	400	建造仓库，储备更多的原料和成品
	2. 购买铲车	87.5	两台旧铲车已无法使用，需购买5台新铲车，每台17.5万元
	3. 安全学习	39.5	员工处理事故的能力有限，必须进行培训

（续）

工厂	预算项目	价格 /万元	说明
D	1. 更换金属调节器	315	原有的 10 台调节器已经全部报废，需购买 5 台新机器，每台 63 万元
	2. 修建停车场	130	目前工厂没有停车场，需要修建
	3. 可行性研究	42.5	研究出一套改进生产流程的方案
E	1. 购买地皮	325	购买一块包括 150 公顷的土地及两个深水码头
	2. 增加人员	137	订单增加，需要聘用 1 名助理经理、2 名工程师、4 名部门主管
	3. 废物处理研究	35	研究用于工厂的废物处理方案
F	1. 改造生产线	340	生产线设计已不能满足产品的要求
	2. 火警设备的更新	123	厂房存在火灾隐患，需更新设备
	3. 培训员工	49.5	提高工人工作技巧和速度

活动 2 "校训的解读"演讲比赛

【活动目标】

通过演讲比赛增强对校训的理解，激发演讲兴趣，提高演讲素质及职业沟通能力。

【活动过程】

（1）赛前。每个班级在相关教师的指导下，对校训内涵深刻理解，讨论演讲要点。在班级内部进行演讲，选出优秀参赛者，上报参赛选手。

（2）初赛阶段。经各个系、部进行选拔、推举选手围绕主题进行演讲。邀请学生代表及相关教师担任评委，选出复赛选手。

（3）复赛阶段。选手进行第二次演讲。继续沿用初赛的评分制度，选出进入决赛的选手。

（4）决赛阶段。经过比赛，选出一等奖一名、二等奖两名、三等奖三名，并授予荣誉证书及奖品，以资鼓励。

决赛阶段流程：

1）主持人介绍到场嘉宾、评委。

2）主持人宣读评分细则。

3）比赛开始。参赛选手围绕主题自行演讲，时间为 3~5 分钟。

4）打分。选手演讲结束后，评委对选手的表现进行打分，二号选手演讲结束后主持人公布一号选手的最后得分。

5）主持人公布比赛结果。

6）请相关领导为获奖选手颁奖。

【注意事项】

（1）每位参赛选手都要遵守比赛规则，在演讲过程中恰当运用演讲技巧。

（2）参赛选手必须提前到场，到指定区域就座。

活动3　顶岗实习活动

【活动目标】

通过顶岗实习让学生走向社会，接触与本专业相关的工作，拓宽知识面，增强感性认识，提高综合运用专业知识和独立分析问题、解决实际问题的能力，以及实际操作的动手能力；培养学生热爱劳动、不怕苦、不怕累的工作作风；培养、锻炼学生职业沟通能力，实现学生由学校向社会的转变。

【活动要求】

1. 实习要求

（1）让学生充分认识顶岗实习的重要性。充分地利用这个有利时机，在实践中多向有经验的前辈请教。

（2）初到企业和社会，要树立主动职业沟通的意识，学会和陌生人进行沟通。

（3）在工作中培养、锻炼和提高学生职业沟通的能力，通晓职场中与同事、领导、客户进行沟通的技巧，实现个人角色由学校向社会的转变。

（4）在工作过程中能够恰当地处理各种人际关系，给自己创造一个和谐宽松的工作氛围。

2. 实习注意事项

（1）认真遵守实习单位的各项规章制度，严格按照职业人的标准要求自己。

（2）认真完成实习内容，在实习中积极主动地做好所承担的任务，加强实际操作能力的锻炼。

（3）顶岗实习是学生由学校走向社会的实践过渡阶段，要尽快高标准实现角色的转变。

考核评价

一、测试

你与他人初次见面时的沟通能力如何（只回答"是"或"否"）。

1. 你是否时常觉得"和他人多讲几句话也没什么意思"？

2. 你与一大群人或朋友在一起时，是否常常觉得孤寂或失落？

3. 你是否觉得那些过于表现自己感受的人是肤浅和不诚恳的？

4. 你是否觉得需要有时间一个人静静的才能清醒头脑和整理好思路？

5. 你是否只会对一些经过千挑万选的朋友才吐露自己的心事？

6. 在与一群人交谈时，你是否时常发觉自己在想一些与谈论话题无关的事情？

7. 你是否时常避免表达自己的感受，因为你认为别人不会理解？

8. 当有人与你交谈或对你讲解一些事情时，你是否时常觉得很难聚精会神地听下去？

9. 当一些你不太熟悉的人对你倾诉他的生平遭遇以求同情时，你是否会觉得不自在？

10. 你是否只想与熟悉的人聊天，与不熟悉的人不想说话？

测评结果分析：

1. 如果你回答"是"的个数在 7～10 个，这表示你只有在极需要的情况下才同他人交谈，或者对方与你志同道合，但你仍不会以交谈来发展友情。除非对方主动愿意频频跟你接触，否则你便总处于孤独的个人世界里。

2. 如果你回答"是"的个数在 4～6 个，你比较热衷于与他人交朋友。如果对方不太熟悉，你开始时表现得很内向，不太愿意跟对方交流，但随着时间的推移你便乐意常常搭话，彼此有很多共同语言。

3. 如果你回答"是"的个数在 0～3 个，这表示你与他人交谈不成问题。你非常懂得交际，善于营造一种热烈的气氛，鼓励对方多开口，彼此十分投缘。

二、竞聘岗位训练

王先生前一段时间去应聘一个销售总监的岗位，对面试官说自己在以前的单位每年的销售业绩很好。面试官针对这一点进行提问："你一直强调你的销售业绩，但是我认为这仅仅反映了你自己的业务能力。作为一位销售总监，非常重要的一点是你的沟通能力、领导能力，以及和整个团队的协调能力，你能不能更多地展示一下这方面的才能？"王先生回答道："我觉得平常在职业沟通过程中还是不要说太多，只要做得多就可以了，你只要有能力，你的下属就会很佩服你，也不需要和他们做过多的沟通，只要有制度就可以了。"结果，面试官对王先生的回答并不满意，最终他被淘汰了。

思考：

根据上面案例，分析王先生为什么会被淘汰？请结合所学"求职面试"的相关知识，谈一谈在面试过程中应该注意哪些问题？

三、寻找沟通共同点

（一）训练要求

1. 时间：控制在 30 分钟左右。

2. 场地：不限。

3. 道具：每人一张个人信息表（见表 1-3），一支笔。

表 1-3　个人信息表

个人信息项	具有同类信息的训练者姓名
你最喜欢的季节是_____	
你出生的月份是_____	
你最喜欢的体育活动是_____	
你进行交流使用的语言是_____	
你最喜欢的歌手是_____	
你最喜欢的颜色是_____	
你最喜欢的一本书是_____	
你最想去的地方是_____	
你是否养过小动物：□是 □否	

（二）训练过程

1. 训练者把个人信息表中的信息填写完整，要求如实填写。

2. 填完个人信息表后，训练者要去寻找具有同类信息的人（只要有一项信息符合即可），请具有同类信息的人在对应的信息项后签名。

3. 最后，得到签名最多的训练者获胜。

（三）训练分享

1. 你是通过何种方式找到与你有共同点的训练者的？请获得签名较多的训练者谈谈自己的感受。

2. 通过活动，原来不熟悉的训练者之间是不是已加深了对彼此的了解？

四、选择沟通话题

（一）情境描述

一天下午，上司突然给小马布置工作任务：单位明天将派他去某外贸公司进行业务洽谈，这是一家新的合作单位，经理只告诉小马对方负责接洽的经理姓林，其他情况都没有提及。

（二）训练要求

1. 训练者分成若干小组，每组以 5 ~ 8 人为宜。

2. 指导者介绍训练情境及思考题：假如你是小马，明天准备怎样和林经理沟通？开始的话题选择有哪些？为什么？

3. 各组就上述问题进行讨论并汇总。

4. 各组派代表就本组的观点进行阐述。

（三）训练分享

1. 你为什么首先选择这些话题进行沟通，依据是什么？

2. 你还知道哪些打开话题的沟通方式？你最喜欢哪种方式？为什么？

五、沟通危机处理能力

下面有 10 道题，每道题有四个备选答案。请根据自己的实际情况，选择一个最适合你的答案。

（一）假如你与他人产生了矛盾，关系开始紧张起来，你会怎么办？

1. 他不理我，我也不理他；他若主动打招呼，我也与他打招呼

2. 请他人帮助，缓和我们之间的紧张关系

3. 从此不再搭理他，并找机会报复他

4. 我将主动去接近对方，争取消除矛盾

（二）如果你被人误解干了某件不好的事情，你将怎么办？

1. 找他们对质，指责他们

2. 同样捏造莫须有的事情加在对方头上

3. 置之一笑，不予理睬

4. 要求调查，弄清事实真相

（三）如果你的父母之间关系紧张，你将怎么办？

1. 谁厉害倒向谁一边

2. 采取不介入的态度，不得罪任何人

3. 谁正确就站在谁一边

4. 努力调解两人之间的关系

（四）假如你的父母总是为一些小事争吵不休，你会怎么办？

1. 根据自己的判断，支持其中正确的一方

2. 尽量少回家，眼不见心不烦

3. 设法阻止他们争吵

4. 威胁他们如果再争吵就不理他们了

（五）假如你的朋友和你发生了严重的意见分歧，你将怎么办？

1. 暂时避开这个问题，以后再说

2. 请与我俩都亲近的第三者确定谁是谁非

3. 为了友谊，迁就对方，放弃自己的观点

4. 下决心中断我们之间的朋友关系

（六）当别人嫉妒你所取得的成就时，你将怎么办？

1. 以后再也不冒尖了

2. 走自己的路，不管别人对我持什么态度

3. 同这些嫉妒者进行争辩，保护自己的名誉

4. 一如既往地工作，但同时反省自己的行为

（七）假如需要你去处理一件事，这件事的处理结果可能会得罪你的两个朋友，你怎么办？

1. 向他们两个说明这件事的性质，想办法取得他们的谅解，再处理这件事情

2. 瞒住他们悄悄把这件事情处理完

3. 事先不告诉他们，事后再告诉得罪的一方

4. 为了不得罪他们两个，宁可不接受当事人的委托，而不去做这件事

（八）假如你的一位好朋友虚荣心太强，使你看不惯，你会怎么办？

1. 感觉一下他的虚荣心是否与自己有关

2. 利用各种机会劝导他

3. 听之任之，以保持良好的关系

4. 只要他有追求虚荣心的表现，就和他争吵

（九）假如你对某一问题的正确看法被同事否定了，你将怎么办？

1. 向其他同事反映，争取其他同事的支持

2. 消极行事，以发泄自己的不满

3. 一如既往地认真工作，在恰当的时候向同事陈述自己的看法

4. 与同事争辩

（十）假如你与朋友在假日活动的安排上意见很不一致，你会怎么办？

1. 双方意见都不采纳，另外商量双方都不反对的意见

2. 放弃自己的意见，接受朋友的主张

3. 与朋友争论，迫使朋友接受自己的意见

4. 届时自己单独活动，不和朋友一起度假

记分办法：根据表1-4，将各题的得分相加，统计总分。

表1-4　记分表

选项 ＼ 题号	1	2	3	4	5	6	7	8	9	10
1	1	1	0	1	3	0	3	2	2	2
2	2	0	1	0	2	2	1	3	1	3
3	0	3	2	3	1	1	2	0	3	0
4	3	2	3	2	0	3	0	1	0	1

沟通危机处理能力分析如下。

0~6分：表明处理沟通危机的能力很弱。　　7~12分：表明处理沟通危机的能力较弱。

13~18分：表明处理沟通危机的能力一般。　　19~24分：表明处理沟通危机的能力较强。

25~30分：表明处理沟通危机的能力很强。

第二章　团队合作能力

第一节 ◥ 团队

一、团队简介

(一) 团队的定义

1994 年, 斯蒂芬·罗宾斯首次提出了"团队"的概念: 为了实现某一目标而由相互协作的个体所组成的正式群体。美国著名管理学家乔恩·R·卡曾巴赫认为: 团队是由技能互补, 且愿意为了实现共同目的或业绩目标, 而相互承担责任的人所组成的群体。

团队是由员工和管理层组成的一个共同体, 它合理利用每一个成员的知识和技能协同工作, 解决问题, 达到共同的目标。

(二) 团队与群体的区别

1. 群体的概念

群体是指两个或两个以上的人, 为了达到共同的目标, 以一定的方式联系在一起进行活动的人群。

【案例 2-1】

团队与群体

下面四个类型的团体, 哪些是群体? 哪些是团队?

龙舟队、旅行团、足球队、候机旅客。

龙舟队和足球队是真正意义上的团队, 而旅行团是由来自五湖四海的人组成的, 它只是一个群体。候机室的旅客也只能是一个群体。

2. 团队和群体的差异

团队和群体经常被混为一谈, 其实它们之间有着根本性的区别。这种区别体现在:

(1) 成员关系方面。成员相对稳定、角色互异而且互补、有效沟通密切协作是团队与群体的主要区别。群体的效能可以大于也可以小于个体效能之和, 即 $1+1>$ 或 $<$ 或 $=2$, 而团队的效能通常大于个体效能之和, 即 $1+1>2$。

(2) 领导方面。作为群体应该有明确的领导人, 在决策方面领导人说了算; 而团队可能就不一样, 尤其团队发展到成熟阶段, 成员可以共享决策权。

（3）目标方面。群体的目标必须跟组织保持一致，但团队中除了这点之外，还可以产生自己的目标。

（4）协作方面。协作性是群体和团队最根本的差异，群体的协作性可能是中等程度的，有时成员还有些消极、有些对立；但团队却始终保持一种齐心协力的氛围。

（5）责任方面。群体的领导者要负很大责任，而团队中除了领导者要负责之外，每一个团队的成员也要负责，甚至要一起相互作用、共同负责。

（6）技能方面。群体成员的技能可能是不同的，也可能是相同的，而团队成员的技能是相互补充的，把不同知识、技能和经验的人组合在一起，形成角色互补，从而达到整个团队的有效组合。

（7）结果方面。群体的绩效是每一个个体的绩效相加之和；团队的绩效是由大家通过合作共同努力的结果。

二、团队精神

（一）什么是团队精神

所谓团队精神是指团队个体为了团队的整体利益和目标而协同合作的大局意识。它表现为成员对团队目标的认同，对团队强烈的归属感和团队成员之间紧密合作共为一体的意识。一个高效团队的灵魂就是团队精神。只有具有团队精神，一个团队才能发挥最大的力量，才能获得最佳效率。

（二）团队精神的内涵

团队精神并不是虚无缥缈的东西，它可以体现为以下几个方面：

1. 协作精神

协作精神是个人愿意与他人建立友好关系和相互协作的心理倾向。团队成员在工作中互相依从、互相支持、密切配合，并建起相互尊重、相互信赖的协作关系。

2. 全局观念

团队成员对团队忠诚度高，对团队有一种强烈的归属感，不允许有损害团队利益的事情发生，具有团队荣誉感，将个人利益与团队的整体利益联系在一起。

3. 责任意识

团队成员有着为团队的成长和兴衰而尽忠尽责的意识，忠于团队的目标与利益，恪尽职守地完成任务并遵守团队规章制度等。

4. 互助精神

团队成员有意愿将个人的信息和资源与团队其他成员共享，为了达到团队整体目标与利益互相帮助和互相交流，团队成员之间没有隔阂。

5. 进取精神

团队成员为了实现团队的整体利益努力进取，在团队发展、团队战略和价值实现的过程中努力进取、齐心协力，为一个共同目标而奋斗。

团队精神并不要求团队成员牺牲自我，相反，要发挥个性、表现特长，保证了成员可以共同完成任务目标，而明确的协作意愿和协作方式，则产生了真正的内在驱动力。

团队精神是组织文化的一部分，团队如果有良好的管理可以通过合适的组织形态将每个人安排至合适的岗位，充分发挥个体的潜能。一个团队如果没有正确导向的文化，没有良好的从业心态和奉献精神，就不会有团队精神。

（三）团队精神的作用

团队精神是团队中不可缺少的因素，具有非常积极的作用。

1. 具有聚合团队成员的凝聚功能

团队精神通过对群体意识的培养，通过成员在长期的实践中形成的习惯、信仰、动机、兴趣等，来沟通成员的思想，引导成员产生共同的使命感、归属感和认同感，产生一种强大的凝聚力。

2. 具有团结团队成员共同完成目标的功能

培养团队精神，使成员齐心协力，拧成一股绳，朝着一个目标努力，团队要达到的目标即是单个成员自己所努力的方向，团队整体的目标顺势分解成各个小目标，在每个成员身上得到落实。

3. 具有调整团队成员个体行为的协调功能

团队行为也需要协调。团队精神所产生的协调力，是通过团队内部所形成的一种观念的力量、氛围的影响，去约束、规范、协调个体行为。协调个体行为不与团队的整体利益相冲突，以达到团队的目标。

4. 具有激励团队成员的激励功能

团队精神可以激发成员自觉地要求进步，力争与团队中最优秀的成员看齐，通过成员之间正常的竞争可以达到相互激励的目的。

【案例2-2】

蚂蚁军团

蚂蚁可以搬运相当于它体重100倍的重物，能拉动相当于它体重1700倍的物体。可是，我们没有一个人可以举起重量超过自身体重3倍的物体。蚂蚁是动物界中的大力士。但蚂蚁真正的力量不在于个体，而在于它们群体作战。非洲大草原上流传着这样一首歌谣："羚羊在奔跑，因为狮子来了；狮子在躲闪，因为大象发怒了；成群的狮子和大象在集体逃命，那是蚂蚁军团来了。"蚂蚁的社会有很完善的社会组织，这就是团队的力量。

蚂蚁有科学的分工：蚁后是专门产卵繁殖的；工蚁是专门负责建造、觅食、运输的；雄蚁是负责与蚁后繁殖的；再有就是兵蚁，是负责抵抗外侵、保卫家园的。它们追求效率：蚂蚁很有灵性，在找到食物后，往往是两只蚂蚁同时回蚁穴，走不同的路线，最先到达的蚂蚁，在返回去搬运食物的途中就会分泌出比较多的外激素，散发出一种气味，其他的蚂蚁循着气味就知道这是条捷径，而成为蚂蚁运输食物的最佳路线。靠分工合作寻求最短的路线，追求效率，这是从蚂蚁身上得到的启示。

蚂蚁善于学习和总结。英国有一位动物学家做了一个实验。第一次，他把一支点燃的蚊香放到一个蚁窝里，蚂蚁看到对它们来说犹如扑天大火的蚊香，不知所措。20分钟以后，所有蚂蚁倾巢而出来扑灭蚊香所带来的火灾，喷射身体排出的蚁酸，前赴后继，在一分钟内就把蚊香扑灭了，但死伤也不少。第二次，过了一个多月，这位科学家点燃了一支蜡烛，再次放进这个蚁窝里，蜡烛比蚊香的火势、火力更强了，但这次蚁群并没有惊惶，而是有条不紊、紧张有序地开展了扑火行动，这次同样是一分钟扑灭了火焰，但无一伤亡。

遇到危急的情况，无论是大火还是洪水肆虐，蚂蚁都会抱成团。像遇到海啸这种情况，蚂蚁会立即抱成团，数万亿的蚂蚁迅速聚集在一起，抱团有篮球那么大，然后随波逐流，一直到被海水冲到岸才散开。外层一部分蚂蚁有可能被海水打散、打死，但是大多数都能够保住性命。这是一种极端的情况，但它们把团队精神推向了极致。单个蚂蚁可能在瞬间灰飞烟灭，而一旦这些蚂蚁凝结成团队，狮子和大象也会逃之夭夭。因此，蚂蚁精神是团队精神的典范。企业精神的核心其实是一种团队精神，它和蚂蚁精神存在着惊人的相似之处。

三、团队构成的基本要素

团队的构成有几个重要的因素，管理学家称之为5个"P"。

（一）目标（Purpose）

每个团队都应该有一个既定的目标，这可以为团队成员们导航，使其知道向何处去。没有目标的团队是没有存在的意义的。

（二）人（People）

人是构成团队的细胞，一般来说，3个人以上就能构成团队。团队目标是通过其成员来实现的，因此，成员的选择是团队建设与管理中非常重要的部分。

（三）定位（Place）

团队的定位包含两层意思：一是团队整体的定位，包括团队在组织中处于什么位置，由谁选择和决定团队的成员，团队最终应该对谁负责，成员采取什么方式激励成员等；二是团队中个体的定位，包括各个成员在团队中扮演什么角色，是指导成员制订计划，还是具体实施某项工作任务等。

（四）职权（Power）

团队的职权取决于两个方面：一是整个团队在组织中拥有什么样的决定权；二是组织的基本特征，如组织的规模有多大、业务是什么等。

（五）计划（Plan）

从团队的角度看，计划包括两层含义：一是由于目标的最终实现需要一系列具体的行动方案，因此，可以把计划理解成目标的具体工作程序；二是按计划进行可以保证团队顺利工作，只有在计划的规范下，团队才会一步步地贴近目标，从而最终实现目标。

另外，团队成员之间还要有互补的技能，团队成员中的每一种技能都是为完成团队的目标所必需的、能余缺互济的技能，它可分为解决技术问题的技能、决策技能和人际关系的技能等。

【案例2-3】

海尔团队的应变能力

一个周五的下午，一位德国经销商给海尔公司打了一个订货电话，因为事情很紧急，所以他希望海尔公司能在两天之内发货，否则订单就会自动失效。但是，如果在两天内发货，就意味着当天下午就要将所有的货物装船，而现在已经是周五下午 2 点钟了，如果按海关、商检等部门下午 5 点下班来计算的话，时间只有 3 个小时，按照一般的程序，做到这一切是不可能的。海尔公司的团队精神在这时发挥了巨大的能量，他们采取了齐头并进的方式，调货的调货、报关的报关、联系货船的联系货船，每个人都全身心地投入工作，抓紧每一分钟，使每一个环节都能顺利过关。

当货船终于驶离海岸的时候，所有的员工都松了一口气，脸上露出了笑容。当天下午 5:30，这位经销商接到了来自海尔公司货物发出的信息，他感到很吃惊，对海尔公司更是由衷地感激，后来，他还破了十几年的惯例给海尔公司写了一封感谢信。

当所有的人都有了一个共同的目标，对一件事达成了共识的时候，再去努力就会事半功倍，这个时候，团队的力量也会发挥到极致。

一个人的能力总会受到各种因素的制约，所以企业需要的是一个团队，一个不仅仅是为了工作而组成的团队，而是一个能发挥团队精神，具有凝聚力的团队。团队内部必须合作，才能生存。失去了合作，生存就成了无本之木，无源之水。合作即意味着高效、高产，付出小于回报。但有的时候，合作对于人来说，又是必需的，因为一个人的能力总是有限的，当一项工作或任务远远超出个人的能力范畴时，就必须依靠团队来共同完成这项工作或任务。

四、团队的类型

根据团队成员的来源、拥有自主权的大小以及团队存在的目的不同，可将团队分为问题解决型团队、自我管理型团队、多功能型团队和虚拟型团队。

（一）问题解决型团队

问题解决型团队是指组织成员就如何改进工作程序和方法等问题交换意见，对如何提高生产效率和产品质量等问题提出建议的团队。

问题解决型团队的核心点是提高生产质量、提高生产效率、改善工作环境等。在这样的团队中成员就如何改变工作程序和工作方法相互交流，提出一些建议。成员几乎没有什么实际权力来根据建议采取行动，所以它对调动员工参与决策过程的积极性方面略显不足。

（二）自我管理型团队

自我管理型团队一般由 10~15 名具有必要的专业技能、人际关系技能、发现解决问题和决策能力的成员组成，团队内部实行自我管理、自我负责、自我领导、自我学习的运行机制，共同实现团队的目标。

自我管理型团队具有如下特征：

1. 目标性

自我管理型团队中的成员坚信团队目标的意义和价值，这个目标把团队成员紧紧地凝聚在一起，个人的目标被融入团队的目标之中。在这种团队中，大家愿意全力以赴地去实现团队目标。

2. 技能性

自我管理型团队在形成和融合的过程中会形成有较强能力的人群，他们不仅有全面的专业技能，而且具有良好的交际能力，保证了沟通的顺畅，更重要的是具有发现和解决问题的能力，这就更大地发挥了成员的自觉性和责任感。并且团队成员还能通过不断的学习和培训，增强了团队完成目标的能力。

3. 依赖性

团队通常把整体目标分解成个人的目标，个人目标的实现往往要依靠其他团队成员目标的实现，这样就使团队成员产生较强的依赖性，促进团队的协作，增强团队的凝聚力。

4. 自我管理性

自我管理型团队承担了很多以前由主管部门承担的工作，通常会对整个流程或者产品负责，包括完成目标的计划、组织、领导、控制等各个环节，完全由自己管理，并承担责任。

5. 自我学习性

团队不断发展的过程就是不断学习的过程，团队成员通过不断学习和培训，弥补成员之间的技能差异，并不断提升，以使每个成员都达到自我管理的能力。

6. 自我领导性

对于自我管理型团队来说，已经模糊了领导者的概念，没有明确的领导者，每个成员都是领导者，有更多的自治和决策权力，但在实际中，领导者这一角色常常在团队融合过程中已经确定。

7. 自我负责性

由于组织对自我管理型团队的干预比较少，给予其足够大的决策权和管理权，所以要求团队对任务或目标的完成担负责任，并分担到每个成员身上。

8. 良好的沟通性

由于自我管理型团队没有上下级别，所有成员都在一个平等、开放的平台上沟通信息，所以能够通过沟通消除矛盾和冲突，使团队成员意见达成一致。

【案例2-4】
美味的石头汤——团队效应是如何发挥出来的

在一个偏僻穷困的山村，每个人的生活都相当困苦。有一天，来了一个旅行的人，坐在村子中央的空地旁休息。接近傍晚的时候，他向对面走过来的几位村民说："我有一颗神奇的石头，可以煮出美味的石头汤。"村民们笑他傻，石头怎么能煮汤？

这个人还是继续说："如果有口锅就好了，那就可以开始煮汤了。"有位好奇心重的村民就回家拿来了一口大锅，旅行人又说："如果有些树枝、木柴，就可以生火了。"于是，几个小朋友，捡来了一些木柴，一个高个子的村民提来了一桶山泉水。旅行人开始生火，这时村民越聚越多，好奇地看着旅行人如何煮石头汤。等到锅里的水烧开了之后，旅行人把神奇的石头放入锅里。又煮了几分钟后，他拿起汤瓢舀起一小瓢汤，细细地品尝，"能再加一些葱就更好了。"立刻有个妇女跑回家，拿了几根葱来放进了锅里。旅行人尝了一口汤，"哇，太美了！如果能再加一些萝卜就更好了。"又有个村民，从家里拿来了一颗大萝卜加入汤里。然后，旅行人又尝了一口汤，"哇，真太棒了！如果能再有一些肉丝就完美了。"又有个村民把家中晒干的咸肉拿来，切成丝放入汤中。经过村民的几番贡献，又加入了好些材料到汤里面。当村民们围在一起，每个人都喝着一碗汤时，不禁同时发出了相同的赞叹声："神奇的石头煮出来的汤，真的很好喝呀！"

这个故事向我们提出了这样两个问题：团队如何才能突破困境？如何才能发动团队的动力，达成共同的目标？答案是"坚定的信念＋团队精神"。再看看旅行人的目标，而这个目标是大家共同希望和共同得利的，具有激励性；其次，他懂得挑选团队成员，吸纳了一些好奇心强、愿意尝试和创新的成员加入，团队成员将自己家里的青菜、萝卜和咸肉都奉献出来，从而完成了一次团队角色的扮演；最后他终于带领团队实现了喝汤的目标。

案例中旅行人的卓越之处不在于自身多么优秀，而在于他善于组织团队，并领导团队达成目标。

（三）多功能型团队

多功能型团队是团队形式的进一步发展，是由来自同一等级、不同工作领域的成员组成，他们走到一起的目的就是完成某项特定的任务。

多功能型团队能使组织内（甚至组织之间）不同领域的成员之间交换信息，激发产生新的观点，解决面临的问题，协调复杂的项目。但是多功能型团队在形成的早期阶段需要耗费大量的时间，因为团队成员需要学会处理复杂多样的工作任务。在成员之间，尤其是那些背景、经历和观点不同的成员之间，建立起信任并能真正合作也需要一定的时间。

（四）虚拟型团队

虚拟型团队是虚拟组织中一种新型的工作组织形式，是一些人由于具有共同理想、共同目标或共同利益，结合在一起所组成的团队。换句话说，虚拟型团队就是在虚拟的工作环境下，由进行实际工作的真实的团队人员组成，并在虚拟企业的各成员相互协作下提供更好的产品和服务。虚拟型团队作为一种新型的组织形态，具有不少优于传统团队的特征。虚拟型团队与传统的团队组织形式相比较，具有明显的优势。

1. 人才优势

现代通信与信息技术的使用大大缩短了世界各地的距离，区位不再成为直接影响人们工作与生活的因素，拓宽了组织的人才来源渠道。

2. 信息优势

虚拟型团队成员来源区域广泛，能够充分获取世界各地的技术、知识、产品信息资源，从而能够全面地了解顾客，有利于组织尽快设计和开发出满足顾客需求的产品和服务。

3. 竞争优势

虚拟型团队可集聚世界各地的优秀人才，他们在各自的领域内都具有知识结构优势，众多单项优势的联合，必然形成强大的竞争优势。

4. 效率优势

虚拟型团队利用网络、邮件、移动电话、可视电话会议等实现基本的沟通，有效防止信息滞留。

5. 成本优势

虚拟型团队打破了组织的界线，使得组织可以大量利用外部人力资源条件，从而减轻了组织内部人工成本压力。

【案例 2 - 5】

国家电网公司的虚拟团队

国家电网公司为了整合各地的优势资源、降低运营成本，在公司内部组织了很多虚拟团队。很多虚拟团队人员由公司本部、各地区相关业务部门和信息部门人员共同组成。虚拟团队内部设立领导机构，负责制订团队目标、重大决策部署、资源调配与协调。在需要集中工作的情况下，设立专门的后勤保障工作小组，负责异地虚拟团队成员的衣、食、住、行等生活保障服务。公司通过组建虚拟团队对分散在各地基层单位内部的人力资源进行充分利用。

虚拟团队可根据实际需求临时组建，并能针对具体问题或者项目的需要而动态变化，当项目或任务结束时，虚拟团队即可解散。虚拟团队成员可以通过网络、邮件、移动电话、可视电话会议等及时地进行信息交流，"一呼天下应"可以防止信息滞留，从而缩短了信息沟通和交流所用的时间。

第二节 ◣ 团队合作过程

一、团队合作

团队合作是指两个或两个以上的个体通过相互之间的配合与协调（包括语言和行为）来实现其共同的目标或共同的利益，而个体的利益也最终得以实现的一种社会交往活动。

通俗的理解，合作就是个人与个人、群体与群体之间为达到共同的目的，彼此间相互配合的一种联合行动和方式。

【案例 2 - 6 】

两头不该死的骆驼

有一位商人带着两头骆驼穿越大沙漠，手牵着一头可供自己骑用的骆驼，随后跟着的是一头驮运行囊的骆驼。行走数日，驮运行囊的骆驼累得几乎迈不动脚步了，于是含泪向另一头骆驼求助："朋友，请帮我分担点行李吧，我实在是太累了！"另一头骆驼说："咱俩分工不同。"又走了一段路程，驮运行囊的骆驼哀求道："你若再不帮我一把，我就快累死了！"另一头骆驼根本不予理睬。终于，驮运行囊的骆驼累垮了，一头栽在沙漠里，含泪死去。商人便杀了这头骆驼，留下骆驼血，剥下其皮毛备用，并随手将剥下的皮毛再加上行囊一起放在另一头骆驼背上。就在快要走出沙漠时，这头骆驼最终也被累倒了。垂危时，看到主人掏出马刀，它真的后悔没有去帮助那头早就死去的苦难兄弟。

这个故事给我们的启示是互助才能双赢。危难之中伸出双手，形成的是团结的力量，凝聚的是整个集体的智慧，对需要帮助者伸出援助之手，受益的往往包括自己。

二、团队合作的步骤

在了解了团队合作的重要性之后，就要进一步弄清团队合作的步骤，包括确立合作目标，明确角色定位，共同协商配合，执行合作任务，处理矛盾冲突，调整合作关系，分享合作成果等。下面仅结合团队合作步骤谈谈其中的几个要点。

（一）确立合作目标

团队合作首先要明确做什么事，要达到什么效果，即合作目标要清晰。

1. 制订合作目标的原则

（1）明确性。能用具体的语言，清晰地描述要实现的合作目标。

（2）衡量性。合作目标必须要有标准可以衡量。

（3）可接受性。赋予合作成员的目标必须是与成员充分沟通的结果，即合作成员都认可和接受的目标。

（4）可实现性。合作目标在现有资源条件下是可行的，通过努力是可以实现的。

（5）时限性。合作目标要有明确的时间要求。

2. 制订合作目标的步骤

（1）收集信息。制订合作目标，首先要收集成员对合作目标的意见和建议等信息，这样一方面可以让成员参与到制订目标的过程中来，另一方面也可加深成员对合作目标的认识。

（2）整理分析。收集到相关信息以后，不要马上确定合作目标，而是要对成员提出的各种意见进行整理和分析，要排除因匆忙决定而给合作带来的各种不利影响。

（3）讨论表述。与合作成员进行充分的讨论，最终形成一致的目标表述，这样可以获得成员对合作目标的认可。因此在讨论目标表述过程中，尽可能采用一些方法和技巧，让成员把自己的观点讲出来，辨析出隐藏在争议背后的合理性建议，从而达成合作目标共享的双赢局面。

（4）确定目标。通过收集、整理和讨论，修改合作目标表述内容，使其能够反映组织的目标。虽然很难让成员百分之百的都同意目标表述的内容，但求同存异地形成一个成员认可的、可接受的目标是非常重要的，这样能够获取成员对合作目标的真实承诺。

（5）分解目标。在确定合作目标以后，要尽可能地对目标进行阶段性分解，树立一些过程中的目标，使合作每前进一步都能给成员带来惊喜，从而增强了合作成员的成就感，为一步步实现整体性目标奠定坚实的信心基础。

（二）明确角色定位

1. 明确角色分工的重要性

每个合作成员经常会思考——"我在合作中是什么角色？"这个问题。例如，当你是主管时会怎么做？当你是普通成员时又该如何做等。在合作中只有明确了分工角色，找准了自己的位置，才能积极、出色地完成工作任务。

【案例2-7】

找准自己的位置

章明是一位电话销售员，由于在工作中业绩突出，最近刚被公司提升为电话销售五部经理。在章明所在的部门，大部分都是新员工，非常年轻，对产品不熟悉，缺乏销售技能，拿起电话就感到恐惧。章明认为这些新员工眼高手低、不愿吃苦，于是他制订了严格的规章制度和处罚措施进行管理。

1. 所有人员必须提前20分钟打卡上班，迟到5分钟者罚款20元。

2. 每人每天必须新增两个意向客户，少一个罚款 10 元。

3. 上班时间不得打私人电话，否则按 5 元一次罚款。

……

三周过去了，部门销售业绩并没有明显变化，反而人人自危，气氛沉闷。章明没有办法，于是亲自打电话销售产品。一个月下来，尽管他的个人业绩排在公司前三位，但部门内员工的业绩却远远不及公司的平均水平。

章明由于没有认清自己的分工角色，他所做的工作与以前相比并没有实质性的改变，也没有发挥出部门经理应有的作用。

2. 合作分工中的八种角色

被誉为"团队角色理论之父"的英国心理学博士贝尔宾认为：没有完美的个人，只有完美的团队；一支结构合理的团队应该有八种角色，分别为实干家、协调员、推进者、创新者、外交家、监督员、凝聚者、完美主义者。他分析了每一种角色的典型特征、积极特征、能容忍的弱点和在团队中的作用。

（1）实干家。

典型特征：条理性、计划性，重实际、守规则，顺从、有责任感，保守、务实、可靠。

积极特征：注重实际，做事有板有眼，讲究条理和效率；实干经验丰富，有较强的组织能力和自我约束力。

能容忍的弱点：缺乏灵活，不善应变，对没把握的事情不感兴趣。

在团队中的作用：把谈话与建议转换为实际步骤；考虑什么是行得通的，什么是行不通的；整理建议，使之与已经取得一致意见的计划和已有的系统相配合。

（2）协调员。

典型特征：自制力强，有亲和力和影响力，沉着、自信。

积极特征：能够包容各种有价值的意见；有很强的目标意识。

能容忍的弱点：智力和创造水平一般。

在团队中的作用：明确团队的目标和方向；选择需要决策的问题，并明确它们的先后顺序；帮助确定团队中的角色分工、责任和工作界限；总结团队的感受和成就，综合团队的建议。

（3）推进者。

典型特征：高效率，思维敏捷、善于分析，不满足现状，易激动。

积极特征：精力充沛，有干劲，随时准备向传统、低效率、自满自足挑战。

能容忍的弱点：易挑起事端，爱冲动，缺乏耐心。

在团队中的作用：寻找和发现团队讨论中可行的方案；使团队内的任务和目标成形；推动团队成员达成一致意见，并遵照决策行动。

（4）创新者。

典型特征：热情奔放，知识渊博，有创造力，理想色彩重，才华横溢。

积极特征：合作中智慧的源泉，点子多。

能容忍的弱点：自我欣赏、自持清高，不讲方式地批评别人，易招人反感。

在团队中的作用：提供建议；提出批评并有助于引出相反意见；对已经形成的行动方案提出新的看法。

（5）外交家。

典型特征：交际能力强、信息灵通、喜欢变化，外向、热情、好奇，联系广泛。

积极特征：具有与人广泛联系的能力，积极探索新的事物。

能容忍的弱点：事过境迁，兴趣马上转移。

在团队中的作用：提出建议，并引入外部信息；接触持有其他观点的个体或群体；参加有磋商性质的活动。

（6）监督员。

典型特征：不容易冲动，喜欢评判，判断力很强，智商高，清醒、理智。

积极特征：谨慎，合作中的守门员，能避免决策误入歧途。

能容忍的弱点：爱泼冷水。

在团队中的作用：分析问题和情景；对繁杂的材料予以简化，并澄清模糊不清的问题；对他人的判断和作用做出评价。

（7）凝聚者。

典型特征：随和敏感、适应性强，性情温和，擅长人际交往。

积极特征：适应环境能力强，善于倾听。

能容忍的弱点：在紧急时刻优柔寡断。

在团队中的作用：给予他人支持，并帮助他人；打破讨论中的沉默；采取行动扭转或克服团队中的分歧。

（8）完美主义者。

典型特征：追求尽善尽美，认真，举轻若重，细致勤奋有序，有紧迫感。

积极特征：持之以恒，理想主义，追求完美。

能容忍的弱点：常拘泥于细节，不洒脱，焦虑感强。

在团队中的作用：强调任务的目标要求和活动日程表；在方案中寻找并指出错误、遗漏和被忽视的内容；激励其他人参加活动，并促使团队成员产生时间紧迫感。

这个"团队角色理论"告诉我们什么了呢？它告诉我们团队合作中各种角色都是不可或缺的。

（1）角色齐全。唯有角色齐全，才能实现功能齐全。一个成功的团队首先应该是实干家、协调员、推进者、创新者、外交家、监督员、凝聚者、完美主义者这八种角色的综合平衡。唯有角色齐全的团队，才能真正实现结构上的优化，成为高绩效的团队。

（2）尊重差异，实现互补。没有一个人能满足我们所有的要求。但是一个由个人组成的团队，却可以做到完美无缺——它并非是单个人的简单罗列组合，而是在团队角色上，亦即团队的结构上实现了互补。

（3）增强弹性，主动补位。即当一个团队在上述八种团队角色出现欠缺时，其成员应在条件许可的情况下，能够增强弹性，主动实现团队角色的转换，使团队的结构从整体上趋于合理，以便更好地达成团队共同的绩效目标。

例如，有的成员既可以是推进者，也可以是创新者的角色。同时由于这八种角色的特点相互排斥较多，一个人不可能集八种角色于一身。例如，创新者和监督者，一个会出很多的点子，是合作组织中智慧的源泉，而另一个谨慎小心，对每一个点子进行评判。理所当然，这样两种相互排斥的特点就很难在一个人身上体现。

【案例2-8】

《西游记》中的团队角色

《西游记》中是描述唐僧、孙悟空、猪八戒、沙和尚去西天取经的故事，是大家都耳熟能详的，许多人会被这个群体中4位性格各异、兴趣不同的人物所吸引。人们不禁会诧异：各方面差异如此之大的4个人竟然能容在一个群体中，而且能相处得很融洽，甚至能做去西天取经这样的大事情。

这个故事告诉我们：团队必须有一个为之奋斗的目标。他们之所以能走到一起，是因为他们心中都怀有一个共同的目标——去往西天求得真经。

对于多数管理专家而言，《西游记》中的唐僧师徒组合不能算是一个合格的团队：其团队成员要么个性鲜明，优点或缺点过于突出，实在难以管理；要么缺乏主见，默默无闻，过于平庸。但他们克服了常人难以想象的种种困难，最终完成任务取回了真经。

其实，换个角度来看，"个性"也许并不是那么可怕。事业要成功，必须建立一支坚强的团队，且团队的成员要能够优势互补，每个人都能发挥自己的效用。

在团队的各个角色中，每一个人都不是完美无缺的，总会表现出这样或那样的缺点，不尽如人意，让人遗憾。但是，如果能综合不同角色的长处，就能达到完美的境界。

唐僧：凝聚者和完美主义者。

在这个团队中，只有唐僧是一个"凡人"，且最"迂腐"、最"懦弱"，手无缚鸡之力，但他其实是一个德高望重、目标坚定、克勤克俭的人。他代表着高标准、严要求的团队领导。

作为团队领导人和凝聚者，虽然处事缺乏果断和精明，但对团队目标抱有坚定信念，以博爱和仁慈之心在取经途中不断地教诲和感化着众位徒弟。

孙悟空：创新者和推进者。

孙悟空是一个能力型人才的杰出代表，有个性、有想法、执行力很强，也很敬业、重感情，懂得知恩图报，是个非常优秀的人才。缺点是喜欢控制一切，看重工作结果，忽视他人的感情，有时粗鲁和强硬无情。孙悟空可称得上是老板最喜欢的职业经理人。他是团队中的一个不稳定因素，虽然能力高超、交际广阔、疾恶如仇，但桀骜不驯，喜欢单打独斗，但最重要的是他对团队成员有着难以割舍的深厚感情，同时有一颗不屈不挠的心，为达到取经的目标愿意付出任何代价。

猪八戒：外交家和监督者。

猪八戒是性格活泼型人才的代表。他的缺点是爱开小差，吃得多、做得少，但在大是大非上，立场比较坚定，生活上随遇而安，容易满足。他还有可爱的一面，如情感外露，热情奔放，懂得在工作中寻找乐趣，是大家的开心果。他的另一个优点是对唐僧非常尊敬，从某种程度上增加了唐僧作为领导的协调和管理作用。猪八戒善于处理人际关系，是做公关经理的最佳人选。也许很少有人会意识到，猪八戒对于团队内部承上启下起着多么重要的作用，他的个性随和健谈，是唐僧和孙悟空这对固执师徒之间最好的"润滑剂"和沟通桥梁，虽然好吃懒做的性格经常使他成为挨骂的对象，但他从不会因此心怀怨恨。

沙和尚：实干家和协调员。

沙和尚老实本分，忠心耿耿，任劳任怨。缺点是没主见，无热情，不愿负责任，没有进取心。他的优点是能在暴风骤雨中保持稳定，原则性强，习惯于避免冲突，能直面一切困苦。待人平和，是所有人的朋友。沙和尚是个管家的角色，也是勤奋工作的成员代表。每个团队都不能缺少这类成员，脏活累活全包，并且任劳任怨，还从不争功，是领导的忠实追随者，起着保持团队稳定的基石作用。

每个团队成员都会有个性，这是无法也无须改变的，而领导团队的艺术就在于如何发掘成员的优缺点，根据其个性和特长合理安排工作岗位，使其达到互补的效果。请对照分析一下你自己，在团队中扮演什么角色？请找出一个你熟悉的工作团队，并分析其角色在团队的作用。

（三）共同协商配合

在团队合作过程中，合作成员之间要共同协商，科学决策，相互配合，形成默契。

1. 鼓励不同的声音

合作成员在决策过程中出现不同的观点是正常现象，是优势所在。如果没有任何不同意见就做出的重大决策，也不一定是个好决策。高质量的合作决策离不开反向思维，离不开不同意见的争论，特别是对重大问题做出集体决策时，必须要高度重视不同的意见，不能把不同观点视为麻烦，而是应该看成财富，要鼓励合作成员提出更多的不同观点，这样有利于打开决策思路，扩展决策视野，防止决策疏漏，提高合作决策质量。

2. 信息共享

信息共享是指合作成员的信息和信息产品要彼此间进行交流和共同使用，这样有利于合理地进行资源配置，节约成本，创造更多的价值，提高信息资源的利用率，避免在信息采集、存储和管理上重复浪费。合作的价值就在于能够集合大家的智慧，彼此分享信息，以求获得最好的工作效果。

【案例2-9】
一条共享信息的工效

在一家汽车配件厂，工人们使用一台重达800吨的冲压设备加工零部件。在冲压新零件时，他们需要自己更换模具，通常更换模具的时间是2~5小时。

一天，生产经理在与工人们谈话时，说到在其他国家更换相同尺寸的模具仅需10分钟，工人们听后将信将疑。但最后他们还是决定通过分析和思考来解决更换模具这个问题。通过工人们的不懈努力，在不到一年的时间里，他们竟把模具更换时间降到了5分钟！这就意味着他们将原设备每年的生产工时提高了800个小时。

这一结果说明，在合作过程中好的信息分享将会产生好的工作结果。

（四）调整合作关系

合作关系是成员在合作过程中所形成的一种协调关系、利益关系，这种关系能保证目标或效益的顺利实现。若合作关系出现问题，就需要及时调整。

合作关系的问题包括以下几方面：

1. 合作关系不适宜

如合作伙伴不符合共同的合作目标，甚至造成危言；领导安排的合作伙伴不符合实际情况等。遇到这些问题时，要及时进行调整，要明确和维护自己的合作权利，不要碍于面子而给团队和自己造成损失。

2. 合作出现矛盾冲突

在合作过程中，成员间往往会发生矛盾和冲突，如果不能及时妥善地解决，那么将会严重影响合作关系。所以成员在合作中要学会对矛盾和冲突进行处理，只有这样才能避免不利因素的影响，免除不必要的危害。

（1）化解矛盾和冲突的原则。美国著名管理学家托马斯·谢林的一项调查表明，管理者大约花 20% 的时间用来处理矛盾和冲突问题，他们或者是矛盾和冲突的参与者，或者是矛盾和冲突的调解人。

矛盾和冲突通常发生在：管理者与下属员工之间；下属员工之间；管理者之间；下属员工与其他部门员工之间等。

对于团体内部矛盾和冲突来说，除极少数属于建设性冲突外，大都属于破坏性冲突。矛盾和冲突不可避免或者杜绝。所以管理者必须树立正确的管理理念，学会处理和解决矛盾与冲突。

一般在处理矛盾和冲突过程中，通常要把握好以下原则：

一是主要矛盾原则。管理者在矛盾和冲突管理过程中，首先要找出不协调的决定性因素，然后采取措施予以消除，这样可以带动其他问题的解决。另外，管理者还要抓住矛盾和冲突的源头，从根源上解决或消除某一类矛盾和冲突的再次出现。

二是公平合理原则。无论处理什么样的矛盾和冲突，管理者都必须以公平合理为准绳，对矛盾和冲突双方要公正而不能有所偏袒。偏袒只会使矛盾和冲突激化，而且还可能造成矛盾和冲突移位，即其中的一方很可能会把矛盾和冲突转移向协调者，这样不但没有解决问题，还会把问题搞得更为复杂。另外需要注意的是，这里的公平是指要统一观念与统一目标。

三是人性关怀原则。在日常工作中，很多管理者喜欢通过"铁腕"来解决矛盾和冲突，或者说在化解矛盾和冲突时，管理者喜欢用强权的力量，诸如通过恐吓、威胁等惩罚性言辞，或者采取奖惩性政策等手段来平息矛盾和冲突的各方。这种方法只能在短期内奏效，如处理不当，矛盾和冲突可能会转变成一种潜伏危机。所以，管理者在化解矛盾和冲突时，要更多地发挥非权力的影响——人性关怀。

四是防微杜渐原则。管理者要克服一劳永逸的思想和麻痹意识，要密切关注团队的微小变化，争取把各种不协调因素消灭在萌芽状态，把协调工作贯穿于管理活动的始终。

五是目标导向原则。在矛盾和冲突管理过程中，管理者必须牢记组织目标，要从目标实际出发采取措施，要把握好整体与局部以及部门间的相互关系和相互作用，避免顾此失彼，引发新的矛盾和冲突。

（2）化解矛盾和冲突的方法。

一是隔离调整法。矛盾和冲突通常产生于当事双方或者多方，道理很简单，"一个巴掌拍不响"。所以在矛盾冲突各方与工作联系不密切、相互影响不大时，可以实施分离法，即将矛盾和冲突双方"隔离"。这种方法虽然不能改变冲突各方的原有态度，但可以即刻争取时间来控制矛盾和冲突不升级、不扩大，这是矛盾和冲突的应急解决之道。

二是交流轮换法。对他人工作的不了解与不理解，往往是产生矛盾和冲突的主要原因。轮岗交流不仅可以使员工学习新的知识，增进相互了解，更为重要的是可使员工学会换位思考。换位思考的实质就是设身处地为他人着想。对于同一件事情，站在不同的角度，肯定会有不同的视角，轮岗交流可以使员工之间更容易相互了解并促进情感交流，并且员工也可能因为环境的不同而改变其价值观。可见轮岗交流有利于让员工得到全方位的锻炼，提高适应能力、动手能力、处理突发障碍的能力，增加全局观念和合作协调能力。

三是规则约束法。对于矛盾和冲突管理，成功的关键是应立足于长远解决办法，即建立共同遵守的"游戏规则"，进行长效管理。"游戏规则"可以发挥三个方面作用：事前警示，让员工了解并知晓不遵守规则的"后果"；事中控制，让员工在工作时按规矩办事，不要破坏规则；事后裁决，在矛盾和冲突实际出现后，唯有事先定好的"游戏规则"，才是评判是与非的依据和标准。

四是协调斡旋法。协调是有效化解内部矛盾和冲突的一个有效方法。为此管理者可以从两个思路来管理矛盾和冲突：不同部门间的管理者发生矛盾和冲突时，可以通过高层管理者来加以调节；部门内员工间发生冲突时，可通过管理者扮演的协调人角色来化解矛盾和冲突。

五是妥协让步法。华为总裁任正非认为：凡是人性丛林里的智者，都懂得恰当时机接受他人妥协，或向他人提出妥协，毕竟人要生存，要的是理性，不是意气。在很多时候，真是"退一步，海阔天空；让三分，风平浪静"。要知道，妥协并不意味着一种软弱、失败与无能，而是一种坚强、胜利与智慧。并且妥协是一种礼让，是一种融合。通过妥协与让步，可以达成共识与统一目标，这不是失去，而是一种收获。

六是沟通交流法。对基于共同目标而产生的矛盾和冲突，或者说建设性冲突，交涉与谈判也是解决问题的一种好方法。不过建设性冲突也必须予以尽快化解，否则容易转化为破坏性冲突。尤其是当部门之间出现冲突时，管理者可以通过交涉与谈判来解决问题，乃至最终在统一目标的前提下统一行动。这种"当面锣、对面鼓"的冲突解决方式，更容易把问题说清，把难题搞透，有利于减少不必要的组织内耗。

【案例 2 - 10】

杰克的故事

R&H 是一家年销售额达 25 亿美元的大型制造企业。总部雇用了 12 名大学毕业生做会计员。会计分为财务会计、成本会计、会计付款和审计四个部门。杰克是一所名牌大学的毕业生并有两年的会计工作经验。他工作勤恳，进步很快，受到管理员和同事们的赞赏。11个月后，杰克被告知可以在成本会计部门得到一个职位，并增加工资，他想又能在另一个会计领域学到本领，就欣然接受了。6 个月后，杰克感觉无法和管理员埃德共事。杰克不同意埃德的技术训练，埃德处理事务的观点也和杰克不一样，他们在个性方面也有很大的冲突。杰克经过一个月的考虑，决定面见埃德的上司约翰，请求调换职务。他解释说，他愿意留在公司，但是他现在的职务，对于成本会计部门和自己都是不利的。埃德和约翰是朋友并共事多年，约翰的初步反映是杰克搞坏了关系。约翰寻问了会计部门，短期内都没有空缺，他想只有三个处理方案：第一，另外增加一个职位安排杰克；第二，做些工作使埃德和杰克相互妥协；第三，只能解雇杰克。

请问：这三种方案，哪一种更好？还有没有更优的解决方案？

在处理团队冲突的时候，方案不能只有一个，单一的方案有可能阻止了其他更优方案产生的可能性，问题总有最佳的解决办法，只是暂时没有想出或设计出来。最佳方案往往在最差方案后面诞生，所以对于重大的冲突的决策不能快刀斩乱麻，一定要尽最大可能去沟通，争取尽可能最优的解决方案，这对团队冲突来说是不可或缺的。

第三节 ↘ 团队合作障碍

成功对于团队来说，依靠的并非是单个人的能力，而是团队成员的共同力量。那么如何才能让团队战斗力大于个人能力的加和呢？这就需要加强团队成员之间的协调与合作。美国著名管理咨询公司总裁兰西奥尼认为，加强团队合作应该尽力克服在合作过程中出现的障碍，即缺乏信任、惧怕冲突、逃避责任和执行力缺失。

一、缺乏信任

信任是高效团队的核心，没有信任，团队合作便无从谈起。团队要建立起高度的信任是非常不容易的，反过来如果一个团队做不到相互信任，代价又将是巨大的。

【案例 2 - 11】

小猪买西瓜

大猪和小猪在家吃西瓜，它们把西瓜从中间切开，一人一半。

不一会儿大猪就把自己的那份吃完了，它对小猪说："我出钱，你去买一个西瓜回来怎样？回来后平分。"

小猪同意了，但刚出门又回来了，问："你会不会偷吃我的西瓜？"

大猪说："这怎么可能？你还信不过我吗？我保证不碰你的西瓜。"

于是小猪出去了。

一个小时过去了，小猪没有回来。

两个小时过去了，小猪还是一点儿消息也没有。

等到第三个小时，大猪实在是等不及了，心想："先把它那份吃了，回来后多分给它一些算了。"于是它拿起小猪那半个西瓜刚要吃，这时小猪从门外冲了进来，夺过自己的西瓜，生气地说："哼，我就知道你不可靠，幸亏我没去买西瓜，一直在门口盯着你。"

这则寓言告诉我们：信任是团队成员进行有效合作的先决条件。缺乏信任就会使团队成员在互相怀疑中浪费大量的时间和精力，从而造成团队整体工作效率的下降。

（一）缺乏信任的表现

（1）成员之间相互隐藏自己的缺点和错误。

（2）不愿意请求他人帮助，不愿给他人提出建设性的意见。

（3）不愿意为他人提供自己职责之外的帮助。

（4）对他人的观点不仔细思考，轻易下结论。

（5）不愿意学习他人的技术和经验。

（6）花费大量时间和精力去追求自己的特定目标。

（7）对他人抱有不满和怨恨。

（8）害怕开会，寻找借口，尽量减少与他人共处的时间。

（二）克服团队缺乏信任的方法

（1）个人背景介绍。该方法非常简单，只需大家围坐在一起，回答几个关于个人背景的问题就可以。问题的设置不能过于敏感，通常可以包括有关自己的家乡、童年、工作经历、家庭、个人爱好等方面。

通过回答这些问题，团队成员之间可以相互接近、彼此了解，认识到他人同自己一样，拥有丰富的背景和故事，这样有助于增进理解，增强信任，减少团队成员之间的矛盾和摩擦。

（2）工作效率讨论。这种方法具有针对性，需要团队成员之间相互指出个人为团队都做了些什么，以及需要改进的地方是什么，然后大家一起就每个人所说的进行讨论。

虽然这个方法看起来可能有些冒险，很容易造成不满，但可能会获得许多建设性的有益信息，因为工作效率讨论只有在大家相互信任的前提下，才能提出具有价值的建议。

【案例 2 - 12】
把信送给加西亚

1898 年美国为了夺取西班牙属地古巴、波多黎各和菲律宾而与西班牙爆发了美西战争。战争开始之后，古巴盟军将领加西亚就开始带领军队抗击西班牙。他领导的军队在古巴丛林里面，很少有人知道他的确切位置。当战争爆发后，美国总统有一封紧急的书信要交给他，却不知道该怎么办。这时候有人对总统说，在这里，有一个名叫罗文的士兵，只有他能找到加西亚，可以让他把信交给加西亚。总统听了之后，马上就让人把罗文找来，把信交给他，并嘱咐他要怎么做。但是总统并没有告诉罗文加西亚在什么地方，该怎么样去找他。罗文拿了信，把它装进一个油皮纸的袋子里，封好吊在自己胸口，然后就出发了。

总统就焦急地等待着，等待着他送信的消息。罗文出发后很久都没有任何的消息，3 个星期之后，他找到了加西亚，把信交给了他。这 3 个星期以来，罗文经历了他人无法想象的困难，所有的路都是靠自己的双脚徒步走的。当总统在把信交给罗文的时候，其实罗文自己也不知道加西亚藏身的确切地点。但是，总统并没有问他任何事情，他感受到了一种前所未有的被信任感，正是这种被信任感促使他接受了这个艰巨的任务，他什么也没有说，他所想到的只是如何把信送给加西亚。经过千辛万苦，他终于完成了总统交给的任务。

《把信送给加西亚》是一篇作为弘扬员工执行力的经典案例。从故事中，我们还可以从罗文身上找到很多现代员工值得学习的地方，这也是该书作为经典管理学著作长盛不衰的地方。罗文身上有着一种忠诚、敬业的美德，当罗文接过美国总统的信时，他不知道加西亚在哪里，他只知道自己唯一要做的是进入一个危机四伏的国家并找到这个人。他二话没说，没提任何借口，而是接过信，转过身，尽职尽责，立即执行。他想尽一切办法，用最快的速度去达到目标。作为一个团队来研究此案例可以发现，如果要团队凸显出工作效率，发挥员工的各自能力，必须营造一个以信任为基础的工作环境，即作为一个团队整体，要信任自己以及信任他人，从而使团队成员能放心大胆地去把工作做好。

（三）团队领导的职责

为了使团队成员之间建立信任，团队领导要率先承认自己的不足，要勇于在下属面前抛开面子问题，因为只有这样，他的下属才愿意像他一样展现真实的自己。

团队领导要真诚地分析自己，不能敷衍了事。如果为了哄骗他人而假装敞开心扉、承认弱点，则最容易失去团队成员的信任。

团队领导要保证大家承认缺点后不会受到不利影响。即使是最团结的队伍，有时也会不自觉地相互指责各自承认的错误，这样就会大大降低团队成员之间的信任度。

二、惧怕冲突

良好而持久的团队合作关系需要积极的冲突和争论来促使其前进。遗憾的是，这种冲突和争论在很多情况下被视为禁忌，尤其是在工作中。例如，当你所处的职位越高，你的同事就会花费更多时间和精力试图避免与你因激烈争论而引起的冲突，而这种争论有时正是团队合作所必需的。

【案例2-13】
韦尔奇的建设性冲突

被奉为全球成功企业家典范的美国通用电气公司前任CEO——杰克·韦尔奇，十分重视发挥团队合作中建设性冲突的积极作用。他认为，开放、坦诚、建设性冲突、不分彼此是唯一的管理规则。企业必须反对盲目的服从，每一位员工都应有表达反对意见的自由和自信，将事实摆在桌上进行讨论，尊重不同的意见。韦尔奇称其为建设性冲突的开放式辩论风格。正是这种建设性冲突培植了通用电气公司独特的企业文化，从而成就了韦尔奇的旷世伟业。

（一）惧怕冲突的表现

（1）团队会议非常枯燥、单调。

（2）团队成员之间经常试图避免一些有益的争论。

（3）团队中形式主义风气严重。

（4）不能正确处理团队成员之间的意见和建议。

（5）团队成员之间经常出现背后攻击人的现象。

（6）团队成员表面上一团和气，实际成员之间心里彼此不服。

（二）克服团队惧怕冲突的方法

1. 挖掘争论话题

团队领导要经常把深藏不露的分歧问题摆在大家面前进行处理，团队成员也要有提出敏感话题的勇气和信心，特别是在开会讨论问题的时候，团队成员要积极地投入到争论中，直到达成共识、问题解决为止。

2. 实时提醒

在挖掘争论话题时，团队成员要相互监督，不要放弃有益的辩论话题。一个简单、有效的方法就是在大家争论得有些烦躁，不愿继续进行的时候，团队领导要告诉他们这个过程非常必要，虽然这听起来有些幼稚，但它对于消除辩论中的紧张气氛是非常有效的，并且可以给辩论者增加信心继续讨论下去。讨论结束后，可以提醒辩论者，他们刚才的争论是为了团队的利益，没有任何不妥，而且今后有必要将这种争论继续下去。

3．其他方式

可利用团队成员中不同的性格类型和行为特点，帮助团队成员之间加深了解，从而可帮助人们调整对待冲突和争论的态度。

（三）团队领导的职责

团队领导在发动有益争论时，要避免包庇自己的下属受到伤害。因为这会阻碍当事人培养独立解决争端的能力，会造成彼此关系的紧张。当团队成员进行争论时，团队领导应该冷静旁观、顺其发展，即便有时事情看上去可能很乱，也不要轻易打断。做到这一点确实不易，因为有许多团队领导认为开会时，局面失控是失职的表现。

另外需要强调的是团队领导要以身作则、参与争论。如果领导尽可能避免必要的争论，那么团队就容易患有这种机能障碍。

【案例 2－14】

激发团队的良性冲突

素有"日本爱迪生"称号的索尼公司创始人盛田昭夫，从自己的管理实践中体会到，通过一定的途径和方式激发良性冲突，让员工表达自己的不满、发表批评意见对于企业非但不是不幸，反而有利于培养上下级一体的工作关系，使组织少冒风险。

盛田昭夫在公司里鼓励员工公开提出意见，即使对自己的上司，不要怕因公开提出意见而发生冲突。他认为不同的意见越多越好，因为最后的结论必然更为高明，公司犯错的风险才会减少。

三、逃避责任

责任意识，是工作的第一要务。优秀的团队，其成员都是认真工作、勇于承担负责的；而对于一些较差的团队，成员往往是工作情绪懈怠、不负责任。

（一）逃避责任的表现

（1）团队成员甘于平庸。

（2）团队成员缺乏明确的时间观念。

（3）团队成员总是把责任推到领导身上。

（4）成员对于团队存在的问题视而不见。

（5）成员自身出现了工作问题总是强调客观理由。

（6）工作出现问题，团队成员互相扯皮、推诿。

（7）成员之间倾向于有意避免不愉快的谈话。

（二）克服团队逃避责任的方法

孔子曰："知之者不如好之者，好之者不如乐之者。"

1．明确工作目标和标准

目标和职责模糊是责任的大敌，即使团队成员已经就工作计划和行为规范达成共识，团队领导也应该公开强调这些共识，以免被大家忽视，这样就可以明确团队成员的工作方向，增强其责任感。

2. 定期进行成果回顾

团队应形成制度，让成员采用口头或书面的方式定期向领导汇报他们在实现工作目标和执行工作标准等方面的情况，如果不采取制度方式规定成员的行为，而完全靠自觉，那么就种下了逃避责任的祸根。

3. 团队嘉奖

把个人表现奖励转化为团队成果奖励，这样可以培养团队责任风气，因为一个优秀的团队，通常会避免因个人不尽责而造成整体工作效果的不佳。

（三）团队领导的职责

团队领导就要让团队成员之间能够做到彼此负责，使团队建立起整体的责任机制，采取有效措施，让所有成员都意识到责任，让大家互相负责。

【案例 2 - 15】

80 年的责任

武汉市鄱阳街有一座建于 1917 年的 6 层楼房，该楼是由英国的一家建筑设计事务所设计的。20 世纪末，这座叫作"景明大楼"的楼宇在漫漫岁月中度过了 80 个春秋后的某一天，英国的这家建筑设计事务所给这一大楼的业主寄来一份函件。函件告知：景明大楼为本事务所在 1917 年设计的，设计年限为 80 年，现已超期服役，敬请业主注意。

80 年前盖的楼房，不要说设计者，连当年施工的人也不会有一个在世了吧？然而，操这份心的，竟然是它的最初设计者——一个异国的建筑设计事务所！经历了两次世界大战，还能有这样一份责任心的企业全球恐怕不多见，也只有这样有责任心的企业才能真正成为百年老店。

四、执行力缺失

执行就是接受团队决策者的任务安排，决不推脱。一个团队成员必须学会执行任务，必须担负起自己应有的责任，这是构建团队精神的基石。但在实际工作中，我们经常会听到这样或那样的借口，借口是工作中最大的恶习，是一个人逃避应尽责任的表现。它所带来的，不仅是工作业绩的大打折扣，甚至会给单位和社会带来难以想象的损害！

（一）缺乏执行力的四种表现

1. "差不多"就是错

中国人向来聪明勤劳，也不乏创造性，但为什么我国优秀的企业不多呢？最大问题就在于我们对执行的问题缺乏敏感性，也不重视。

2. 不注重细节，不追求完美

中国人想做大事的人太多，而愿把小事做好的人太少。一个做事不追求完美的人，是不可能成功的，而要做事完美，就必须注重细节。

3. 标准只是挂在墙上的废纸

任何一个公司都有自己的标准，关键是看那个标准是挂在墙上还是摆在心里。如果那个标准是挂在墙上而没有摆在心里，那么那个标准就是废纸。

4．不会尽职尽责地做好分内工作

执行力是在工作的每一个环节、每一个层级和每一个阶段都应重视的问题，企业的所有员工都应共同地担负起责任。

【案例2-16】

没有战斗力的团队

在某公司的会议上，小赵气呼呼地对经理抱怨说："老王经常找借口不来上班，有时候还把工作推给我做，却一直拿着和我一样的薪水。我付出了比他多几倍的努力，我干吗这么傻啊？"

老王不服气了，也对经理说："小孙借口说自己家离公司远，每天慢腾腾地到中午才来上班，他的收入居然比我还高呢。""他生病？我还头疼呢。"

在很多公司，我们时常可以听到这样的抱怨声。通常，公司里只要有一两个人经常找借口不守纪律，其他人往往就会效仿。这样一来，就形成了互相推诿、互相抱怨的局面，严重影响了公司的团队精神，进而影响到公司的执行力、战斗力和经营业绩。

（二）克服团队执行力缺失的方法

1．自动自发，诚信工作

要提高个人的执行能力，必须解决好"想执行"和"会执行"的问题，把执行变为自动自发的行动。有了自动自发的思想就可以帮助你扫平工作中的一切挫折。在日常工作中，我们在执行某项任务时，总会遇到一些问题。而对待问题有两种选择：一种就是要充分发挥主观能动性与责任心，不怕问题，想方设法解决问题，千方百计消灭问题，结果是圆满完成任务；一种是面对问题，一筹莫展，不思进取，结果是问题依然存在，任务也就不可能完成。所以要提高个人执行力就要加强学习，更新观念，变被动为主动。

2．敢于负责，注重细节

工作中无小事，工作就意味着责任，责任是压力也是努力完成工作的动力。做工作的意义在于把事情做对做好。最严格的标准应该是自己设定的，而不是他人要求的，如果你对自己的期望比领导对你的期许更高，而不是做五成、六成的低工作标准，甚至到最后完全走形而面目全非，同时把做好工作当成义不容辞的责任，而非负担，就没有完不成的任务。因此提高个人执行力就必须树立起强烈的责任意识和进取精神，坚决克服不思进取、得过且过的心态，养成认真负责、追求卓越的良好习惯。

3．追求新知，创意工作

"未来的文盲不是不识字的人，而是没有学会怎样学习的人"。从这句很有哲理的话中我们不难体会到，学习能力在现代人才体系的三大能力（学习能力、思维能力、创新能力）中，是最基本、最重要的第一能力。没有善于学习的能力，其他能力也就不可能存在，因此也就很难去具体执行，更何谈执行力呢？当今社会，要想适应社会的变化，跟上社会的变化进程，武装自己头脑是我们唯一的选择。努力学习追求新知，就成为提高个人执行力的重要条件。

4. 忘我工作，永不放弃

忘我工作，也可以说是全身心地投入工作。如何全身心地投入工作呢？必须发扬严谨务实、勤勉刻苦的精神，坚决克服夸夸其谈、评头论足的毛病。真正静下心来，从小事做起，从点滴做起，一件一件抓落实，一项一项抓成效，干一件成一件，积小胜为大胜，养成脚踏实地、埋头苦干的良好习惯。

5. 和谐友好，注重团队

俗话说"人无完人"，就个人而言是不可能独立完成所有工作的。要提高个人的执行力就必须建立良好的人际关系，不仅在他人寻求帮助时提供力所能及的帮助，还要主动帮助同事；反过来我们也能够坦诚地乐于接受他人的帮助。好的沟通是成功的一半，通过沟通，群策群力、集思广益，可以在执行中分清战略的条条框框，适合的才是最好的。通过同事间的合力达到完美执行的目的。

【案例 2-17】

卡洛斯与高尔夫

1999 年 9 月，日本日产汽车公司因为巨额亏损，将 36.8% 的股权卖给了法国最大的雷诺汽车公司。2000 年，卡洛斯·戈恩临危受命，出任由法国雷诺控股的日产株式会社社长，此后又兼任 CEO。卡洛斯·戈恩只用了一年多的时间，就使连续 7 年亏损的日产汽车当年盈利 27 亿美元，创造了世界汽车界的奇迹。

在卡洛斯·戈恩的回忆录里，我们发现了他做出如此成就的秘诀，他说："我不是那种每天在办公室里应付几个小时，其他的时间都在高尔夫球场上度过的人。"他还说："在工作中我始终保持紧张感。"

卡洛斯在初到日本的时候，发现日产汽车的高管都喜欢打高尔夫。有个星期天卡洛斯去工厂加班，遇到一个高管穿着球衣球鞋，戴着球帽，背着球袋，装着球杆，正准备去打高尔夫。那个高管看到卡洛斯后说："Good morning，卡洛斯先生，今天阳光明媚、风和日丽，是打球的好天气。卡洛斯先生，不一起去打球吗？"卡洛斯说："公司到现在都没赚钱，我打不下去。那祝你打球愉快。"

这就是有责任感的人与无责任感的人的区别。有责任感的人，在工作中时刻保持紧张感，利用一切时间去思考自己工作上的不足，并尽力去完善；而无责任感的人，即使是在公司倒闭破产的时候，依然兴趣盎然地去打高尔夫，依然一副无所谓的样子。

（三）领导责任

团队的领导班子，也就是所谓的核心团队。那么相对来看，班级的核心团队也就是班委队伍，它是整个执行过程的第一层，上对最高领导负责，下对各位成员负责，因此在执行事务上显得尤其重要。核心团队主要可分为 4 类人。

（1）有能力、态度好的人（类似唐僧）。这群人往往是优秀的领袖，管理这类人才，主张放心地将决策权交给他，让他靠自己的判断执行与决策——放手。

（2）有能力、态度差的人（类似孙悟空）。管理这类人，主张采用"一起商量，你来决定"的方法，在他决策前要求他与你进行沟通——引导。

（3）没能力、态度好的人（类似沙和尚）。对于此类人，可以采用"一起商量，你来决定"的方法，你掌握决策权，在决策之前也和他们商量——劝说。

（4）没能力、态度差的人（类似猪八戒）。对于这类人，作为领导者也不可以完全否定与放弃，掌握决策权的同时，交给他们一定的任务，让他们成为你布置任务的执行者——告知。

作为领导者也要明白，不可以放弃团队中的任何一个人，因为每一个人都是执行环节的一部分，缺一不可。著名的"木桶原理"告诉我们，桶盛水的多少不在于最长的木条有多长，而在于最短的木条有多短。

第四节 团队合作能力

一、团队合作的原则

（一）平等友善

团队合作的第一步就是要求成员之间要平等友善。不论你是资深的老员工，还是新员工，都需要丢掉不平等的关系，心存自大和心存自卑，都是团队合作中的大忌。

（二）善于交流

同在一个公司、办公室里工作，你与同事之间会存在某些差异，知识、能力、经历造成你们在对待和处理工作时，会产生不同的想法。

交流是协调的开始，把自己的想法说出来，听对方的想法，你要经常说这样一句话："你看这事该怎么办，我想听听你的看法。"

（三）谦虚谨慎

法国哲学家罗西法古曾说过："如果你要得到仇人，就表现得比你的朋友优越；如果你要得到朋友，就要让你的朋友表现得比你优越。"当我们让朋友表现得比我们还优越时，他们就会有一种被肯定的感觉；但是当我们表现得比他们还优越时，他们就会产生一种自卑感，甚至对我们产生敌视情绪。所以要学会谦虚谨慎，只有这样我们才会永远受到他人的欢迎。

（四）接受批评

从批评中寻找积极成分。如果同事对你的错误大加抨击，即使带有强烈的个人感情，也不要与其争论不休，而是从积极方面来理解他的抨击。这样不但对你改正错误有帮助，也会避免语言敌对场面的出现。

二、团队合作能力培养

（一）培养团队成员良好的工作态度

要想把本职工作做好，就得培养主动工作的习惯。工作积极主动的人往往具有不断探索新办法来解决问题的职业精神，会对企业的长远发展做出贡献。现代企业需求的人才不仅要具有专业技术知识，更需要那些工作积极主动、热情自信的人。一个合格的职业人不只是被动地等待上司安排工作，而是应该主动去思考岗位需要自己做什么，然后努力地去完成。命运由性格决定，性格由习惯养成，而习惯则由行为引导。主动的行为才能养成主动的习惯。行为的日积月累，让人形成了思维和行为的模式。工作也同样，主动做事就是一种习惯，而且是非常优秀的习惯。

1. 自动自发

不必领导交代，主动地去完成自己应该做的事，一定会让你获得不错的声誉。领导不在身边却更加卖力工作的人，将会获得更多奖赏。如果只有在他人注意时才有好的表现，那么你永远无法达到成功的顶峰。我们经常会发现，那些被认为一夜成名的人，其实在功成名就之前早已默默无闻地努力了很长一段时间。成功是一种努力的累积，不论何种行业，想攀上顶峰，通常都需要漫长的努力和精心地规划。一个做事主动的人，知道自己工作的意义和责任，并随时准备把握机会，展示超乎他人要求的工作表现。

2. 贵在坚持

职业生涯中，成功需要具备两个重要条件：坚持和忍耐。只要有坚强的意志，一个庸俗平凡的人也会有成功的一天；否则，即使是一个才识卓越的人，也只能遭到失败的命运。

3. 勇于承担

在工作中经常会遇到这种情形：你的工作堆积如山，压得你喘不过气来，而这时上级却又给你布置下来新的任务。你不要有怨言，不然很可能会被认为没有能力，或缺乏工作热情。你应该把上级交给你的重任，看作是对你的信任。完成任务确实有难度，其他同事畏缩不前时，你要有勇气出来承担，关键时刻显示你的胆略、勇气及能力。

4. 充满激情

那些对工作充满激情的人，犹如熊熊火炬，既能燃烧自己，也能感染、影响他人。

【案例2-18】

每桶4美元

美国标准石油公司曾经有一位小职员叫阿基勃特。他在出差住旅馆的时候，总是在自己签名的下方，写上"每桶4美元的标准石油"字样，在书信及收据上也不例外，签了名，就一定写上那几个字。他因此被同事叫作"每桶4美元"，而他的真名倒没有人叫了。

公司董事长洛克菲勒知道这件事后说："竟有职员如此努力宣传公司，我要见见他。"于是邀请阿基勃特共进晚餐。后来，洛克菲勒卸任，阿基勃特成了标准石油公司的第二任董事长。

在签名的时候署上"每桶4美元的标准石油"，洛克菲勒并没有交代这样的任务，但阿基勃特却主动地做了。也许在他看来，身为标准石油公司的职员，无论职务高低，都有为公司的产品做宣传的责任和义务。这种对企业极强的忠诚度来源于员工的自动自发，但这种自动自发是在行动中慢慢形成的。正是这种自动自发的精神让其从一个卑微的小职员成长成为公司的董事长。

（二）融入团队合作氛围

年轻人进入职场之后，必须要快速转变心态，要从谦虚做人、努力工作等很多方面迅速做起，在团队中确立自己的位置，通过正常工作中建立与人的交际关系，到快速融入团队。

注意行为策略，做到大事显本事，小事树形象。

1．如何融入团队

要想融入团队，你的行动要遵循以下几个要领：

低——放低姿态。无论你以前在何处有什么值得炫耀的成绩，或者在学校里如何引人注目，都要牢记自己在工作资历方面基本是一无所有。要尊重每一位老同事，不要对他人的行为评头论足，明白他人怎么做那是他人的事，重要的是自己的工作做得如何。

忍——小不忍则乱大谋。面对周围人的冷言冷语甚至小动作，不公开、不回应、不传播、不介入，兢兢业业做好自己的工作，让你的工作成绩能被看得到，任凭风浪起，稳坐钓鱼船。

和——与团队融合。加快融入团队的进程，迅速变成"自己人"。沟通要从心开始，要交新朋友，在新团队中尽快找到一两个可以很好交流的新朋友，扎下根基，通过个别人的认可逐步获得团队的认可。

2．如何得到同事和领导的认可

如何得到同事和领导的认可？如何从一个职场新人变为职场红人？如何快速地和团队融为一体？

很多职场新人由于经验不足，表现出无所适从。为此，职场新人不妨在以下几个方面做些努力：

（1）遵守规章制度。作为新人，遵守制度是起码的职业道德。入职后，应该首先学习员工守则。

（2）熟悉企业文化。以便在制度规定的范围内行使自己的职责，发挥所能。

（3）学会与人共事。作为职场新人，即使你的专业功底再强，但经验显然不足。要使自己能在岗位上"脱颖而出"，离不开同事的帮衬和扶持。对职场前辈要做出恭谦之态乃为上策，尽量不介入人事关系中的是非漩涡，保持中立。

（4）上班不做私事。很多新人无拘无束惯了，以为既然定了岗，就可以高枕无忧，尤其是在完成了手上的工作后，利用上班的时间做些私事，如看一些与业务无关的书刊，与旧友"煲"电话，或在网上聊天，这些都是妨碍你进步的大忌。

（5）多为团队考虑。一个忠于职守的员工做事应多为团队考虑，大到完成一个项目，小到复印资料，在保证完成好本职工作的前提下，应该本着高效节约的原则，能省则省，一个处处为团队考虑的人，任何人都会喜欢他的。

（6）制订长远目标。好高骛远、不切实际的想法是不可取的。工作不久，这山望着那山高，提些不合理的要求，或者干脆以辞职走人相要挟，这肯定会招致领导的反感。应该制订好自己的发展规划，一步一步地去实现自己的人生目标。

（7）稳定工作心态。既来之，则安之。光讲索取，不讲奉献，朝三暮四，做事总是一副心不在焉的样子，这样的员工谁会喜欢？稳定好自己的情绪和心态，踏实地做好手上的工作，这才是立业之本。说到底，天下没有好端的饭碗，与其东奔西跳，还不如就地成才，开花结果。

（三）培育团队文化

团队文化是团队的生存和工作方式，是一个团队中长期形成的共同的目标、理想、价值观和行为范畴的总称。团队文化是社会文化与团队长期形成的传统文化观念的产物，包含价值观、最高目标、行为准则、管理制度、道德风尚等内容。它以全体员工为对象，通过宣传、教育、培训和文化娱乐、交心联谊等方式，最大限度地统一成员思想、规范成员行为、凝聚成员力量，为团队总目标服务。

1. 团队文化的构成要素

人（People）：人是构成团队最核心的力量。

共同目标（Shared Purpose）：共同目标为团队成员导航，让团队成员知道要向何处去。

团队的定位（Place）：团队的定位是要明确团队由谁选择和决定团队的成员，团队最终应对谁负责，团队采取什么方式激励下属等问题。

权限（Power）：明确团队在组织中及团队内部人员的权力。

计划（Plan）：明确实现团队目标的计划和步骤。

价值观（Values）：所谓价值观就是行为背后的信念。

2. 团队文化的培育原则

优秀的团队文化，是一支团队战无不胜、攻无不克的内因，是可以传承和沿袭的内在精神和气质。培育团队文化应从下面 3 个方面着手：

（1）将团队打造成信息共享平台。团队是一个需要在实现团队总体目标的同时又要供全体成员实现个体目标和价值的一个平台。在这个平台内，要培育良好的团队文化，就必须将它打造成全体成员共享的平台，全体成员共享信息和资源，以实现团队的价值最大化。

（2）将团队打造成平等的工作平台。团队是一个全体成员学习、交流和工作的场所，为每位团队成员提供一个发挥自身能力的空间。在这里每一位团队成员可以发挥他的最大的想象力和创造力，让全体成员将自己最优秀的资源贡献出来以实现团队目标。所以，在这里全体成员在人格上是平等的。

（3）将团队打造成发挥个性的平台。团队本身就是由角色不同、个性不一的成员共同组成的，所以这里的文化必须有内部民主的氛围，每位成员可以在这里挥洒自己的个性和特点，共同为团队的目标努力。

（四）加强团队激励作用

激励意味着行为，以及达到效果所需要的精力和努力。激励的目的是调动一个团队或个人的积极性。激励能使每个成员士气高昂，使整个团队充满活力。

1. 什么是激励

所谓激励，就是激发与鼓励，是指激发人的动机，鼓励人们形成行为、从事某种活动而采取措施的过程。从管理活动的角度来说，激励的目的是为了使人形成动力，也就是人们常说的调动积极性，让成员自发而主动地把个人潜能发挥出来。激励也是一种组织满足员工的需要、引导和强化其行为的过程。

2. 激励的动机

个体的动机是需要、激励和感知相互作用的结果。简单地说，员工的激励取决于员工在工作中的需要与组织所提供的激励之间的匹配程度。但这是一个主观的过程，可以说，仁者见仁，智者见智。因为某一激励手段，如加薪、某些物质奖励会使一些人满意，但未必能使另外一些人满意。所以激励中的主观因素非常重要。

当一个人被激励时，努力工作的因素就会产生。但是，他的努力不一定会使团队的整体绩效提高，因为要提高团队的绩效，不仅要考虑团队成员的努力程度，还必须考虑团队成员努力的方向。

3．激励的过程

激励，不仅是一种行为，也可以看作是团队获得满足的过程。在团队工作中，被激励的团队处于一种紧张状态，为缓解紧张，他们会努力工作。紧张程度越大，努力的程度也就越大。如果这种努力能够成功地满足团队的需要，团队的紧张感将会减轻直至消除。需要注意的是，由于团队感兴趣的是与工作有关的行为，所以，这种努力必须要指向团队的目标，而且，需要成员行为方向一致才能形成共同合力，应避免成员们目标的不同而相互抵消和冲突。

【案例 2－19】

危机时的激励

1933 年，正当经济危机在美国蔓延的时候，加利福尼亚州的一家纺织公司，又因一场大火化为灰烬。3000 名员工悲观地回到家中，等待董事长宣布公司破产和失业风暴的来临。在无望而漫长的等待中，他们终于接到了董事长办公室的一封信。信中说公司为全体员工继续支付一个月的薪水。员工们欣喜万分，纷纷打电话给董事长亚伦·波斯表示感谢。

一个月后，正当他们为下个月的生活发愁时，他们又接到了董事长办公室发来的第二封信。信中再次说还要支付全体员工一个月的薪酬。3000 名员工接到信后，不再是意外和惊喜，而是热泪盈眶。

第二天，他们纷纷涌向公司，自发地清理废墟，擦洗机器，还有人主动去南方联系被中断的货源……

三个月后，这家纺织公司重新运转起来。后来，这家公司成为美国最大的纺织品公司，它的分公司遍布五大洲 60 多个国家。

雪中送炭更能激发团队成员的奉献精神，增强他们对团队的向心力和凝聚力。激励团队成员应适时地进行，要抓住合适的时机，同时还要选用最恰当的策略。

（五）加强团队领导力建设

任何人都知道，一个优秀的团队领导能够带动并且提高整个团队的活力，指导并帮助团队取得更加突出的成就。但那些优秀领导的做事方法各异，性格各不相同。在充满风险与挑战的现实环境中，团队领导是一个团队的关键人物。

1．领导者的角色

所谓领导，就是领导者运用权力或权威对团队成员进行引导或施加影响以使团队成员与领导者一起去实现团队目标的动态过程。凡是有许多人进行协调运作，其过程的连续性和统一性都必然要表现在一个领导者的意志上。领导者，就是在社会组织和工作团体中身居高位、肩负重担、总揽全局、运筹帷幄的特殊成员。

从领导者的工作性质和担负任务的角度观察，领导者在社会组织中的指挥职能，使领导者成为制度的制定者、进程的控制者、任务的分派者、冲突的协调处理者、团队的代表。

2. 领导者的功能

（1）设立和达成组织目标而发挥的功能，包括：确定团队目标并通过团队的工作付诸实施；制定团队活动的方针、政策、制度和规范。

（2）为具体实现团队目标而发挥的领导功能，即有效地分解团队目标的功能。它包括：作为熟知团队目标的专家，分派工作任务，分配成员的角色，协调、指导下属的工作；掌握行政权力，可对下属进行奖励或惩罚，以保证和促进团队目标的实现；作为协调处理者，调停、解决团队内部的矛盾冲突。

（3）作为团队代表的功能。它包括：作为团队的象征和成员中心的功能；作为团队的带头人物，应以身作则、为人表率；为实现团队的目标而承担责任。

3. 领导者的工作

（1）要以一个好的企业教练身份来训练员工。管理者的任务，就是要充分调动和运用每个人的长处，共同完成任务。作为管理者，基本要求就是要给员工、下属做培训。把你学会的东西、掌握的知识和技能与下属分享，而且是手把手地教会下属，你就是一个好的老师，也就是一个合格的管理者。

（2）要以一个心态良好的欣赏者的身份来看待员工。管理就是激励和组织人员围绕组织目标去实现的过程。激励与组织人力资源就是领导力。应该时刻善于激励员工，用积极推动的方法解决问题，从而影响和改变他人。企业管理者应该有阳光心态，帮助下属成长、成功，要学会用鼓励的语言与方法培养下属，为他们取得的成功喝彩。鼓励下属要善于运用目标激励。这个目标是"跳起来够得着"的目标，要具有一定的挑战性；同时这个目标必须是够得着的，如果跳起来还是够不着，这样的目标不设也罢。

（3）要适度授权。适度授权，就是指领导者授予下属的决策权力的大小、多少与被授权者的能力、与所要处理的事务相适应。授权不能过宽或过窄。如果授权过宽、过度，超出了被授权者的能力所能承担的限度，会出现小材大用的情况，导致下属权力泛化，使领导者被"架空"。授权过窄、不足，则不能充分调动下属的积极性，不能充分发挥其才能，并且下属事事都要请示汇报，领导者仍不能从繁杂的事务中解放出来，达不到授权的目的。

【案例2-20】

林肯的胸襟

1860年，林肯当选为美国总统。有一天，有位叫巴恩的银行家到林肯的总统官邸拜访，正巧看见参议员萨蒙·蔡思从林肯的办公室走出来。于是，巴恩对林肯说："如果你要组阁的话，千万不要将此人选入你的内阁。"林肯奇怪地问为什么？巴恩说："因为他是个自大成性的家伙，他甚至认为他比你伟大得多。"林肯笑了："哦，除了他以外，你还知道有谁认为他自己比我伟大得多？""不知道"，巴恩答道，"不过，你为什么要这样问呢？"林肯说："因为我想把他们全部选入我的内阁。"事实证明，巴恩的话是有道理的。蔡思果然是个狂妄自大而且妒忌心极强的家伙。他狂热地追求最高领导权，本想入主白宫，不料落败于林肯，只好退而求其次，想当国务卿。没想到，林肯却任命西华德为国务卿，无奈，只好坐第三把交椅——当了林肯政府的财政部长。为此，蔡思一直怀恨在心、激愤不已。不过，这个家伙在金融方面确实是个不可多得的人才，在财政预算与宏观调控方面很有一套。林肯一直十分器重他，并通过各种手段尽量减少与他的冲突。后来，目睹过蔡思种种表现并搜集了很多资料的《纽约时报》主编亨利·雷蒙顿拜访林肯的时候，特地告诉他蔡思正在狂热地上蹿下跳，以谋求总统职位。林肯以他一贯特有的幽默对雷蒙顿说："亨利，你不是在农村长大的吗？那你一定知道什么是马蝇了。有一次，我和我的兄弟在肯塔基老家的农场里耕地，我赶马，他扶犁。偏偏那匹马很懒惰，老是磨洋工。但是，有一段时间它却在地里跑得飞快，我们差点儿都跟不上它了。到了地头我才发现，有一只很大的马蝇叮在它的身上，于是我把马蝇打落了。我的兄弟说：'哎呀，就是因为有那家伙，这匹马才跑得那么快。"然后，林肯意味深长地对雷蒙顿说："现在正好有一只名叫'总统'的马蝇叮着蔡思先生，那么，只要它能使蔡思那个部门不停地跑，我还不想打落它。"林肯的胸襟和用人能力，使他成为美国历史上最伟大的总统之一。

每家企业里都有这样的狂妄自负、根本不把任何人放在眼里的家伙。这些人或拥有某一方面的不可替代资源（如背景），或聪明、能力强，是某一方面或某几方面的专家，充满创新精神或者野心勃勃，对成功以及与成功相关的东西（金钱、职位、权力等）具有狂热的追求欲望，这种人才如果适当授权，则会在团队内发挥他们最大的聪明和才智。

能力训练

【训练任务】大学生"体验团队合作趣味运动会"

【训练过程】

一、活动目的

本着坚持课堂教育与课外活动相结合的原则，组织大学陶冶情操、磨炼意志的课外竞技活动，学校将举办"体验团队合作趣味运动会"。通过几组活动，有效开发学生心理潜能，提高竞争意识，挑战合作极限，加强同学之间的沟通和团队合作精神，增强集体的凝聚力和荣誉感。

二、相关要求

（1）本着安全第一，比赛第二的原则。

（2）裁判：学生处老师及各系辅导员。

（3）指导教师：各系特别指派一名专职指导教师负责，各指导教师要尽职、尽责，做好本系学生的组织训练和比赛工作。

（4）各系要选出一名学生负责整个赛场流程，在每个活动项目中选出一名小组长，组织学生制作具有鲜明特色标语的条幅，并到赛场加油助威。

（5）啦啦队员：各系组成至少50人的啦啦队，并选出一名队长，打出写有鲜明特色标语的条幅，到赛场加油助威。

（6）奖项设置：最后通过计算总分评出最佳团队合作奖三名。

三、项目安排

项目安排情况见表2-1。

表 2-1 项目安排情况

序 号	项目名称	参赛人数（各系）/人	比赛距离/米	时间安排/分钟
1	火速风火轮	5	40	10
2	链接加速	8（2女6男）	40	10
3	编花篮	6（3女3男）	40	10
4	滚雪球	10（4女6男）	40	10
5	抢收抢种	5（2女3男）	40	10
6	多人多足	10	40	10
7	快乐大丰收	12	40	10
8	吹气球	3	40	10
9	宝贝新娘	3	40	10
10	背人接力	6	40	10
11	扭扭晃晃	3	40	10
12	勇往直前	5	40	10

四、评分标准

以计时的方式排出前五名，第一名 10 分，第二名 8 分，第三名 6 分，第四名 4 分，第五名 2 分。

五、竞赛说明及竞赛规则

（一）火速风火轮

1. 器材

用红色布做成的车轮。

2. 竞赛说明

比赛分两组进行。第一组 5 个系，第二组 4 个系。活动开始时 5 名队员站在用红色布装饰的车轮里前行，所用时间最短者胜出，如中途有队员掉下，需重整队伍重新开始，用时少者获胜。

（二）链接加速

1. 竞赛说明

（1）9 个系一起比赛，各系各出 1 个运动队，每队 8 个队员（2 女 6 男），男女排列顺序随意。

（2）比赛预备时 8 人左脚向后抬起，后面同伴用左手扶住，右手搭在前方同伴肩上，排成一排，最后一名队员左脚也要抬起，保持队列整齐。

（3）裁判员口哨一响，都由起点向终点跳，当最后一名队员穿过终点时，比赛结束。

2．竞赛规则

（1）在行进过程中如果出现掉队情况，比赛人员需要重新整理队形，继续比赛。

（2）如出现掉队情况，但部分队员跳过终点，则比赛成绩作废，全程大约40米。

（三）编花篮

1．竞赛说明

（1）9个系一起比赛，各系各出1个运动队，每队6人（3女3男）。

（2）一人把脚腕搭在另一个人的腿腕上，依次搭成花篮形，搭好后，单腿蹦跳向前走，行程40米左右，参赛队员都穿过终点视为比赛结束。

2．竞赛规则

在行进过程中若"花篮"有损坏，则在裁判的指定位置重新开始，以计时的方式计算成绩。

（四）滚雪球

1．竞赛说明

（1）比赛分两组进行，分别为5个系一组和4个系一组。各系各出1个运动队，每队10人（4女6男），纵队排在起点。

（2）发令后，各队第一个人迅速向前跑去，绕过终点标志物跑回起点，与第二个人击掌，第二个人再迅速跑向终点（第一个人排在最后），绕过终点标志物跑回起点，第二个人再与第三个人击掌，第三个人向前跑……依次类推，直到最后一个人跑回起点后（这回不击掌而是与其他9位队员手拉手冲过终点），视为比赛结束（为了有所区别，要求第一个人头戴一顶帽子）。

2．竞赛规则

（1）比赛在起、终点分别放上标志物作为折转标志，赛距长约40米。

（2）在最后大家一起冲向终点时不限制队伍的排法，但必须是手拉手，不得脱手。全队人员（10人）全部冲过终点才算比赛结束，即以全队最后一名队员过终线停表。以计时的方式计算成绩。

（五）抢收抢种

1．器材

纸篓、杯子、乒乓球。

2．竞赛说明

比赛分两组进行，分别为5个系一组和4个系一组。总赛程为40米，参赛选手为5名（2女3男），起点3人，终点2人。每隔10米放1个杯子，共放4个杯子。第一名运动员手持装有4个乒乓球的纸篓起跑，依次将球放进沿途设置的4个杯中，跑到折返点后，将纸篓交给第二名选手；第二名选手返回，依次将球捡起并放进纸篓中，跑回起点将纸篓交给队友，依次进行。去时必须把球放进杯中，回时收起。违者为犯规，以计时的方式计算成绩。

（六）多人多足

1．竞赛说明

（1）9个系一起比赛，各系各出1个运动队，每队10人（全部为男生）齐心协力向前走。

（2）各队10人肩搭肩（不绑腿）一起向前走，行程大约40米，队员全部穿过终点，视为比赛结束，用时短者胜出。

2．竞赛规则

比赛过程中，要求队列不能松散，出现断裂现象时，各队要及时调整，否则取消比赛资格。

（七）快乐大丰收

竞赛说明

各系各出 12 人，4 个人在起点轮流抢丰收物（以人充当丰收物）。比赛开始时 4 名选手站在起点，终点有 8 个丰收物（人），第一个选手跑到终点背一个丰收物回到起点，第二个选手继续，依次类推，直到把所有的丰收物都取回，用时少的队获胜。

（八）吹气球

1．器材

气球。

2．竞赛说明

各系各出 3 人，两个人在起点，一个人站在终点。第一个人在起点把气球吹大，双腿蹦到终点（行程 40 米），把气球交给第二个人；第二个人把气球扎紧，然后双腿蹦，运至第三人处交给第三人；第三人再双腿蹦，至终点。与样品气球差异很大的视为无效气球，以现场裁判判定的结果为准，用时少者获胜。

（九）宝贝新娘

竞赛说明

9 个系一起比赛，总赛程为 40 米，参赛选手为 3 名（男女不限）。比赛开始时两名选手双手交叉搭成"花轿"，另一名选手扮成新娘坐在"花轿"上，完成 40 米赛段。选手如果落地，在落地处重新坐上继续比赛，用时少者获胜。

（十）背人接力

竞赛说明

各系出 6 个人（男女不限），起点 4 个人（两人一组），终点 2 个人（两人一组）。从起点开始第一组（一个人背着另一个人）奔跑 40 米，背的人与第二组的人击掌；第二组开始（一个人背着另一个人）往起点跑，与第三组的人击掌；第三组（一个人背着另一个人）向终点开跑，用时少者获胜。

（十一）扭扭晃晃

1．器材

呼啦圈。

2．竞赛说明

比赛分两组进行，分别为 5 个系一组和 4 个系一组。在起点放置一个呼啦圈，各系各出 3 名参赛选手，两名站在起点，一名站在终点。

3．竞赛规则

比赛开始，第一名参赛选手要在晃呼啦圈的同时前行，与第二名选手接力；第二名接过第一名选手的呼啦圈返回，边晃呼啦圈，边前行，与第三名选手会合；第三名选手继续。如在途中有的选手将呼啦圈掉落下来，则该选手再次晃起来后继续前行，用时少者获胜。

（十二）勇往直前

1．竞赛说明

9 个系一起比赛，5 人排成一列，下蹲，后面人的手搭在前面人肩膀上，一起前行。

2．竞赛规则

如在途中有的选手手滑落，则该选手再次搭好后继续前行，否则成绩无效。以队伍中的最后一名过终线停表，用时少的队伍获胜。

实践活动

模拟营销

【活动目标】训练团队合作能力

【活动内容】

1．由学生组成 3～6 家模拟生产公司，向同样由学生组成的另外 3～6 家模拟商业公司出售商品——不同品牌的新式衬衫。

2．基本业务框架是由生产商品的生产公司，向商业公司推销商品；商业公司购买商品后，再将商品转售出去。

3．由教师设定相关成本、收入等数据，作为模拟营销的限定条件；由各模拟公司进行交易前的准备。

4．利用两节课的时间组织模拟谈判，签订交易合同。

5．进行各公司经营成果统计，按效益排队。

6．购销双方可轮换及多次进行谈判。

附件 1：设定条件

1.4 家公司生产的衬衫商标各异，但假设成本、质量完全相同，且各公司都只生产与销售这一种商品。

2．各公司成本与销售数据及决策如下：

（1）生产公司

1）成本情况。

总固定成本：管理费 278000 元。

　　　　　　维修费 75000 元。

　　　　　　折旧费 235320 元。

单位变动成本：单位材料费 6.31 元。

　　　　　　　单位人工费 5.74 元 。

　　　　　　　单位营销费 1.82 元。

　　　　　　　单位税金 0.77 元（假定为常数）。

2）前期销售情况。

产品售价：25.6 元。

销售量：109720 件。

3）决策与目标。

一是确定本期产品价格；制订推销与谈判策略；实际销量将受以上两种因素制约。

二是目标为本公司利润最大化，建立长期、稳定的贸易合作关系。

（2）商业公司

1）成本情况。

总固定成本：管理费 165000 元。

维修费 41000 元。

折旧费 145560 元。

单位变动成本：单位人工费 1.15 元。

单位储运费 0.55 元。

单位营销费 0.86 元。

单位税金 0.45 元（设为常数）。

2）前期购销情况。

购进价 25.6 元，购进量 109720 件。

销售价 35.11 元，销售量 109720 件。

3）决策与目标。

一是确定购入价格与数量。

二是确定销售价格，销售量将由售价决定。

三是目标为本公司利润最大化，建立长期、稳定的贸易合作关系。

附件 2：实施程序与要求

（1）各生产公司分别确定本公司产品商标，所有商业公司都要准确把握本公司有关成本、销售的基本数量关系。

（2）制订推销与采购策略，并制订相应的谈判策略。要制订出本公司最优期望目标、实际需求目标、可接受目标和最低目标。

（3）进行人员分工，每个人制订具体的实施计划，做好推销或谈判准备。

（4）在约定时间内，生产公司派出一名推销人员或主谈判人到一家商业公司推销（每到一家公司都需轮换一个人），每次商业公司也派出一名主谈判人；双方公司的全体人员都到场观察，并参与研究与分析。

（5）在第一轮谈判结束后，各公司再进行研究，修改策略，确定最终方案与对策。

（6）进行最后谈判，敲定交易价格与数量。

（7）贸易双方签订合同。

（8）各公司分别计算本公司的盈亏情况。

（9）最后公布各公司的经营情况，做出评价。

【实践活动报告】

要求每人提交谈判对策方案，并写出活动体会。

考核评价

一、仔细阅读表 2－2 中的测验题目，在每题后的得分中做出你的评价，即填入数字

1~5。1~5 所代表的意义是：1 = 完全不符合团队的情况；2 = 不太符合团队的情况；3 = 难以回答；4 = 比较符合团队的情况；5 = 完全符合团队的情况。

1. 测验题目

表 2 - 2　测验题目

题号	题目	得分
1	对团队代表、团队成员都有一定的了解	
2	团队管理层愿意采纳成员提出的合理化建议	
3	团队民主气氛良好，成员都能够畅所欲言，自由表达个人看法	
4	团队领导目光长远，思想开放	
5	团队的每一项活动，成员都有平等的参与机会	
6	团队上下级关系融洽，密切合作	
7	团队成员彼此互相帮助，取长补短	
8	理解不同成员表达的个人观点	
9	团队成员能够通过交流，相互了解彼此的需求	
10	提供一些参考意见来支持他人的观点	
11	在会议上为他人留出一定时间来发表个人观点	
12	请求他人给自己提缺点	
13	对团队内部的各种不同观点，能够客观进行描述	
14	经常通过提问来确认自己是否真正理解他人的谈话内容	
15	很少有嫉妒心理，对他人所取得的成就表示祝贺和赞赏	
16	经常与他人交流自己的工作和活动状况，以取长补短	
17	与大家一起分享你在工作中所取得的荣誉	
18	团队会将信息对所有成员平等开放	
19	团队成员之间经常进行技术交流	
20	每当出现紧张气氛时，你会讲笑话来缓解紧张气氛	
21	你做出某项决定的时候，会反复思考，仔细斟酌	
22	团队管理者会对每次活动进行总结	
23	团队在做出重大决定时会广泛向他人收集信息，征询专家意见	
24	经常开展讨论，探讨团队的发展	
25	遇到困难时积极求助	
26	团队领导者能够及时调节成员之间的矛盾	
27	待人诚恳，不隐瞒观点	
28	管理者愿意听取其他成员的意见	
29	对他人的观点提出一些建设性意见	
30	在适当的时候，为他人提供帮助	
31	你提个人建议的时候，会考虑其他人的观点	

（续）

题号	题目	得分
32	团队内部的矛盾冲突都能得到及时妥善处理	
33	鼓励团队成员积极对已有的观点提出各种补充意见	
34	团队充满活力，很少经历失败	
35	团队成员工作配合默契，不会因个人情绪影响工作	
36	团队成员能够互相交流、认真倾听彼此谈话	
37	团队管理层做出重大决定时总是先征求成员的意见	
38	团队成员都支持团队目标	
39	经常进行合作意识教育，提高成员合作意识	
40	团队领导经常下到基层，了解基层人员的需求	

2. 结果分析

对表 2－2 中的问题回答"1"得 1 分，回答"2"得 2 分，……最高为"5"分。

将上面 40 个题目的得分加起来就是这个测验的得分。

150～200 分，说明你所在团队的合作意识非常强，团队成员团结协作、配合默契，团队工作充满活力，是一个富有战斗力的团队。

100～149 分，团队合作意识较好，团队有战斗力，团队成员能够通过合作完成工作任务，但在合作意识的建立和培养方面还有需要改进的地方，团队成员需要在自己的合作权益与他人合作权益之间寻求一个平衡点；团队成员应该把自己和他人当作团队的整体资源而不是一个个单独的个体来看待；加强沟通与合作，进一步提高团队的战斗力。

99 分以下，团队的合作意识较差。

二、20 世纪 30 年代，全球最大、最强的汽车制造企业是美国的通用汽车公司。而到了 20 世纪 80 年代，日本的汽车已经成功地进入美国市场，日本汽车的成功靠的是团队合作。

企业生产的产品一般经过市场营销、产品设计、成本核算、生产制造、销售、售后服务等环节。美国的汽车制造企业按照流程从市场营销开始，一直到售后服务来开展业务，一般需要 5 年时间形成一个周期。而日本企业则通过团队合作，从市场营销开始，各个部门共同参与，一般只需要 18 个月就形成一个周期。日本企业在 20 世纪 80 年代利用能源危机这一契机，成功占领了美国汽车市场。

分析：从这个案例中你得到了什么启示？

三、通过问题选项，测试学生最接近的角色

1. 测试说明

这个问卷共有 7 道题，每道题有 8 种不同的描述，每题 10 分。可以根据最能体现个人平时行为状况的选项进行选择，你认为最像自己的描述，就给它高一点的分。这 7 道题加在一起共 70 分，这些分数必须分配完，既不能多，也不能少，请把你的答案填入表 2－3 中，并把表 2－3 中各列的得分相加，算出每一列的得分是多少。得分最高的列就是你最接近的角色。

（1）我认为我能为团队做出的贡献是： （ ）

A. 我能很快地发现并把握住新的机遇。

B. 我能与各种类型的人一起合作共事。

C. 我生来就爱出主意。

D. 我的能力在于，一旦发现某些对实现集体目标很有价值的人，我就及时把他们推荐出来。

E. 我能把事情办成，这主要靠我个人的实力。

F. 如果最终能导致有益的结果，我愿意面对暂时的冷遇。

G. 我通常能意识到什么是现实的，什么是可能的。

H. 在选择行动方案时，我能不带倾向性，也不带偏见地提出一个合理的替代方案。

（2）在团队中，我可能有的弱点是：　　　　　　　　　　　　　（　）

A. 如果会议没有得到很好的组织、控制和主持，我会感到不痛快。

B. 我容易对那些有高见而又没有适当地发表出来的人表现得过于宽容。

C. 只要集体在讨论新的观点，我总是说的太多。

D. 我很难与同事们打成一片。

E. 在一定要把事情办成的情况下，我有时使人感到特别强硬以至专断。

F. 可能由于我过分重视集体的气氛，我发现自己很难与众不同。

G. 我易于陷入突发的想象之中，而忘了正在进行的事情。

H. 我的同事认为我过分注意细节，总有不必要的担心，怕把事情搞糟。

（3）当我与其他人共同进行一项工作时：　　　　　　　　　　　（　）

A. 我有在不施加任何压力的情况下，去影响其他人的能力。

B. 我随时注意防止粗心和工作中的疏忽。

C. 我愿意施加压力以换取行动，确保会议不是在浪费时间或离题太远。

D. 在提出独到见解方面，我是数一数二的。

E. 对于与大家共同利益有关的积极建议我总是乐于支持。

F. 我热衷寻求最新的思想和新的发展。

G. 我相信我的判断能力有助于做出正确的决策。

H. 我能使人放心的是，对那些最基本的工作，我都能组织得"井井有条"。

（4）我在工作团队中的特征是：　　　　　　　　　　　　　　　（　）

A. 我有兴趣更多地了解我的同事。

B. 我经常向他人的见解进行挑战或坚持自己的意见。

C. 在辩论中，我通常能找到论据去推翻那些不甚有理的主张。

D. 我认为，只要计划必须开始执行，我就有推动工作运转的才能。

E. 我有意避免使自己太突出或出人意料。

F. 对承担的任何工作，我都能做到尽善尽美。

G. 我乐于与工作团队以外的人进行联系。

H. 尽管我对所有的观点都感兴趣，但这并不影响我在必要的时候下决心。

（5）在工作中，我得到满足，因为：　　　　　　　　　　　　　（　）

A. 我喜欢分析情况，权衡所有可能的选择。

B. 我对寻找解决问题的可行方案感兴趣。

C. 我感到，我在促进良好的工作关系。

D. 我能对决策有强烈的影响。

E. 我能适应那些有新意的人。

F. 我能使人们在某项必要的行动上达成一致意见。

G. 我感到我的身上有一种能使我全身心地投入到工作中去的气质。

H. 我很高兴能找到一块可以发挥我想象力的天地。

（6）如果突然给我一件困难的工作，而且时间有限，人员不熟： （   ）

A. 在有新方案之前，我宁愿先躲进角落，拟订出一个解脱困境的方案。

B. 我比较愿意与那些表现出积极态度的人一道工作。

C. 我会设想通过用人所长的方法来减轻工作负担。

D. 我有天生的紧迫感，将有助于我们不会落在计划后面。

E. 我认为，我能保持头脑冷静，富有条理地思考问题。

F. 尽管困难重重，我也能保证目标始终如一。

G. 如果集体工作没有进展，我会采取积极措施去加以推动。

H. 我愿意展开广泛的讨论意在激发新思想，推动工作。

（7）对于那些在团队工作中或与周围人共事时所遇到的问题： （   ）

A. 我很容易对那些阻碍工作的人表现出不耐烦。

B. 他人可能批评我太重分析而缺少直觉。

C. 我有做好工作的愿望，能确保工作的持续进展。

D. 我常常容易产生厌烦感，需要一两个有激情的人使我振作起来。

E. 如果目标不明确，让我起步是很困难的。

F. 对于遇到的复杂问题，我有时不善于加以解释和澄清。

G. 对于那些我不能做的事，我有意识地求助于他人。

H. 当与真正的对立面发生冲突时，我没有把握使对方理解我的观点。

表 2-3　自我评价分析表

题号	实干家		协调员		推进者		智多星		外交家		监督员		凝聚者		完美主义者	
1	G		D		F		C		A		H		B		E	
2	A		B		E		G		C		D		F		H	
3	H		A		C		D		F		G		E		B	
4	D		H		B		E		G		C		A		F	
5	B		F		D		H		E		A		C		G	
6	F		C		G		A		H		E		B		D	
7	E		G		A		F		D		B		H		C	
总计																

2. 8 种团队角色

（1）实干家 CW（Company Worker）

A. 典型特征：保守；顺从；务实可靠。

B. 积极特性：有组织能力、实践经验，工作勤奋，有自我约束力。

C. 能容忍的弱点：缺乏灵活性，对没有把握的事情不感兴趣。

D. 在团队中的作用：

①把谈话与建议转换为实际步骤。

②考虑什么是行得通的，什么是行不通的。

③整理建议，使之与已经取得一致意见的计划和已有的系统相配合。

（2）协调员 CO（Coordinator）

A. 典型特征：沉着，自信，有控制局面的能力。

B. 积极特性：对各种有价值的意见不带偏见的兼容并蓄，看问题比较客观。

C. 能容忍的弱点：在智能以及创造力方面并非超常。

D. 在团队中的作用：

①明确团队的目标和方向。

②选择需要决策的问题，并明确它们的先后顺序。

③帮助确定团队中的角色分工、责任和工作界限。

④总结团队的感受和成就，综合团队的建议。

（3）推进者 SH（Shaper）

A. 典型特征：思维敏捷，开朗，主动探索。

B. 积极特性：有干劲，随时准备向传统、低效率、自满自足挑战。

C. 能容忍的弱点：好激起争端，爱冲动，易急躁。

D. 在团队中的作用：

①寻找和发现团队讨论中可能的方案。

②使团队内的任务和目标成形。

③推动团队达成一致意见，并朝向决策行动。

（4）智多星 PL（Planter）

A. 典型特征：有个性，思想深刻，不拘一格。

B. 积极特性：才华横溢，富有想象力，智慧，知识面广。

C. 能容忍的弱点：高高在上，不重细节，不拘礼节。

D. 在团队中的作用：

①提供建议。

②提出批评并有助于引出相反意见。

③对已经形成的行动方案提出新的看法。

（5）外交家 RI（Resource Investigator）

A. 典型特征：性格外向，热情，好奇，联系广泛，消息灵通。

B. 积极特性：有广泛联系人的能力，不断探索新的事物，勇于迎接新的挑战。

C. 能容忍的弱点：事过境迁，兴趣马上转移。

D. 在团队中的作用：

①提出建议，并引入外部信息。

②接触持有其他观点的个体或群体。

③参加磋商性质的活动。

（6）监督员 ME（Monitor Uator）

A. 典型特征：清醒，理智，谨慎。

B. 积极特性：判断力强，分辨力强，讲求实际。

C. 能容忍的弱点：缺乏鼓动和激发他人的能力，自己也不容易被他人鼓动和激发。

D. 在团队中的作用：

①分析问题和情景。

②对繁杂的材料予以简化，并澄清模糊不清的问题。

③对他人的判断和作用做出评价。

（7）凝聚者 TW（Team Worker）

A. 典型特征：擅长人际交往，温和，敏感。

B. 积极特性：有适应周围环境以及人的能力，能促进团队的合作。

C. 能容忍的弱点：在危急时刻往往优柔寡断。

D. 在团队中的作用：

①给予他人支持，并帮助他人。

②打破讨论中的沉默。

③采取行动扭转或克服团队中的分歧。

（8）完美主义者 FI（Finisher）

A. 典型特征：勤奋有序，认真，有紧迫感。

B. 积极特性：理想主义者，追求完美，持之以恒。

C. 能容忍的弱点：常常拘泥于细节，容易焦虑，不洒脱。

D. 在团队中的作用：

①强调任务的目标要求和活动日程表。

②在方案中寻找并指出错误、遗漏和被忽视的内容。

③激励其他人参加活动，并促使团队成员产生时间紧迫感。

四、通过问题选项来测试学生合作精神

（1）如果某位中学校长请你为即将毕业的学生举办一次介绍公司情况的晚间讲座，而那天晚上恰好播放你最喜欢看的电视剧的大结局，你如何选择？　　　　（　　）

A. 立即接受邀请。

B. 同意去，但要求改期。

C. 有约在先为由拒绝邀请。

（2）如果某位重要客户在周末下午 5:30 打来电话，说他们购买的设备出了故障，要求紧急更换零部件，而主管人员与维修师已经下班，你该如何处理？　　　　（　　）

A. 亲自驾车去 30 公里以外的地方送货。

B. 打电话给维修师，要求他立即处理此事。

C. 告诉客户下周才能解决。

（3）如果某位与你竞争最激烈的同事向你借一本经营管理畅销书，你如何处理？（　　）

A. 立即借给他。

B. 同意借给他，但声明此书的价值并没有那么好。

C. 欺骗他书被他人借走了。

（4）如果某位同事为方便自己出去旅游而要求和你调换休息时间，在你还未决定如何度假的情况下，你如何处理？　　　　　　　　　　　　　　　（　　）

A. 马上应允。

B. 告诉他你要回家请示家人。

C. 拒绝调换，推说自己已经参加旅游团了。

（5）在你急匆匆地驾车去赴约途中看到一位同事的车出了故障，停在路边，你如何处理？　　　　　　　　　　　　　　　　　　　（　　）

A. 毫不犹豫地下车帮忙修理。

B. 告诉他你有急事，不能停下来帮他修车，但一定帮他找修理工。

C. 装作没看见。

（6）如果某位同事在你准备下班回家时，请求你留下来听他倾诉内心的苦闷，你如何处理？　　　　　　　　　　　　　　　　　　　（　　）

A. 立即同意留下来。

B. 劝他等第二天再说。

C. 以家人生病为由拒绝其请求。

（7）如果某位同事因要去医院探望妻子，要求你替他去接一位乘夜班飞机来的大人物，你如何处理？　　　　　　　　　　　　　　　（　　）

A. 马上同意替他去接。

B. 找借口让他另找他人帮忙。

C. 以汽车坏了为由拒绝

（8）如果某位同事的儿子想选择与你同样的专业，请你为他做些求职指导，你如何处理？　　　　　　　　　　　　　　　　　　　（　　）

A. 马上同意。

B. 答应他的请求，但同时声明你的意见可能已经过时，他最好再找些最新资料做参考。

C. 只答应谈几分钟。

（9）你在某次会议上发表的演讲很精彩，会后几位同事都向你索取讲话提纲，你如何处理？　　　　　　　　　　　　　　　　　　　（　　）

A. 同意，并立即复印。

B. 同意，但并不重视。

C. 不同意，或虽同意，但转眼就给忘记。

（10）如果你参加了一个新技术培训班，学到了一些对许多同事都有益的知识，你会怎么处理？　　　　　　　　　　　　　　　　　　　（　　）

A. 回来后立即向大家宣布并分发参考资料。

B. 只泛泛地介绍一下情况。

C. 把这个课题贬得一钱不值，不泄露任何信息。

测评结果：

全部回答为 A，表示你是一位极善良、极有爱心的人，但你要当心，千万别被低效率的人拖后腿。

　　大部分回答为 A，表示你很善于合作，但并非失去个性。认为礼尚往来是一种美德，在商业活动中也不可或缺。

　　大部分回答为 B，表示以自我为中心，不愿意为自己找麻烦，不想让自己的生活规律、工作秩序受到任何干扰。

　　大部分回答为 C，表示团队合作精神比较差。

第三章　自我管理能力

第一节　自我管理能力概述

以你以往的生活、学习和工作中的自我管理经验，在没有接触本书之前，你认为自我管理应该包括哪些内容？

一、自我管理的含义

所谓自我管理，就是指个体对自己本身，对自己的目标、思想、心理和行为等表现进行的管理，自己把自己组织起来，自己管理自己，自己约束自己，自己激励自己，自己管理自己的事务，最终实现自我奋斗目标的一个过程。

自我管理是每个人对自己生命运动和实践的一种自我调节。自我管理的核心就是自我认知、自我组织、自我激励、自我监督、自我调控、自我评价、自我意识、自我锻炼、自我反省，使自己科学地、有目的地逐步走向自我完善和完美，从而达到自我实现、自我成就和自我超越。自我管理也是充分调动心灵的自动调节功能，最大限度地激发自身潜能，更有效地发掘和实现自身最大社会价值和责任的一门科学与艺术。自我管理是自动自发进行的，自动自发就是没有人要求、强迫，而自觉且出色地做好自己的事情。

二、自我管理的内容

通过本章的学习，我们需要做到：能掌握自我管理所包含的 3 个关键能力；能正确认识自己的自我管理；能积极寻找提高自我管理能力的方法。

如何有效地管理好自己的一生确实很难，"修身、齐家、治国、平天下"。对一个即将走入职场或刚刚走入职场的人来说，修身是最基本的事情。自我管理虽然很难，但强化自己这方面的能力，会让我们的人生少走很多弯路。如何加强自我管理呢？我们要从以下 3 个方面着手。

（一）情绪管理

不少经理人能力出众、业绩不俗，却一直得不到提拔和重用，为什么呢？调查发现，主要是他们情商欠缺的缘故。有些人简单地将情商等同于处理人际关系的能力，这其实是一种误解。一个人只有在认识自己、控制情绪、自我激励的同时，了解他人、接纳他人并掌握建立良好人际关系的技巧，才能达到自身的和谐与人际关系的共赢。

（二）学习管理

联合国教科文组织成人教育局局长保罗·郎格朗说过："未来的文盲，不再是不识字的人，而是没有学会怎样学习的人。"知识经济时代，职业竞争力最终将体现在学习能力与创新能力上，在工作中学习、在学习中创新将是每一个职场人士的基本生存方式。如何学？学什么？怎么学？对这些问题的不同回答与选择将决定不同的职业成就和人生前程。

（三）五常管理

五常管理法是改善工作程序及环境的工具，通过员工互相合作，群策群力，将员工与其工作环境及所使用的物品紧密结合，提高工作效率和服务质量，并可确保职业安全。

三、自我管理是成功的基础

著名成功学大师告诉我们：人们都希望获得成功，都在探索成功的奥秘。其实，那些成功的人们和其他人中间有着一条明显的界线，这个界线并非标示特殊环境或具有高智商，也不是高等教育或天赋差异的归类，更不是靠运气。成功的关键是有效的自我管理。

每个人在这个世界上都是管理者，你至少是自我的管理者，可是自我管理是一项重要而又最难做到的管理。杰克森·布朗曾经有个有趣的比喻："缺少了自我管理的才华，就好像穿上溜冰鞋的八爪鱼，眼看动作不断，可是却搞不清楚到底是向前、向后，还是原地打转。"如果你确实付出了努力，但又总看不到太多的成果，那么你真正需要的是重新审视一下你的自我管理能力！

成功需要卓有成效的自我管理。在我们周围有一些非常出色的人，他们身上散发着与众不同的光芒，或是在学业上非常出众，或是在事业上如日中天，或是过着众人称羡的幸福生活。总之，他们在人生中无往而不利，好像他们天生就是注定成功的人。实际上，那些春风得意的人无论是智力还是外貌，与我们并无大的差别，在资质方面也很普通，上天也没有对他们格外地眷顾。只因为他们懂得让好的自我管理习惯替他们创造好的机运。深入那些所谓的佼佼者之中，不难发现他们身上的确有着异于一般人的特质，他们的心从不受到束缚，几乎顽固地坚持自己的理想，为此甘愿承受重负；他们有着明确的职业目标和果断的行动力；对人生他们一向抱着积极热忱的态度；他们有着行之有效的自律生活，以及毫不虚华、踏实的生活态度；他们能在压力当中调整自己的情绪与健康，所以他们理当受到生活的厚待，在平庸中脱颖而出。

在管理上看似无为的谷歌在成立仅仅 8 年之后，市值就达到了 2200 亿美元。李开复在自传中有过这样一段描述："曾经有一个员工告诉我：我不认为所有的人都适合谷歌的工作方式。适合它的人会非常开心，不适合它的人会无所适从，因为没有人告诉你应该怎么做。"李开复一语道破了谷歌文化的核心，谷歌的员工必须学会有效的自我管理。

其实不仅是谷歌的员工，其他任何职业人都应该学会自我管理，只有高效的自我管理才能使我们在职场中制胜。成功也并不是天才或领袖的专利，只要我们运用正确的理念和方法，清楚地认识自己，有效地管理自己，不断地提升自己，我们也可以获得成功。

第二节 ◳ 情绪管理

你曾经时而冷静，时而冲动吗？你有时会理智地思考，但有时会失去控制地暴跳如雷吗？你有时会觉得生活充满了甜蜜和幸福，但有时又会感觉到生活无味而沉闷、抑郁和痛苦吗？有时你精神焕发，但有时你又萎靡不振吗？这些都是情绪的表现。情绪是人类天性中的重要组成部分，它存在于每一个人的心中。没有情绪，我们犹如植物人一样毫无知觉，无法体会这世界带给我们的痛苦和快乐。因此，认识情绪、有效地管理情绪，是自我管理能力提升的重要途径之一。

一、认识自我情绪

（一）情绪的定义及分类

人类在认识外界事物时，会产生喜与悲、苦与乐、爱与恨等各种主观体验，我们把这种对客观事物的态度体验及相应的行为反应称为情绪情感。一般而言，人类具有四种基本的情绪：快乐、愤怒、恐惧和悲哀。在这四种基本情绪之上，可以派生众多的复杂情感，如厌恶、羞耻、悔恨、嫉妒、内疚、喜欢、同情等。

情绪产生的过程如图3－1所示。

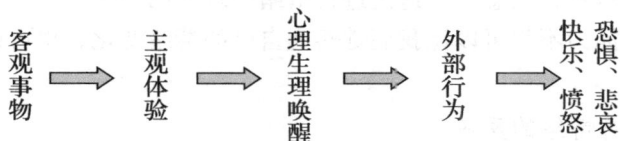

客观事物 ⇒ 主观体验 ⇒ 心理生理唤醒 ⇒ 外部行为 ⇒ 恐惧、快乐、悲哀、愤怒

图3－1 情绪反应过程

按照情绪发生的强度、速度、紧张度、持续性等指标，可将情绪分为心境、激情和应激三种类型。

心境：是一种微弱的、平静的、具有感染性的、持续时间很长的情绪状态。当心境舒畅时，我们会觉得身边的一切都是那么美好；而当心境烦躁时，我们又会觉得诸事不顺，对什么都觉得反感。不同的人对同一事物会有不同的心境，就是同一个人在不同的环境中也会有不同的心境。

激情：是一种爆发性的、强烈的、短暂的情绪活动。我们经常说的暴跳如雷、捶胸顿足、大惊失色、勃然大怒、欣喜若狂等都是这种情绪的外在表现。在激情的状态下，要避免过分的冲动，要能够调控自己的情绪，不要走向极端。

应激：是一种在意外或突如其来的紧急情况下所引起的急速而又高度紧张的情绪状态。如当人们遇到抢劫、事故等危险或突发事件时，身心会处于高度紧张的状态，并由此引发一系列生理反应，如心跳加快、面色苍白、血压上升等。应激是人的正常的生理与情绪反应，这种反应不能过长，否则会导致疾病的发生。

【案例3-1】

情绪的伤口

有个脾气很坏的小男孩，动不动就发脾气，令家里人很伤脑筋。一天，父亲给了他一大包钉子和一只铁锤，要求他每发一次脾气都必须用铁锤在家里后院的栅栏上钉一颗钉子。

第一天，小男孩就在栅栏上钉了三十多颗钉子。但随着时间的推移，小男孩在栅栏上钉的钉子越来越少；他发现自己控制脾气要比往栅栏上钉钉子更容易些。

一段时间之后，小男孩变得不爱发脾气了。于是父亲建议他："如果你能坚持一整天不发脾气，就从栅栏上拔下一颗钉子。"没多久，小男孩把栅栏上所有的钉子都拔掉了。

这时候，父亲拉着儿子的手来到栅栏边，对他说："儿子，你做得很好。可是，你看看那些钉子在栅栏上留下的那些小孔，栅栏再也不会是原来的样子了。当你向他人发过脾气之后，你的言语就像这些钉子孔一样，会在人们的心中留下疤痕。你这样做就好比用刀子刺向他人的身体，然后再拔出来。无论你说多少次对不起，那伤口都会永远存在。"

小男孩的故事告诉我们，如果对情绪没有足够的认识，就会犯很多情绪错误，不仅会伤害到自己，更会伤害到他人。但如果我们对情绪有个正确的认识，并学会管好情绪，那么我们的个人力量就会增加很多。

（二）识别自我情绪

了解自身情绪的变化，判断情绪的影响，主动调整自己的心理，做出合适的行为反应，可以帮助我们迅速化解不良的感觉，这是进行情绪管理的第一步。

较高的情绪识别能力不仅可以让我们觉察到自己的情绪变化，也可以让我们了解到其他人的情绪变化。

1. 情商的高低对情绪的反应

从情商指数的高低来看，高情商的人和低情商的人对情绪变化的自我觉察与认识是大不相同的。

（1）低情商的情绪反应模式。低情商的人在受到外界刺激之后，通常对自己的情绪毫无觉察，无论环境条件是否合适，直接会采取反应行为。如有人骂一句，他立即很生气就马上回敬一句甚至更多；别人给他提出一些意见他马上就黑脸；遇到不顺心的事，就无精打采甚至暴跳如雷等。

低情商的人对外界刺激的情绪反应模式如图3-2所示。

刺激 ⟹ 反应

图3-2 低情商的情绪反应模式

（2）高情商的情绪反应模式。高情商的人在受到外界刺激之后，马上就觉察到自己情绪的变化，但他并不立刻回应，而是借助于价值观、想象力、良知和独立意志等，对情绪的变化做出理性判断和思考。他会有意识地或在潜意识中问自己："我该采取什么反应才能有效地处理这种情绪的变化呢？"如听到下属报告不好的消息，他会冷静理智、处变不惊、沉着应对。

高情商的人对外界刺激的情绪反应模式如图3-3所示。

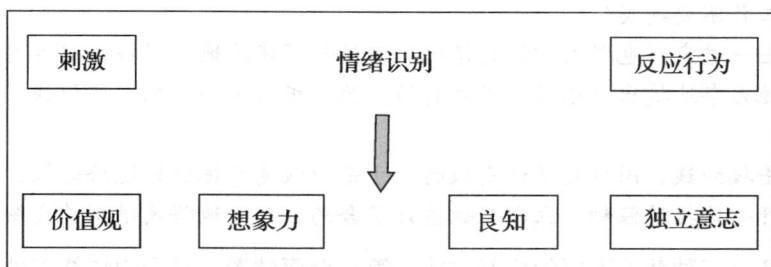

图 3-3 高情商的情绪反应模式

可见，提高情商指数，可以增强认知自我情绪的能力。

2. 识别自我情绪的方法

提高识别自我情绪的能力需要借助一定的方法。下面为大家介绍四种常见的训练方法。

（1）情绪记录法。有意识留意自己的情绪变化过程，并把它详细记录下来，然后回过头来看看记录，并仔细分析思考一下，这对提高你的情绪识别能力大有裨益。

情绪记录法可以借用情绪记录表来进行，见表 3-1。

表 3-1 情绪记录表

情绪类型	时间	地点	涉及谁	发生过程	原因	影响	其他

（2）情绪反思法。每一次情绪变化之后，都要判断一下自己当时的情绪反应是否得当？思考为什么会有这样的情绪？这种情绪反应带来了什么消极的影响？今后应该如何消除类似情绪的发生？如何才能控制类似不良情绪的蔓延等？经过这样反复的思考，你会发现你情绪识别的能力越来越强。

（3）情绪恳谈法。如果对自己的情绪觉察能力不自信，你可以求助其他与你相熟的人，如你的家人、上司、下属、朋友、同学等，采取恳谈的方法征求他们对你情绪变化的看法和意见，从他人的眼光中客观真实地了解自己的情绪变化过程。

（4）情绪测试法。借助专业的情绪测试工具或专业咨询人士来获取有关自我情绪认知与管理的方法建议。

【案例 3-2】

不要用情绪来解决问题

某商场招聘一名收银员，几经筛选，最后只剩下三位女士参加复试。

复试由老板亲自主持。第一位女士刚走进面试室，老板便丢了 1 张百元钞票给她，并命令她到楼下买包香烟。这位女士心想，自己还未被正式录用，老板就颐指气使地命令自己做事，因此感到相当不快，便怒气冲冲地掉头就走。一边走，一边气呼呼地说："哼，凭什么指派我，这份工作不要也罢！"

第二位女士一进来，也遇到相同的情况。只见她笑眯眯地接了钱，准备去买烟时却发现钞票是假的。她无奈地掏出自己的一百元真钞，为老板买了一包烟，还把找回来的钱，全数交给了老板。

第三位女士接到钱，同样发现钱是假的，于是她微笑着把假钞还给老板，并请老板重新换一张。老板开心地接过假钞，立即与她签订了合约，放心地将收银工作交给了她。

三位面试者有三种截然不同的应对方式。第一个面试者，只会用情绪来处理事情，谁也不敢将工作托付给她；第二位面试者，则是最不专业的表现，虽然委曲求全、人比较有敬业精神，但万一真的遇到重大问题，老板需要的不是员工的委屈与退缩，而是冷静与理性的处理能力；第三位面试者，充分表现出了敬业态度和专业能力，从"接过钱"与"发现假钱"的两个小动作中，便能看见她的"配合度"与"专业能力"，这才是老板期待的最佳人选。

可见，用不良的情绪来解决问题，很可能会让你失去更多的机会。

（三）管理自我情绪

1. 控制自我情绪

控制自我情绪是情绪管理的重要内容，也是一种难能可贵的艺术。一个不懂得控制自我情绪的人，往往会被情绪所主导、口无遮拦、行无规矩、随心所欲、没有规划、暴跳如雷等，更别提目标及实现了。

人的情绪有两种状态：一是消极的情绪，二是积极的情绪。消极的情绪使人感到难受，会抑制人的活动能力，减弱人的体力与精力，降低人的自控力，不仅影响人的学习、工作、生活，而且还会给人的健康带来危害。因此，学会控制自我情绪不仅是你事业的需要，也是你生活中的一件大事。

（1）情绪及行为过程。如果把情绪及其相应行为的产生看作是一个过程的话，我们可以把这个过程划分为五个阶段：情境选择阶段、情境修补阶段、注意分配阶段、认知改变阶段以及行为调控阶段。每个阶段我们都可以发挥主观能动性，不让情绪肆虐，理智地控制自我情绪。

1）情境选择阶段。情境选择阶段就是通过选择有利的情境，如休闲聊天、娱乐、旅游、锻炼等，来控制自己的情绪，使自己的情绪保持一个放松、愉快、积极的状态。

2）情境修补阶段。情境修补阶段就是指当你所选择的情境并不理想，无法使你保持积极乐观的情绪状态时，你可以在这个阶段进行修改，换一个让自己更加轻松的情境。如聊天无法让自己放松，就干脆改成看电影或逛街等。

3）注意分配阶段。注意分配阶段就是指要善于把注意力进行转移，在选择或修补的有利情境下，不要总是关注于让自己感到恐惧、不安、担心、悲伤等的事件上。

4）认知改变阶段。认知改变阶段就是指情境基本稳定，改变不太可能的阶段。这时你不妨换一个角度思考，把压力看成动力，把悲伤看成是成长，把恐惧看成是挑战等，将情境赋予更加有积极意义的内涵，从而有效控制自己的情绪。

5）行为调控阶段。行为调控阶段不同于前四个阶段。前四个阶段都是在行为产生之前对情绪进行调节，而此阶段则是行为冲动产生后对这种冲动的调节。此阶段行为调节的重点应该是把紧张的情绪舒展开来，你可以通过找熟人进行倾诉或者寻找更有效的方法来化解冲突，调节情绪。

（2）情绪控制方法。情绪控制能力的培养需要借助一定的方法和技巧。下面为大家介绍几个掌控自我情绪的妙法。

1）换个角度看问题。在现实生活中，情绪失控有很多原因，其中最常见的就是认为生活不如意，大事小事都与自己过不去。其实，这种情况下，大可不必钻牛角尖，不妨换个角度看问题，或许会有意料不到的收获。此外，换个角度看人，说不定很多缺点恰恰是优点呢。总之，把人生的是非和荣辱看得淡一点，你就能很好地控制自己的情绪了。

【案例3－3】
公交车上的"对不起"

小李在公交车上被急匆匆跑上车的乘客狠狠地踩了一脚，怒不可遏，刚想发作，对方说了一声"对不起"。这时，小李忽然想起前几天自己也急匆匆窜上一辆拥挤不堪的公交车，不小心踩了一位时髦姑娘的脚，被她狠狠地骂了一顿，当时自己好尴尬，真的无地自容。小李想，如果我也像那位姑娘一样骂这位乘客，岂不是也让人家难堪，说不准这位乘客真的遇到什么急事呢。想到这里，小李的情绪一下子舒展了，对这位乘客说了声"没关系"。

2）转移注意力。一般情况下，对情绪产生强烈刺激的事情，通常都与自身的利益密切相关，要很快将它遗忘是很困难的，特别是不好的事情。这时，任由不良情绪的侵蚀，还不如采用转移注意力的方法，让自己心有所系，忘却痛苦，如主动帮助他人，找知心朋友谈心，阅读有益的图书，娱乐等。凡是在不愉快的情绪产生时能很快将注意力转移的人，不良情绪就会很快从他身上消失。

3）退一步海阔天空。我们生活在大千世界，各种冲突、摩擦时有发生，如果心胸狭窄，遇到问题想不开，则心中的阴霾会越来越大，最终只能是消极寂寞、郁郁无为。倘若能宽容看待世事，不过分执着，抛开眼前的琐碎细节，跳上更为宽阔的舞台，则迎接我们的便是海阔天空。请记住：任何人都不能伤害你，除非你自己！

4）学会能屈能伸。弯曲不是软弱，而是坚韧，富有弹性。能屈能伸是高情商者的过人之处。在面对强手或有敌意的人群时，要主动避其锋芒；在面临失败时要能够学会容忍，放下面子，接受现实，化阻力为动力，化悲痛为力量，化消极为积极；在得志时要雄心壮志，干一番有意义的大事。柔中带刚，刚中带柔，能屈能伸，才能把情绪控制得游刃有余。

5）从其他角度看坏事。一些外界的刺激和干扰可能会使我们产生不良的情绪，但如果我们能够从这些不好的事情中发掘出有价值的信息，则这些坏的事情对我们来说可能就变成了有价值的事情。当然，不良的情绪也会逐渐得到缓和，并向积极的一面发展。

6）适当地释放情绪。不良情绪越积越多，如果你又一直压抑自己，很可能会导致更大的心理负担，甚至产生疾病。所以，采取适当的形式把情绪宣泄出来，会使得心情得到平静，情绪得到恢复。如过度痛苦时，不妨大哭一场，而笑也是释放能量、调整机体平衡的一种方式。

【案例3－4】
林肯的智慧

有一次，美国前陆军部长斯坦顿怒气冲冲地来到林肯的办公室，说一位少将指责他护短，并且对他进行了人格侮辱。林肯平静地说："是吗？这个家伙的确很可恶。你应该写一封尖酸刻薄的信回敬他，把他臭骂一顿才对。"

斯坦顿当即就写了一封措辞激烈，而且充满火药味的信。林肯看了这封信后，连声叫好："太好了，斯坦顿！就是这样，骂得他狗血喷头才叫过瘾，这样才能狠狠地教训他。"斯坦顿随即把信叠好装进了信封，这时，林肯却叫住了他："你准备干什么？""当然是寄给他呀！"斯坦顿急不可耐地说。

"不能胡来，斯坦顿！"林肯大声说，"这封信你不能发，快把它扔到炉子里去。当他人激怒我或侮辱我的时候，我都是这么做的。你写了这封信不是已经解气了吗？如果还有气儿，那么就把这封信烧掉，再写一封！"

7）用语言调节。语言是一个人情绪体验强有力的表现工具。通过语言可以引发或抑制情绪的反应，即使不说出口也能起到调节情绪的作用。林则徐在墙上挂着"制怒"二字的条幅，就是用来调节自己紧张发怒的情绪。在工作生活中，我们可以用"忍""不要发怒""发怒会把事情搞砸""发愁没用，还是面对现实想办法解决才好"等语句来提醒自己对情绪的控制。当然，用适当的语言也可以使别人的情绪得到舒缓，从而降低冲突的产生。

【案例3-5】

语言的魅力

小白和女朋友一起坐火车旅游。晚上熄灯之后，小白和女朋友还在兴趣盎然地聊天，此时，上铺的一位中年男子非常有意见，对他俩吼到："要想聊天，滚出去聊，不要影响别人休息！"小白一下子火了，马上回敬道："你说什么？有种你再说一次！"一场风暴看来马上就要来临。紧张气氛中，小白的女朋友连忙对中年男子说："大叔，对不起！我们不聊了！您别生气啊！"回头又对小白说："出来旅游，图的是开心，不要找事，能忍则忍！"简单的几句话，就把这场冲突化解了。

有时，我们可以学一下小白的女朋友，用适当的语言来控制一下自己的情绪，这对解决问题会大有裨益。

8）用环境来调节。环境对人的情绪、情感同样起着重要的影响和制约作用。素雅整洁、光线明亮、颜色柔和的环境，使人产生恬静、舒畅的心情。相反，阴暗、狭窄、肮脏的环境，会给人带来憋闷和不快的情绪。因此，改变环境也能起到调节情绪的作用。当你受到不良情绪的压抑时或非常痛苦时，不妨到外面走走，让大自然的美景使你的胸怀开阔、愉悦你的身心，这对你情绪的调节会产生良好的效果。

【案例3-6】

换一个环境

白玉是一位HR经理。一个月前，公司领导给她布置了调整公司薪酬与考核制度的任务，这对于刚刚接任HR经理的她来说无疑是一个很大的挑战。由于欠缺人力资源管理的经验，白玉感到无所适从。随着时间的流逝，白玉仍然没有头绪，此时她开始变得焦虑不安，甚至精神恍惚。

白玉决定换一个新的环境，让自己的情绪得到舒缓。周末的一天，她随意登上了一辆开往陌生城市的汽车。上了高速，她突然感到如释重负，什么忧虑，什么烦恼，都被她抛到脑后，取而代之的是灿烂的阳光、蔚蓝的天空、茂密的树林。白玉感到从未有过的清新与惬意，温和的风吹起她乌黑的秀发，更吹起她久违的快乐与激情。

到了陌生的城市，白玉紧缩的眉头渐渐舒展开来，步履也轻盈了许多。饿了，随便到一家小吃店；渴了，随便去一家茶馆。没有压抑，也没有烦琐的事务。

当踏上回去的汽车时，白玉对工作突然有了头绪，这让她异常兴奋。

回到公司，白玉就有条不紊地开展工作。咨询专家、借鉴同行、进行员工访谈调查，终于提出了一套完整可行的薪酬与考核方案，并且一次性顺利通过。

白玉的故事告诉我们，当遇到烦恼、压力、挫折或痛苦时，换一下环境，放松一下自己，或许会柳暗花明。

2. 情绪自我激励

自我激励就是指通过激发动机，使人具有一股内在的动力，情绪处于兴奋的状态。

自我激励是指用生活中的哲理或某些明智的思想来安慰自己，鼓励自己同痛苦和逆境进行斗争。一个人在痛苦、打击和逆境面前，只要能够有效地进行自我激励，化悲痛为力量，就能在痛苦中振作起来。这种状态不仅使我们能充满激情地面对工作、迎接挑战，而且还可以让我们在绝望中寻找希望，发展健康的自我。

【案例3-7】

对自己说过

1991年，一位名叫坎贝尔的女子徒步穿越非洲，不但战胜了森林和沙漠，更通过了400公里的旷地。当有人问她为什么能完成这令人难以想象的壮举时，她回答说："因为我说过我能。"问她对谁说过这句话，她的回答是："对自己说过。"

自我激励在情绪管理中占据着非常重要的位置，它对提高情绪管理能力发挥着重要的作用，这是因为：

（1）情绪处于低谷时需要自我激励。当一个人陷入懊丧、消沉、灰心等情绪低谷时，他很可能萎靡不振，自暴自弃，丧失信心，放弃努力，甚至会自我诅咒、自我虐待，萌生厌世轻生的念头。如果任由这种消极的情绪发展下去，后果将不堪设想。事实上，人生在世不如意十有八九，当我们意识到自己陷入情绪低谷时，就应该奋起反击，自我激励，让自己迅速走出不良情绪的泥沼。

【案例3-8】

小西的选择

小西的男朋友在一次车祸中意外丧生，小西悲痛不已，一想起和男朋友的点点滴滴都会泪流满面。尽管事件已经过去了大半年，但小西仍然活在痛苦和消沉之中，对什么事情都提不起兴趣，工作业绩一落千丈。某日，小西又不慎把男朋友送给她的唯一信物弄丢了，这使得小西的情绪雪上加霜。小西更加消沉，无法走出这一阴影。

如果小西懂得自我激励，知道生活应该向前看，应该努力活出精彩的人生，那么小西的悲剧就不会发生。

（2）挫折失败时需要自我激励。人们对挫折的容忍力有很大的差异。有的人面对挫折，会坚韧不拔，进一步激发进取心；有的人则悲观失望、精神崩溃，从此一蹶不振。造成这种差异的原因在很大程度上取决于能否自我激励。如果你把挫折看成是生活中的正常现象，把挫折当成是一种锻炼，你就会在遇到挫折时保持健康、良好的情绪。经常激励自己，你就会比挫折更强大。

【案例3-9】

聪明的驴子

一头驴子掉进一个陡峭的深坑里，它声嘶力竭的叫声唤来了它的主人。主人想尽了所有办法，但还是无法将驴子营救上来。眼看天要黑了，主人只好含泪准备将它埋葬。

填了一阵土之后，主人发现驴子离他越来越近了。他发现，只要他投一锨土，这头驴子就会抖落身上的泥土，并将泥土迅速地踩在脚下。主人高兴极了，唤来邻居帮忙填土，没多久，驴子便升到接近地面的位置。最后，它与主人愉快地回到了家中。

其实，在现实生活中，我们不可避免地会掉进失败的深坑，而且各种挫折和打击会如泥土一样接二连三地落在我们头上，但只要我们能学会驴子的坚强和智慧，把这些困难和打击变成脚下的台阶，风雨过后就一定能见到彩虹。

（3）信心不足时需要自我激励。信心是一个人生活的基本信念，也是一个人不断进步和发展的动力之源。拥有信心，你就能够承受各种考验、挫折和失败，敢于去争取最后的胜利。当信心不足时，一定要记住用自我激励和自我肯定的方法为自己加油、打气！要充分相信自己！每天你都可以对自己说："我是最棒的，我今天要做世界上最精彩的人！"信心不足时的自我激励可以使你的情绪处在一种激情、乐观、进取的状态之中，可以使你发挥出最大的潜能。

（4）自卑失落时需要自我激励。自卑是人生的大敌，是一种自我设限和自我萎缩的心理状态。自卑的人整日生活在自我否定与自我打击的心灵自虐之中。自卑犹如一条阴险的毒蛇始终在缠绕着那些意志脆弱的人，直到他们在自我怀疑中，让自己仅有的一点勇敢丧失殆尽。自卑的对立面是自信，自信就是自己信得过自己，自己看得起自己。千万不要因为个子矮小而自卑，也千万不要因为口吃而自暴自弃。"尺有所短，寸有所长"，每个人都有自己的优势和长处，要相信自己，战胜自卑，不要被恶劣的情绪所打到。

【案例3-10】

西邻的五个儿子

有一个叫西邻的人，五个儿子各有千秋：长子质朴，次子聪明，三子目盲，四子背驼，五子脚跛。按照常理看，这家人的日子真难过。可是西邻对自己的儿子各有安排：老大质朴，正好让他务农；老二聪慧，正好让他经商；老三目盲，正好让他按摩；老四背驼，正好让他搓绳；老五足跛，正好让他纺线。结果西邻一家"不患于食焉"，过上了其乐融融的小康生活。

可见，每个人都有长处也都有短处，不要因为自己的不足而妄自菲薄，要相信自己，无须自卑。

情绪自我激励的方法有很多，只要能保持对事业、生活的热情，在绝望中寻找希望，在困境中保持乐观，找到奋斗的目标，自信、坚强，能容忍挫折和苦难，就一定能适应各种挑战，战胜各种困难，取得事业的成功。

二、认识他人情绪

（一）认知他人的情绪

认知他人的情感需求并尽己所能地满足他人的需求，是高情商的重要标志。要知道，你所需要的尊重、理解、安慰、同情、帮助、激励、关怀、赞美等，他人同样需要。认知他人情绪，可以使你在与他人的交往中更好地处理自己的情绪。

【案例3-11】

举人的遭遇

一个举人经过三科，又参加候选，得到了一个山东某县县令的职位。第一次去拜见上司，想不出该说什么话。沉默了一会儿忽然问道："大人尊姓？"这位上司很吃惊，面露不悦，勉强说了姓氏。县令没发现上司的表情变化，低头想了很久，说："大人的姓，百家姓里没有。"上司有点生气了，冷冷地说："我是旗人，贵县令不知道吗？"县令又站起来，说："大人怎么不在正黄旗呢？"上司勃然大怒，说："贵县令是哪一省的人？"县令说："广西。"上司说："广东最好，为什么不在广东？"县令吃了一惊，这才发现上司满脸怒气，赶快走了出去。第二天，上司令他回去，继续待任。究其原因，便是不会察言观色，也就是不会认知他人的情绪。

俗话说："出门观天色，进门看脸色。"人的情绪和情感有很多是通过非语言方式表达出来。善于察言观色，可以让我们尽快认知他人的情感需求，否则，与人交往时很可能会遇上尴尬，甚至难堪或失败。识别他人的情绪，适时调整自己的情绪和行为，这对情绪管理而言同样非常重要。

培养认知他人情绪的能力，需要从以下7个方面来认识并做起。

1. 他人需要尊重

被人尊重是一种权利，尊重他人是一种美德。敬人者人恒敬之。人人都有自尊心，每个人都希望得到他人的尊重。从现实来看，一个人的自尊心一旦得到满足，他的情绪就会变得愉悦，那么他做起事来也就比较顺心。所以，识别他人的需要，学会尊重他人，你也会变得开朗和喜悦。

2. 他人需要关怀

关怀他人会使自己的存在更有价值，会使自己的生命更有意义。关怀他人并不需要轰轰烈烈的举动，在生活中，一个微笑、一声赞许、一个问候、一个拥抱都会给人带来温暖和希望。当他人孤寂时、无助时、彷徨时、痛苦时，给他一点关心，让他感受到你诚意的关怀和支持，就会使他的情绪得到释放和缓解，而你也会在这一过程中获得情感上的满足。

3. 他人需要理解

在生活中，我们常常希望父母理解我们，但父母又何尝不需要我们的理解呢？我们常常希望上司理解我们，但上司又何尝不需要理解呢？我们常常希望朋友理解我们，但朋友又何尝不需要理解呢？人们寻求他人的理解，就像花儿渴望阳光那样迫切。无论是求人办事还是与人交往，理解都是非常重要的。因此，善于理解他人，就会为他人营造一个信任的氛围，让他人在愉快、轻松的情绪中高效地工作和学习。

"我知道你的感觉""我非常理解你""没错""我懂"等，请把这些话记在心里，时刻学会运用吧！

【案例3-12】

多一些理解

小刘是北京一家公司非常出色的维修工程师。一次因公出差，本应周五晚回北京，但小刘想反正是周末，就多玩了两天，周日才回。报销时，和平常唯一不同的是小刘的火车票日期晚了两天。因为没占公司的便宜，小刘也没觉得有什么问题。但公司觉得小刘是无故旷工，不仅扣除工资，而且还通报批评，搞得小刘很窝火。不久，小刘就跳槽到竞争对手哪去了，弄得公司经理追悔莫及。

小章是一家公司的技术骨干，他的太太在一家外资公司上班，两人非常忙碌，结婚已经一个月了，却总找不出婚假的时间，两人为此非常苦恼。此事被两人所在的单位领导知道了，他们非常理解小章和他太太的现状，双方决定，各负担一方出国旅游的交通费用，并给两人放假十天，让他们尽情享受快乐的时光，同时，两家公司还赠送了结婚贺礼并各派专人和专车把他们送上了飞机。小章和他的妻子对公司给予他们的照顾非常感动，之后更是加倍努力工作。

可见，对员工的理解与否可以产生截然不同的情绪和行为效果。

4. 他人需要帮助

任何人都会在人生的旅途中遇到各种各样的困难，有些困难凭借自己的努力就可以解决，而有些困难则必须借助于他人的支持与帮助才能解决。当一个人面对困难束手无策时，及时的帮助会让他重新燃起克服困难的勇气，会让他体会到互助友爱的力量，会让他学会感恩和奉献。帮助他人也等于帮助自己。

5. 他人需要同情

心理学家亚瑟·盖提斯在著名的《教育心理学》中说道："同情是人类最普遍的一种需求，小孩子在受伤时，即使是一点点擦伤，也会需要大量的同情和安慰。对于成年人来说，他们之所以会醉心于诉说自己的忧伤、病痛和一切生理异状的细节，全都是基于同样的心理。"所以，学会同情，对他人遇到的麻烦、不快及意外给予真诚的关心，则会让人感受到友谊和理解，感受到爱的传递，从而使情绪保持在一种温和、积极、乐观的状态中。

6. 他人需要激励

"激励"意味着什么？成功学大师安东尼·罗宾曾指出："要想成功，就必须学会调动他人内心深处的积极性，让他们发挥潜能。"可见，在他人需要激励的时候，给予他人相应的激励，则会让人精神焕发，充满激情，在饱满的情绪状态中奋勇前进。

7. 他人需要赞美

学会赏识、赞美他人，努力去挖掘他人的闪光点，则会让人心情愉悦、舒适。懂得赏识和赞美的人，不仅能收获友谊，而且还能获得他人的赏识和尊重。当然，赏识和赞美也能促使他人更有信心去开拓自己的事业。

某大学曾经进行过一项实验，所有学生被分为三组：第一组学生经常受到鼓励和赞美；第二组学生任由其自由发展；第三组学生除了受批评之外无其他态度。结果任由其发展的一组进步最小，受批评的一组有一点进步，但是受赞美的一组表现最为突出！

（二）人际关系管理

人生有"三成"：不成、小成、大成。依赖他人、受他人控制和影响的人将终生一事无成；只知有我，不知有他人，喜欢孤军奋战，不善于寻求合作的人，只能取得有限的成功；而善于合作、懂得分享、利人利己的人才能实现人生的大成功。

所以，彻底打破非输即赢的陈旧思维模式，从"我"走向"我们"，从孤军作战走向与人合作，是我们取得成功的重要前提。

现代人际关系概括起来有六种模式，见表3-2。

表3-2　人际关系的六种模式

模　式	表　现	价　值　取　向	结　果
人输我赢	巧取豪夺，坑蒙拐骗	损人利己	单赢
人赢我输	迫于压力，委曲求全	损己利人	单赢
人赢我赢	送人玫瑰，手留余香	利人利己	双赢
人输我输	杀敌一千，自伤八百	两败俱伤	双输
不输不赢	生意不成，情意在	好聚好散	无交易
孤芳自赏	自扫门前雪	独善其身	单赢

提升自己情绪管理能力的目的就是为了建立良好的人际关系，为自己的职业发展打好坚实的人脉基础。下面是处理一般人际关系的六个技巧。

1. 学会宽容

宽容和忍让是人豁达心理的一种体现。当你被怨恨、痛苦、懊恼等情绪困扰时，不妨学会宽容，它会让你获得更加积极的力量。其实，在现实生活中，我们没有必要和他人斤斤计较、争强斗勇，学会宽容、学会忍让，给他人让一条路，实际上就是给自己留一条路。

2. 不要嫉妒

在日常生活中，嫉妒的存在是非常普遍的。看到他人比自己强，或在某些方面超过了自己，心里就酸溜溜的不是滋味，于是就产生了一种包含憎恶与羡慕、愤怒与怨恨、猜疑与失望、屈辱与虚荣以及伤心与悲痛的复杂情感。嫉妒是卑劣的先导，它会导致一个人任意地讽刺、挖苦他人，毫无根据地诋毁、造谣和中伤他人，甚至残酷地谋害他人。

【案例3-13】

妒火

有一个人，非常嫉妒他的邻居。他的邻居越是高兴，他越是不高兴；他邻居的生活过得越好，他越是不痛快；他每天都盼望着邻居做生意赔钱，或出个车祸，或遭受火灾，或得个什么不治之症，等等，但是每当他看到邻居时，邻居总是活得好好的，这让他更加痛苦，他甚至想把邻居全家毒死。就这样，他每天折磨自己，身体日渐消瘦，胸中就像堵了一块秤砣，吃不下也睡不着。

嫉妒之火使他痛苦难耐，有一天他决定给他的邻居制造点晦气。晚上他买了一个最贵的花圈，趁着天黑偷偷地给邻居家送去。当他走到邻居家门口时，听到里面有人在哭，此时邻居正好从屋里走出来，看到他送来的花圈，忙说："这么快就过来了，谢谢！"原来邻居的父亲刚刚去世。这人顿觉无趣，"嗯"了两声，便走了出来。

这个妒火中烧的人，把自己置于一种心灵的地狱之中，自己折磨自己，结果一无所得。

其实，嫉妒是一种正常的心理现象，关键是如何认识并把握好它。当产生嫉妒心理时，要及时告诫自己，这种心理害人害己，必须坚决地铲除。当然，换一个比较对象，比上不足，比下有余，懂得自我安慰，也可以让你的烦恼和嫉妒情绪得到缓解。有时，如果把嫉妒心理向积极的一面引导，勇敢地向对方挑战，必然会产生自爱、自强、竞争的行动意识。

3. 善于控制情绪

在工作和生活中，难免会遇到各种挫折、委屈和误解，这时要善于控制自己的情绪。不能因为一些细小的人际摩擦和矛盾就动辄闹情绪、发火、惹麻烦，更不能因为情绪不好而影响工作和生活，否则就不能很好地与人打交道，难以在工作中、生活中进行有效的沟通和协调。

想想你曾遇到的最让你怒火中烧的一件事，你当时是如何处理自我情绪的？你现在觉得当时的处理方法好吗？

4. 修炼同理心

同理心是指在人际交往过程中，能够体会他人的情绪和想法，理解他人的立场和感受，并站在他人的角度思考和处理问题的能力。简单地说，同理心就是指站在对方立场思考的一种方式。

同理心可以让你迅速获得他人的尊重、支持与帮助，有利于你打开人际交往的圈子，收获真诚的友谊。孔子曾说过："己所不欲，勿施于人。"就是说做人要有同理心，要能够"推己及人"，自己不喜欢或不愿意接受的东西，不要强加给他人，即使是自己喜欢的东西，他人也未必喜欢。

有时候你可以调节一下自我的情绪反应，尽量接受或谅解他人的处事方式、作风和行动，就算因此而改变原本的做法或打消初衷，也并不代表自己被同化，而是一种体谅和尊重。

当然，同理心还需要你在他人伤心难过的时候，能够设身处地地留下真诚的眼泪，在他人为成功兴高采烈的时候，能够献上真诚的祝福，在他人孤独无援的时候，能够付出自己的心力，帮上一把。

5. 树立开放心态

人之相知贵在知心。如果"逢人只说三分话，未可全抛一片心"，躲躲闪闪，讳莫如深，不相信他人，不愿意打开心扉，就很容易使人产生距离感。

西方社会心理学"约哈里窗户"理论认为，人们之间交往的成败与否，人际关系能否健康发展，很大程度上取决于个人自我暴露区域的大小。

"约哈里窗户"理论见表 3-3。

表 3-3　"约哈里窗户"理论

	自己知道	自己不知道
他人知道	开放区域	盲目区域
他人不知道	秘密区域	未知区域

从表 3-3 可知，每个人心里都存在四个区域：开放区域、盲目区域、秘密区域和未知区域。

在人际交往过程中，我们应该尽量扩大"开放区域"，缩小"秘密区域"，做到多向对方袒露心扉，让他人了解自己，自然地，我们也会得到对方良好的反馈，获得他人的好感。一般情况下，自我开放区域与人际关系的和谐度成正比。

6. 付出才有回报

付出才有回报。在人际交往中，要善于主动付出，先帮助他人、服务他人，才能获得他人更多的支持与帮助。

成功的人往往都是主动付出的人，领导者都是先服务他人的人。一个人如果光想等待他人的付出，自己不愿意耕耘，只想收获，到最后他绝对会失去所有的人。

当然，有时我们的付出也不一定非要讲究回报不可。

人际关系处理的技巧还有很多，如注意形象、主动交往、幽默健谈、镇静、倾听与反馈等。这些方法只要能够运用得当，就一定能够促进我们与他人关系的改善与提高。

【案例 3 – 14】

向楼下伸展的迎春花

有个小伙子注意到自己种的一盆迎春花，长长的枝条日渐向楼下伸展，于是决定把它们拉上来固定好，但就在动手前，他打消了这个念头，他觉得这样做太小气。不久，迎春花就将一片秀色挂在了楼下阳台上。

第二年春天，小伙子惊奇地发现一枝葡萄藤攀上了他的阳台，俯身去看，却见一张秀色可餐的脸仰起来冲他微笑。原来，楼下人家感激小伙子的馈赠，作为回报，就种了棵葡萄，让它攀上来……

一来二去，楼上楼下熟悉起来，就在葡萄第二次成熟的时候，小伙子与楼下人家的女儿收获了他们成熟的爱情。

令人欣慰的是，小伙子只是在举手之间给他人送去了一窗绿色，却收获了意想不到的真诚和好运……

所以，建立良好的人际关系有一个基本规律，这就是：种瓜得瓜，种豆得豆。

第三节　学习管理

一、学习管理的重要性

世界上有三种类型的人：第一种是不肯学习的人，很快就会被淘汰；第二种是肯学习而不善于学习的人，也一样会被淘汰；第三种是既肯学习又会学习的人，最后取得了成功。学习管理的最终目的就是让你成为第三种类型的人，即愿意学习又能学会学习。

（一）学习管理的定义

学习管理（Knowledge Management）指利用管理学的方法，通过计划、组织、领导、控制等手段，把学习程序化、流程化、规范化，创建最佳方案，从而达到高效学习的目的。

（二）学习管理的重要性

"没有远见的地方，人们就会灭亡。"而获得远见卓识的能力就要靠持续不断地学习。可见，学习管理对一个人的成功至关重要。

1. 只有学习才能适应变化的需要

在知识经济时代，资讯瞬息万变，知识总量迅速扩张，知识老化也越来越快。一个大学生在校所学习的知识可能仅占其一生所需知识的 10% 左右，而其余 90% 的知识需要在工作中通过学习来获取。可见，要想在瞬息万变的时代取得一定的成功，就必须不断地学习，以开放的心态树立与时俱进的终身学习观，只有这样，才能适应外界变化的需要，取得比竞争对手更多的优势和机会。

国外有家电视台曾举行了这样一次民意测试，"你是否愿意在过去生活 100 年呢，还是在未来生活 100 年?"令人惊讶的是，居然有 2/3 的观众选择了过去! 而这个电视栏目的目标顾客主要是 20 岁左右的时尚青年。可见，面对信息及竞争日趋激烈和瞬息万变，每个人内心深处都有一种危机感。如果不能持续地学习或终身学习，是很难适应外界的不断变化的。

IBM 公司倡导"学无止境"，公司每年都要花费十多亿美元进行 130 万人次的职业化技能培训。在培训过程中，每天长达十多个小时的紧张学习压得学员们喘不过气来，但是却很少有学员抱怨，几乎每个学员都能按时完成学业。因为他们知道在这个时代，如果不学习、不会学习、不终身学习，是无法跟上变化的需求的，其结果肯定会遭到淘汰。

2. 只有学习才能取得可持续性的成功

现代社会，职业的半衰期越来越短。今天具有优势的职业，明天就可能会被淘汰，只有不断地学习，提升自己的能力，增加自己的竞争优势，才有可能在职业生涯中取得持续性的成功。

【案例 3 - 15】

公司的法语考试

纽约一家公司因为经营不善被法国一家公司兼并了。公司新任总裁称不会因为兼并而随意裁员，但如果法语太差，肯定会被淘汰。为考核员工法语水平，公司新总裁特意安排一次法语考试，只有考试合格才能留任。于是，几乎所有员工都涌向图书馆，拼命学习法语，但却有一名员工还像平时一样直接回家，其他人都认为他肯定不想要这份待遇丰厚的工作了。结果却出人意料，该名员工考了最高分。

原来，这位员工大学毕业刚到公司后，就已认识到自身存在的不足。为此，他无论多么繁忙，都会抽时间熟悉公司所有部门的业务，并向同仁请教。更难能可贵的是，作为销售部的普通员工，他还时常向技术部和产品开发部的同事学习相关技术知识。而且，为和来自法国的众多客户处理好关系，他还刻苦地学习了法语。当同事都在请公司的翻译帮忙翻译与客户的往来邮件及合同文本时，他已经能够熟练地自行解决这些问题了。不到半年，该名员工就很快地升任为销售经理。

从这名员工的经历可以看出，无论何时何地，只要保持清醒的头脑，对自己和环境有一个全面深入的认识，并不断地通过学习提升自己，就一定能保持自己的知识和技能不落在时代的后边，紧随环境变化的要求，取得可持续性的成功。可见，"学习管理"是让我们实现可持续成功的保障。当我们通过不断的学习超越了以往的表现，我们才能算得上是真正意义上的成功人士。

当然，如果我们沉溺在自满、骄傲当中，不思进取，学习的动力就会消失，自己的职业生涯最终也会面临停滞不前甚至倒退的境地，更别提持续性的成功。

二、学习管理的流程

（一）制订学习目标和计划

1. 转变学习观念，增强自我意识

（1）转变学习观念的必要性。自我学习能力，是一种以"自我"为主导的能力，自我意识观念在其中的支配和决定作用是显而易见的。应重视学习者学习主体和中心的地位，以及学习的主动性、积极性，培养造就创新型、高技能复合型新一代合格人才。

（2）学会转变学习观念。转变落后、陈旧的学习观念，不应是空洞的号召、说教和简单的倡导，而必须"虚"事实做，通过一系列行动和方式的变革创新，扎扎实实地加以推进，才能真正实现。

1）变角色。变角色就是学习者作为学习的主体和主人，一定要学会在教师指导下，自主拟订学习目标和计划，自主筹划时间、落实任务，自主选择适合的学习策略和方式，进行主动和积极的学习，成为学习的"新主人"。

2）变态度。过去学习者处于从属的被动地位，总是他人"要我学""逼我学"，学习自然被视为一种"负担"和"苦役"；当学习者回归了中心和主人的地位后，深知学习乃生存发展之需，于是学习被视为一种"乐事"，变为"我要学""我乐学"，有了"恒动力"。

3）变习惯。关于学习的时限，改变习惯上认为的"启蒙入学即为学习始，离校就业即为学习终"的有限时段论，认识到为适应未来发展，学习必须贯穿整个人生，需要永不停止地学习。学习应该具有"终身性"。

关于学习的内容，必须从过去单纯地精读教科书，突出知识积累，强调"熟记"，变为学习领域的大拓展，科技人文广涉猎，突出一专多能，强调"应用"，使学习更注重"实用性"。

关于学习的方式方法，从过去局限于教室、课堂，总依赖教师灌输，只凭借书本、纸笔等文具，只靠单一的听、记和作业等方式，求"学会"，转变为课内外相结合，工学相结合，借助教师的指导引领，利用电视、计算机等多媒体现代化、动态、多元化的手段和工具，动口、动手、动脑，在实践应用中求"会学"，使学习方式方法更具"灵活性"。

关于学习考评，挣脱过去一张试卷分优劣，只争分数高低的旧考试制度和模式的桎梏，变成学习全过程自主进行和终端测评，与应知应会综合测评相结合，使考评结果更客观、更准确，更具导向和调控功能，突出"实效性"。

总之，转变学习观念，要通过多种渠道，采取多种措施，力促其发生根本性变革和创新。要敢于"突破"和"冲击"，要坚持"大转身"，扭正观念这个"总开关"，使所有的阻碍和问题迎刃而解。

（3）努力培养和增强自我意识。很显然，作为主体，自我意识对每个人都是至关重要的。它决定着人的思想倾向、行为倾向，对个体思想行为起着发动、支配、维持和定向的作用。尤其是自我意识中作为意志成分的自我控制意识，它的"发动"和"制止"功能，显得特别必要。它可以推动学习者获取优异的成绩和达成预定的目标，为学习者赢得赞誉，启动自我激励，自我暗示，自强自律，促使学习者不仅心动而且行动；它也可以在学习者受挫而意志软弱动摇，心生懈怠、自卑的时候，制止他，时时启动有效的控制调节，使行为变成习惯，使"自控"变成"自动"。因此一定要努力培养和增强学习者健康的自我意识。学习者自我意识的唤醒和培养提高的基本途径不外乎：

1）全面认识自我。自我意识的基础是准确、全面地认识自我，为此，要通过对他人的认识来认识自我，因为深刻地认识、理解自我，是以深刻认识、理解他人为前提的。要通过分析他人对自己的评价来认识自我，特别是那些对自己有影响力的看法更需认真对待，以免产生不准确、欠全面、有失公正、不切实际的自我评价，导致自己进入人生误区，即所谓"以人为鉴，可以知得失"。还要通过与他人比较，与自我的前后比较，来发现自己的优势和缺点，以便正确确立学习目标，修正并完善自我。也要通过自己的活动、表现和成果，通过自我反思、自我评价来认识自我，通过这样一系列全面的、客观的动态和实事求是的视角和渠道来认识自我，这样一来自我意识的培养和提高就有了良好的基础和前提。

2）积极认可自我。首先，积极、准确地评价自我，认可并悦纳自我的优点、长处，促使产生自尊、自信，克服自卑、自馁。应知人无完人，纵然自身有缺点，有错失，也当坦然面对，不护短，不灰心，更不可自暴自弃；其次，要正确对待挫折和失败，吃一堑，长一智，把每一次失误都视为一次以否定形式向真理的逼近，坚持取人之长，补己之短，绝不消极否定，并拒绝自我，绝不可认为自己什么都不行，什么都不是，阻碍健康的自我意识的形成。

3）努力完善自我。要在认识自我、认可自我的基础上，自觉规划行为目标，主动调节自身行为，积极改造个性缺点，使自己的个性实现高水平全面发展。要确立正确的"理想自我"，根据需要和个人特点，制订自我发展目标；要努力提高"现实自我"，不断自觉主动地舍弃"旧我"，重塑"新我"，以求自我完善。当然，自我意识的培养和增强，如同自我学习能力的形成和提高一样，是一个受多种因素影响的漫长实践过程，不能只靠短期突击跃进。它需要学习者长期坚持，不懈努力，才可能日趋完美。

2. 激发学习动机，明确学习目标

自我学习的成功离不开学习兴趣、求知欲望、成长期待等与学习积极性有关的动机因素的直接推动。学习动机的水平和强度，会直接影响学习者能否有效地自我学习，关系到自我学习能力训练的启动和实施运行质量。所谓动机，是指由各种"需要"诱发而成为推动人进行某种活动的心理原因，它可以唤起并启动行为、引导行为指向设定目标、维持调整行为力度三方面的重要作用。虽然某些简单活动中，动机和目标是统一的，但二者并不等同。目标是行为（或活动）希望达到的结果，一般比较明确、清晰；而动机则是为什么要获得这一结果的原因，它比目标更为内在、隐蔽。动机是行为的直接动力（或称内驱力），而目标则能把需要转化为动机，对动机有重要的激发作用。

【案例 3 - 16】

狮子的目标

天色渐暗，一整天酣睡在山林中的狮子感到饥饿难耐，浑身无力。但是为了填饱肚子，它还是振作起来，决定亲自下山去抓捕猎物来充饥。只是小动物们为了躲避伤害，大都本能地隐藏于洞穴或密林深处，要捕获它们并不容易。狮子搜寻了半夜，勉强抓到两只山鸡、一只野兔，但并未吃饱，肚子还在咕咕直叫。于是它又重抖精神，继续攀爬山崖，纵跃山涧，艰难地四处觅食。幸好，天快亮时，一只懒起的野猪落入它手。狮子终于吃饱了，心满意足地回到深山密林之中。

故事中的行为主体是狮子，它由于感到了饥饿难耐这个客观诱因，产生了对猎物的需求，进而形成了捕获猎物的行为动机。而且，由于这个动机唤起并启动行为、指导行为指向目标和维持调整行为力度的作用，有力地推动了以捕获猎物为中心的一系列行为的发生，包括下山、搜寻、攀爬悬崖、纵越山涧等具体行动。这种行为从启动、实施，直到坚持至终，各个环节都明确、清晰地指向了填饱肚子这个最终目标。

（1）培养并激发学习动机。学习动机是社会和教育的客观要求在学习者头脑中的反映，其水平、强度呈现出复杂多样的状态。它是可以通过环境改变，以及心理引导而得到培养和提高的。现实生活中，不少人一时冲动，学习动机生成，但来得快，去得也快，结果是不了了之；也有人这也想学，那也想学，但学到一知半解，学了点皮毛，却终因意志力的缘故，不得已半途而废；更有人必奉命才学，少了催逼不动，没人监管不学；凡此种种，不一而足。说到底都是缺乏明确的学习动机或者动机偏弱所造成的。这种动机缺乏或不足的状态，多数人往往因其形式隐蔽，不易觉察，故而或不看重或不以为碍。其实，这是一个极大的误区。

无数实践表明，当人们积极地感知了客观存在的各种"需要"（有人称之为"缺失状态"），这种"需要"才会诱使人的行为动机油然而生。因此，为了培养和训练行为动机，必须多交往、广涉猎，深入生活实践，增强切身体验，多角度、全方位增扩信息的采集和摄入，增加接受和感知客观需要的机会，以便及时、敏捷地分析情况，激发学习动机，以此来提高行为动机的水平和强度。

通常，培养和激发学习动机的措施有：

1）明确新知识、新技术的价值、意义和应用前景，以此激发人的求知欲。

2）深入实践，发现新奇，激发探究、研讨的高昂热情。

3）充分利用多媒体，广泛搜集科技信息，以多种诱因刺激学习动机的强度。

4）定期自评学习阶段及终端效果，以成功的喜悦强化学习动机。

5）适当参加各类知识和技能赛事，通过竞争和比较，激发上进心和个人提升的迫切愿望。

（2）正确确立学习目标。

1）明确认识学习目标。所谓学习目标，与其他行为目标一样，都是以人的需要为诱因引发的行为所追求的明确、具体的目标，是行为期望的结果。学习目标既是行为的向导，又对学习行为具有激励作用。有了它，学习就有了明确的方向，不致造成随意性盲动；有了它的驱动和引领，学习行为就可以按计划扎实稳进，会有良好的预期效果的实现。它是应学习者的需求出现，为满足学习者生存发展需要而存在的。对此，学习者必须有明确、清晰的认识。但是决不可简单地把"需要"当作动机，也不可认为有"需要"，目标就会自然生成。

2）确立学习目标的依据和原则。自我学习必先确立正确的目标，并以此作为学习行为的方向和动力，方可取得成功。正确地确立学习目标，需要遵守一些共同的原则，应着重考虑以下几个问题。

①自我学习目标确立的依据。由于自我学习完全是学习者自主的学习，因而其学习目标要由自己来确定。学习目标确立的主要依据就是工作和生活的实际"需要"，其中包含认知

需要、自我提高需要以及获取赞许认可的需要。同时还要认真考虑权衡自己现有的知识、文化和技能的基础、经验水平、兴趣爱好、学习特征、可支配利用的时间、精力，以及有无可借助的其他资源等。总之，必须实事求是地综合考虑主客观多种因素。

②确立自我学习目标的原则。自我学习目标的确立，一般应遵循的原则如图3-4所示。

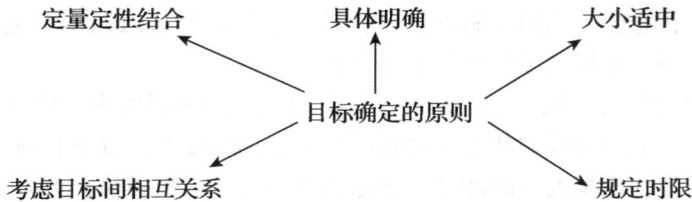

图3-4 自我学习目标确定的原则

具体明确。一是避免笼统，将目标细化，使总目标层层分解成多级分目标；二是避免含混，表述要清晰、准确。

定量定性结合。能量化的指标一定要尽量化，使目标尽量以数字形式加以表达；不能量化需要定性的目标要准确定性，使目标更具体、更醒目，便于实施有效监测和调控。

大小适中。学习目标的确定，应实事求是地认真分析实际情况和自身条件，不使目标过高或过低，适中为宜，使目标可行、可实现。

考虑目标间相互关系。因为人在同一时期内，从横向上说，可能不止一个需实现的学习目标，需要适当协调；在纵向上，每个目标可能既是某个目标系统中总目标的分目标，又同时是许多相关分目标的总目标，需要相互照应，要考虑它们之间的联系。

规定时限。确定学习目标必须有明确的时间观念。科学、合理地利用分配时间，明确规定实施和完成期限。

3. 选择正确的途径，制订学习计划

（1）正确选择学习途径。学习者明确自己的学习目标，需要有实现这些目标的有效途径来保证，要认真选择学习途径。正确的学习途径符合学习规律，可以用较少的时间实现学习目标，事半功倍。其主要特点是：

1）多样性。要实现一定的学习目标，可供选择的学习途径有很多。可以选择一条途径，也可以选择多途径结合，取得学习效果。学习途径的多样性如图3-5所示。

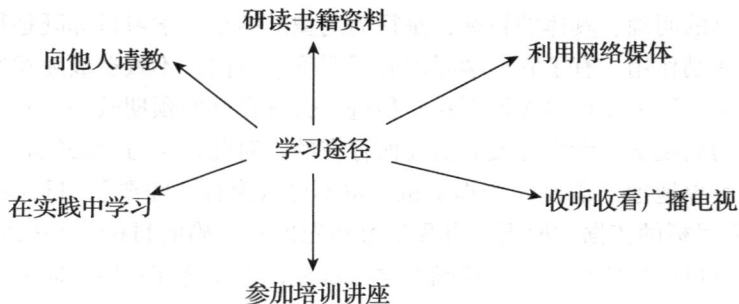

图3-5 学习途径的多样性

2）综合性。综合性也称组合性。任何一种学习途径都是由多个要素组合而成的，学习者应考虑各种因素，选择既符合学习者自身特点，又符合学习内容特点的途径。

3）层次性。学习途径有宏观、微观层次之分。宏观层次，包括读书、听讲、调查、实践等学习途径；微观层次，如记忆一篇文章的英语单词，可以通过分类记忆、比较记忆、口诀记忆等途径。要选择有效的学习途径，就要既注意宏观层次的选择，又注意微观层次的选择。

（2）制订自我学习计划。学习计划是实现学习目标具体、明确的行为路线图，要学会自主制订。

1）制订自我学习计划的基本方法。自我学习计划的制订，主要考虑三个"基本"，即计划的基本内容、基本形式和基本程序。

①自我学习计划的基本内容。自我学习计划的三要素分别为自我学习的基本任务、自我学习的措施方法和自我学习的时间进度。

自我学习的基本任务，即自我学习的具体内容，它与目标紧密联系，是学习目标的具体化，离开这些具体内容，目标就会被架空，这样的计划空洞无意义。

选择实施自我学习的措施和方法，这是学习任务顺利完成的重要保证。因此，制订学习计划必须选定可行的、有效的措施和方法。只有任务，没有实施方法，任务非落空不可，学习目标自然就难以实现。

安排自我学习的时间进度。任何学习活动都必在一定时间内开展，因此计划要充分考虑时间因素，科学地利用并分配时间，以保证有条不紊地进行学习。

②自我学习计划的基本形式。由于自我学习的目标任务不同，其活动规模大小不同，因此相应的自我学习计划形式自然也有区别。其基本形式一般有如下几种：

文本式，即把自我学习计划写成文章形式。其内容包括：计划名称（即标题）、制订计划的指导思想，即总体目标、具体的自学任务和内容、时间安排、学习的措施办法、学习具备的条件以及计划的检查与落实措施等。这是一种比较全面、具有一定指导性的计划，比较适合于大型自我学习活动。

条款式，即按自我学习的具体任务，逐条罗列出来。每一条都包括学习任务的数量、完成时间、注意事项等。这种计划形式简单明了，适用范围较广，适用于中型自我学习活动。

表格式，即以表格的形式标志自我学习的任务和目标内容、分时段的任务以及学习要求等。一般先把时间分成若干段，然后规定每时间段的学习任务和内容。这种形式适用于时间短、目标内容比较单一的计划，形式更为简单。

③自我学习计划的基本程序（或步骤）。由于自我学习计划有大有小，因此制订步骤也不完全一致。较大的计划制订比较复杂，而较小的计划制订则简单一些。

学习计划制订的一般步骤是：

第一步，分析目标任务与学习材料。这包括目标性质、难度及条件分析等。

第二步，分析自身条件。这包括个人学习风格特点、基础及经验。

第三步，制订相应的学习策略。这包括时间安排、学习效率（单位时间的学习内容）、预期成果（得到怎样的目标和结果）、程序设定（学习程序和方法确立）、资源管理（辅导手段和工具选择，可寻求的帮助或指导）等。

2）制订自我学习计划的基本要求：

①符合自身的实际情况。要充分考虑自身的具体情况，切实"知己"。目标任务的确立

要从实际出发，切实可行。自我学习的任务量、难度要适中，要留有一定的余地，防止过难、过重或过易、过轻。学习任务和内容的确立要具体，尽可能量化。学习任务一经合理量化，可形成一定的推力，起督促作用，提高学习效率。学习任务的安排，既要全面、周到，又要突出重点。安排计划要兼顾各种不同学习内容的均衡，要涵盖相关的各种活动。但须对重点学习任务，在时间和精力上提供可靠保证。

②科学分配时间。分配学习时间，既要统筹考虑学习、休息的时间，又要统筹安排集中和分散学习的不同方式。同时还需要对不同的学习任务内容进行合理搭配。一般要将不同的学习内容进行交叉安排，使大脑的不同部位交替兴奋，以免产生学习疲劳。同时比较艰深或复杂的学习任务，应安排在学习效率较高的时段内进行。

③长短计划结合。学习计划有长有短。长计划规定了长远的学习目标，这就使短时间内（如每天）的学习安排有了依据；短计划则可使长计划的学习目标得到具体化落实。把各有侧重、各有能效的计划结合起来，更有利于达到理想的学习效果。

④寻求学习指导，落实有效支持。制订自我学习计划虽说应由自己来完成，但为了使计划更妥帖、更合理、更可行，需寻求有一定经验水平的他人帮助指导，避免因个人视野和经验限制或考虑欠周而出现问题，多走弯路。

⑤必要时的调整和修订。学习计划是在学习开始前制订的，在执行中会发现不妥之处，或者有意外出现，应适时根据实际情况作相应的调整、修改，以保证学习的最终效果。

4. 科学运筹时间，规划时段任务

学习目标的实现依靠学习者科学运筹时间，格外珍惜时间资源，切实有效地规划好整个人生以及其中长短不同各时段的学习任务，以较高的时间效率促使学习目标的实现。

（1）学会科学的运筹时间：

1）认识时间管理。时间管理就是指有效地应用时间资源，以便达成所追求的目标，也就是在最短的时间内做成最好的事。

2）学会时间管理。时间管理的关键就是要把每一个任务都控制在相应的时间内完成。其核心是要对各项学习任务分清轻重缓急，排列出优先顺序来。

①确定任务和优先顺序。首先是列出任务总清单，其次是确定任务次序。

②应按重要而紧迫，重要但不紧迫，不重要但紧迫，不重要也不紧迫四大类予以划分并安排顺序，做到心中有"序"，毫不紊乱。其中重要而不紧迫的任务常常需要投入主要的精力和时间，如读书、进修等，若不优先去做，不特别予以重视，则人生的远大目标就难以达成，变成一个忙忙碌碌的庸人。

3）学会做时间规划。把各项学习任务排列顺序后，同时合理地安排相应的时间。一份好的时间规划，必须注意如下环节：

①细分任务目标。要在既定目标包含的所有任务的总清单上，进行任务目标的细分。例如，把职业生涯规划的目标任务细分成几个年度的任务目标。同样的办法，将年度任务目标细分为月任务目标，细分为周任务目标，细分为日任务目标，甚至可以把日任务目标细分为上午、下午或几点几分等目标。这使学习者的学习目标和计划的每一个工作中的要点和任务，都分别落实了实现的时间；同时，对学习者而言，他所拥有的各时间段里，都合理地安排了需要完成的任务。这样，学习目标的实现，就有了可靠的保障。

②设计行动程序。要依据任务目标和优先工作重点，设计实施步骤和时间进度表，力争在预定的有效时间内完成任务，达到目标。另外，为了及时调控任务的进度，确保任务按时完成，至少还要在任务开始后、任务执行中、任务结束前，邀约指导教师协助进行三次必要的检视和反馈。

③学会远离诱惑，排除干扰，不浪费正常的学习和工作时间。当学习者需要按规定时间集中精力于学习任务时，要远离那些无意义的电视剧、娱乐节目或花边新闻、网络游戏、不必要的聚会、闲聊等。要学会对那些让自己放弃正常学习的要求、请托说"不"；学会"为了有所为"就要"有所不为"。

④改变拖延习惯，充分利用零星时间。为了解决和克服拖延的陋习，要时时告诫自己："不怕慢，就怕站；不怕多，就怕拖。"不论学习、做事都不可怠惰、懒散，否则将一事无成。可以把一时感到艰难、复杂的任务，分解成一个个小块，化难为易，化大为小，然后从小处、易处入手，逐步深入解决问题。这样既便于合理利用许多零星的时间，也可以使学习者在长期的实践中养成良好的习惯。

⑤善记"当日工作日志"。就是把某一时间段内所有任务详细记录下来，随时了解自己的时间管理情况，以便发挥其自我调控、督责的作用。其记录要点见表3-4。

优先序号，按重要、紧急程序排序。

当日工作任务，即总目标分解到每天的行动要点。

任务要求，即重点和关键任务的质量标准。实施情况，如实填写事物的进展实况（完成或未完成）。

评语（或处置措施），简评完成情况，未完成任务应提出处置意见改进办法。

表3-4 当日工作日志表

优先序号	当日工作任务	任务要求	实施情况		评语（或处置措施）
			完成	未完成	
1					
2					
…					

⑥巧用各种提示。第一，学会用便条。这样做既可简单记录一些临时性事务或工作灵感，也可用留言形式相互告知和提醒。第二，拟订一周行事历。利用行事历，既有利于落实计划，又可将临时性工作做合理安排。

制订行事历，一要选择实现的目标，二要安排每个目标实现的进度，三要据实对目标进行逐日调整。

一周行事历样例见表3-5。

表3-5 一周行事历

日期	重要事务	实施时间	完成情况	备注
周一	1. 2. 3.	上午		
		下午		

（续）

日期	重要事务	实施时间	完成情况	备注
周二	1. 2. 3.	上午 下午		
……				

（2）明确规划不同时段的学习任务。时间管理办法告知我们，学习者要将整个人生志向和职业生涯规划，逐年细分为相互关联、协调配合的年度、月度计划和每周、每天的具体任务安排，这样对一生中每个时刻做出有效规划，也同时落实了每个时段不同的任务目标。

①年计划。人一生中有许多理想，包括职业生涯理想。但这些理想的实现，要落实在每一个年度之内，要将经过细分的理想目标，即具体的学习任务要点，落实在年内几个阶段中，把每个月要学哪些内容、完成哪些任务，具体地予以安排。

②月计划。月计划是年计划的具体细化，是由年计划分解而来的。通过实现每个月的任务目标，最终达成年度目标。通常在上年底或本年初第一周，即将全年 12 个月的"月计划"明确拟订，并分季度进行检查核对，作适当修改、调整。

③周计划。周计划是月计划的细化，是实现月目标的行事历。下一周的周计划应该在每周末制订，而每周一要再次审视一周的任务安排，适时按轻重缓急对周计划进行调整。

④日计划。日计划是周、月、年计划的具体步骤，每日的安排必须具体到每一个时间段，同时要养成对任何一个可以安排学习任务的时间，如晚自习、课外阅览时间等，都要尽可能于时间到来前制订具体的学习任务。目标要清楚、准确，措施要切实可行，要有可靠的效果保证等。凭着这样一个以宏大目标为"纲"，中长目标和细化的短小目标为"目"的任务目标体系，自我学习就能达成预期目标、赢得成功。

（二）有效实施学习计划

1. 管理控制时间，落实学习任务

有效实施学习计划，就是严格按计划进行学习以达成预期目标。这不仅需要毅力，也需要策略，需要科学的管理时间，精心落实每天的学习任务。

（1）珍惜时间，排除干扰。为了按时完成学习任务，有效实施学习计划，我们需要珍惜时间。

①集中精力，落实时段任务，即把精力集中于每个时段的目标，严格自律，按时完成任务。牢记时段目标细节，选择最佳途径，落实可行措施。科学安排事务顺序，切实提高工作效率。密切关注实施进度，及时掌控调整运行状态。调动自勉、自省等内力，强化成功的追求和期待。

②力求不浪费时间。管理时间，要学会排除各种干扰，以确保计划的实施不受影响。其方法有：

避开浪费时间的聚会和活动，只要有可能不参加，就尽可能回避或请人代替。不随意接受"请托"，不能只满足于完成别人所要求的事，而延误了自己计划中的学习。学会对侵占你宝贵时间的人或事巧妙地说"不"。

掌握一些提醒的技巧，如为控制交谈时间，一开始就说"抱歉，我必须在 20 分钟内赶到现场，咱们抓紧谈要点"；或者以肢体作准备离开办公、学习地点外出公干的样子；以及学会简洁、委婉而不失礼貌的推辞等。

（2）把握最佳时间，养成良好习惯。每个人都有自己学习的"最佳时段"，即每个人都有一天中精力最充沛、精神最集中、学习效率最高的一段时间。因此，需要根据自己的特点，遵循客观的生物节律，以达到高效利用时间的目的。

①善用最佳时段。人体节律，即生命进行曲的节拍有强弱之分，比如，一般人的智能状态早8点～10点最高，而有的人属"猫头鹰"型，晚间精力最佳；还有人属"百灵鸟"型，晨间思路敏捷。学习者就应该学会把握最佳时段，恰当进行安排，以此获得优异的自学成绩。

②养成珍惜时间的习惯。要按时落实行动，就必须逐步养成如下习惯：清理学习环境，桌面上不必要的纸张都不留下，以免分神干扰。按计划中的轻重缓急来安排学习和做事，避免忙乱无序没有重点。把单项独立、难度又偏低的学习任务放在零星时间；把系统复杂、难度较大的学习任务安排在较长、较集中的时间里。

2. 培养兴趣习惯，实现高效学习

自我学习能力培养的最终目标是，使学习者"学会学习"。而"学会学习"的人，必须能够主导自己的学习，能主动培养学习兴趣，达到自主学习的状态，并能够根据自身特点，选择恰当的学习方式、方法和策略，实现高效学习。

（1）养成良好的学习习惯，培养浓厚的学习兴趣

1）养成学习习惯。良好的学习习惯包含很多方面，如"每事问""三省吾身""不耻下问""拜师学艺"等。以读书为例，良好的学习习惯包括：

①预习的习惯。预习，有的是课前略看书本，粗知大概；也有的是细看教材，筛选并提取重要的知识能力信息；还有的是发现问题，解读重点，把握材料宗旨。

②复习的习惯。复习有几种情况。一种是先复习后作业，以求巩固知识；一种是先作业，抽时间再复习，以求重点掌握技能；还有一种是安排专门时间复习。这主要是通过复习，梳理知识，进行整理归纳，使其系统化、结构化，融入学习者原有的知识体系。

③使用工具书的习惯。为求准、求深，学习者有必要养成自觉利用各种字典、词典和其他参考资料的习惯，要学会到图书馆查资料、利用互联网解决疑难问题。

2）培养学习兴趣。

①自我寻找学习兴趣。学习者必须坚信学习是件有趣的事，过程有趣，结果更有趣。

学习前激励：自信谜底即将被我揭开。

学习中鼓舞：不论成败、进度如何，都应看作是以肯定或否定方式向目标的逼近，从而使自己尽获成功喜悦，增强必胜信念。

学习后祝贺：每学习一个阶段，其成果大小都是智慧汗水的结晶，应当珍惜、自豪。

②培养好奇心。学习兴趣会随着追根究底而变得更为浓厚，因此平时要留心观察一切事物，多问些"为什么"，多参与师生、朋友之间的研究讨论，多感受些知识的魅力。遵循着"好奇—生疑—思考—释疑—有得—产生兴趣"的轨迹，培养强烈的好奇心，促进学习上进。

③以理想信念诱发兴趣。培养学习兴趣，应不满足于一般兴趣的形成，更需要培养植根于理想目标土壤中的大"志""雅""趣"，靠这种"志趣"和"理想"来保持学习的持久动力和永恒活力。一方面使自己的理想具有明确的近期目标，从而轻松愉快、扎扎实实完成

之；另一方面使自己具有远大的理想目标，从而在坚定、执着地追求高尚、正义的人生中，获得更大、更强、更持久的兴趣，最终实现从"苦学"到"乐学"的转变。

（2）正确认知自我特点，自主选择学习策略

1）了解自己的特点。每个人在学习过程中都会有喜欢采用某种学习方式和策略的倾向。如有的人热衷某种学习方法，有的人偏爱某种学习环境，某个特殊的位置或某种媒体等。这些都属于不同的学习风格。每个人的学习风格是由环境、情感和生理、心理等多种要素组合而成的，并在个体接受、储存和使用其知识技能的过程中表现出来。每个人都可以根据自己的学习风格，学会利用自己的优势，规避自己的劣势，从而确立相应的学习策略。

2）应用常见的学习策略。要做到自主学习，其关键是会学。会学的人必深知自我，也必会选择恰当的学习策略。"自主学习策略"是指学习者根据自身条件、学习内容（或对象）的难易和学习情境的不同，而自觉调节和控制自学内容的时间、次序、步骤和方法等意向选择的活动方式。自主学习策略可分为两大类：

①基本认知策略。它是指可直接用于学习材料的策略，包括感知、理解、保持和再现等。基本认知策略包括陈述性知识的学习策略、程序性知识的学习策略和问题解决策略。例如，及时并多感官并用的复述方法，通过笔记记思路、记纲要、记要点、记问题的方法，对学习资料补细节、精加工方法，以及对学习资料组合成体系图表或提纲，对学习内容进行归纳、提炼、总结等方法。

②辅助学习策略。辅助学习策略是指保证基本认知策略有效实施的策略。辅助学习策略包括形成必要的学习态度，处理调整疲劳或挫折引起的精力分散，监控、纠正不恰当的基本认知策略等。具体有：自我监控策略、自我指导策略、自我评价策略、时间管理策略、意志控制策略、自我强化策略和学业求助策略等。

3）学会创新学习方法。在学习过程中，不单纯吸收现成的知识、文化，而是更注重培养创新精神，创新能力。

①问题学习。问题学习不仅是指发现问题、提出问题，还包括研究问题、解决问题。通过解决问题，锻炼思维能力、创造能力，同时，在发现问题、解决问题的过程中，激发人的思维创新的积极性，养成勤动脑、爱动脑、会动脑的良好习惯。

②批判学习。批判思维是创造性思维的组成部分。批判学习既培养批判能力，又培养独立思考能力；既吸收，又批判，不生吞活剥，不死记硬背。避免现有知识带来的负面影响。

③探究学习。探究学习是指从学科领域或现实社会中选择和确立研究主题，通过个体自主、独立地发现问题，并在实验、操作、调查、信息搜集处理、表达与交流中，获取知识技能，发展情感与态度，培养探索精神和创新能力的学习方式和学习过程。

④自主学习。概括地说，自主学习就是"自我导向、自我激励、自我监控"的学习。这是创造性学习的重要形式。自主学习能力是一种综合性极强的能力，它包括独立阅读力、独立思考能力、自我组织能力和自我监督能力；包括高度的主体精神、自主精神和自强精神。这些皆为创新所需，与创新有着内在的密切联系。

3. 掌握学习方法，学会自主学习

为了达到"学会学习"的最高境界，就一定要学会恰当选择运用与学习目标内容相适应的学习方法。

（1）一般学习方法

1）阅读方法，这是获取知识的主要方法，阅读的质量往往决定学习成效。

①科学阅读法：

程序阅读法，按先后次序，有计划地由浅入深、循序渐进地阅读。

分类阅读法，按读物不同性质，分门别类地阅读。

释疑阅读法，由释疑解困引起，以弥补学习者原知识结构不足所采用的阅读。

规范阅读法，有"三步法"（鸟瞰—解剖—会通）、"四步法"（浏览—精读—回忆—复习）和"五步法"（浏览—理解—思考—记忆—表述）之分。总之，先粗读—后细读—最后复读，是一个信息的"采集—分析—整理—消化—储存—转化"过程。

强化阅读法，熟读成诵、钩玄提要、切磋讨论。

阅读时间统筹法，其中有交替阅读（不同内容）、间隔阅读（不同时间）和整散结合阅读（整块与零星时间）。

②快速阅读法：

扫描法，即"扫读"。视线落点不凝滞于字词，而着眼于句段和全文；默读而不朗读；抓重点、关键信息，熟悉常用词组、句式。

跳读法，跳过不重要、非主干的修饰、渲染部分和原已熟知的内容以及无关紧要的引文、图表和附件。

限制法，对阅读目的、时间、内容以及视行路线进行限制，以此训练快速阅读的速度。

听读法，利用听觉、视觉结合的方法，边听边读，获取信息。

变序法，不按部就班、循序渐进，或"横截"一章一节一部分阅读，或"倒读"，从后往前读，或检索，把一些书本做翻检资料的工具书来读。

③阅读的自我检测法：读书通过自测，可得到比较可靠的信息反馈，以此来自省自勉，提高学习效率。

理解性检测，主要考查是否该读和读懂，了解理解能力和学习效果。

记忆性检测，主要考查对知识吸收、巩固的程度。

评价性检测，主要通过评价读过的书本，看自己对资料消化、吸收的总体效果。

2）摘要方法。删除文章的细枝末节或冗长信息，自拟主题句，对章节、段落内容予以概括地标志、提示。这个过程正是阅读理解的过程，需要通过提取和处理信息来实现。

3）做笔记的方法。把主要的、关键的内容筛选出来，记录下来，以便复习、记忆使用时参考。

①在书上做标记。例如，画线、做符号，对定义、定理、重难点、疑问处、赞叹处做简单而醒目的标记。

②听讲笔记。一般以纲要式记重点、难点、疑点，以及讲授者补充点、拓展点；可简明扼要，利用行书、缩略语、符号，提高边听边记的书写速度；课后要整理、复习和利用。

③读书笔记。读书笔记有笔记本式、卡片式（提要卡、摘要卡、随感卡、目录索引卡等）、剪报式和活页式等不同形式。有摘录式笔记和评论式笔记两种，记录的内容、资料要注明来源出处，以便核对、查找和转记。

4）记忆的方法：

①把记忆材料列成提纲，然后适当进行联想和拓展的方法。

②把知识列成图表，利用其直观、简明的特点，帮助记忆的方法。

③通过比较两个以上的事物的异同来记忆的方法。

④把相同、相近的内容归为一类，利用接近联想、相似联想进行记忆的方法。

⑤通过人为联想，把需要记忆的材料与头脑中鲜明、生动、奇特的形象结合起来，利用形象易记难忘的特点，提高记忆效果的方法。

⑥把记忆内容编成语音相近相似的材料进行记忆的方法。

⑦把一句话压缩成一个字（一般是开头的字），再把一个个字串成一句话或几句话，即把许多记忆组块压缩成一个组块等方法。

5）自我设问的方法。学习开始之前，对学习材料先提出一系列不清楚、想知道、要弄懂的问题，然后带着这些问题去学习。例如，"今天所学的内容是什么""学习它有什么用处""为什么是这样的"等。

（2）发现法学习。运用发现问题的学习方法，能强化人的问题意识，培养问奇探幽的兴趣和习惯，提高解决问题的主动性。学习的过程就是思考和发现问题的过程，发现的问题越多，提高和进步的可能就越大。自我学习能力的培养就是要培养这种敢于质疑、勇于探索的精神，强化求异思维，努力培养自己发现问题的能力。

①敢于质疑，勇于探索。疑，是思维启动的关键，有疑问才有思考。思而不解就生探究之心，有探究则必有所发现，有所创新。因此学习者要养成对现成结论和方法常问"为什么"的习惯；敢于抒发己见，提出问题；多参加"四动三论"活动（动耳听、动眼看、动脑想、动手练，议论、辩论、评论），克服思维定式，激发探索热情。

②强化求异思维。求异思维是一种不循常规思路、不受传统思维方式束缚、创新求新、灵活多变、敢于标新立异的思维方法。自我学习者特别需要这种独立思考、敢于怀疑、富于联想的思维品质。

认真挖掘求异素材，分析学习内容的内在联系，理清知识点及其相互联系。其训练方法有：

以结论探求使之成立的各种条件，从反向求异；

创设问题的环境和条件，通过想象判断，思考出可能产生的结论或结局，实现放射求异；

通过正负对比、相似对比等各种手法，揭示出知识间的内在规律，形成知识的网络结构，通过对比求异；

对命题进行分析，寻找解决问题的多种途径，通过结果求异；

从理论证明了论题，再反馈到具体案例，说明其反馈是否合理，从反馈中求异。

多形式培养求异能力。要有意识地培养在丰富想象中求异，在大胆的幻想中求异，从怀疑中求异，从好奇中求异，从联想中求异。从观察体验中求异。提出尽可能多、尽可能新的独特思路、途径和方法，如一事多写、一词多用、一空多填、一图多画、一题多变多解，都是训练求异思维的有效形式。

（3）突出行动导向，重视实践学习。实践证明，人的知识获取和技能掌握，最终还是在实践中实现的。因此，学习者更要掌握和利用基于实践的行动导向学习法进行学习。

1）行动导向学习的结构。行动导向学习法是学习者在真实或仿真情境下，同时动脑、动手进行学习实践的一种方法，它以职业活动为引导，以能力为本位，是职业技能和核心能力培养的一种重要方法。它的基本学习过程包括获取信息、制订计划、实施计划、控制质量、评价工作成绩等环节。

2）行动导向学习法主要形式：

①任务驱动学习法。这是一种适用于学习操作类知识技能的学习方法。它的学习目标明确具体，围绕任务展开学习，在完成任务过程中学习知识、技能。其步骤为：

接受任务，明确目标要求。

教师指导，分析重难点，提供思路，指引途径。但不包办代替。

研练结合，在提供理论知识和实践操作必要指导基础上，学习者以自主学、练、研相结合的形式，探索知识奥秘提高实践能力。

检验与评价，自评、互评、教师评。

②角色扮演学习法。学习者应认清某项工作任务中自己的角色类型，领悟角色内涵，把岗位职责与工作内涵融为一体，通过自己的角色展示出来。其特点是以所扮演的角色，进入实际或模拟的问题情境，完成岗位工作任务。角色扮演学习法的学习过程大致如下。

信息材料准备阶段：查阅各种角色的相应资料，明确行为准则。

实施阶段：各角色扮演、展示工作过程。

组织讨论：一是谈角色感受，谈实施过程，谈模拟（如声音、形象、气质）是否得体；二是观察者谈感受和评价。

成果评定：由指导者组织，肯定成绩指出不足。

经验总结及推广：总结经验，并将其运用到其他学习领域。

③案例学习法。案例学习法是学习者在自行阅读、研究来源于实际生活的案例情境基础上，进行思考讨论的学习方法。在这个学习过程中，学习者抒发己见，充分展示自己观点，然后倾听大家的意见，掌握主题信息；认真汲取他人的成果，充实、完善、提升自己。答案不一定强求一致，但重视分析思维的过程，力求表述层次清楚，结构完整，言语简洁。

④头脑风暴学习法。头脑风暴是以小组讨论的形式，激励思维，进行发散联想，形成创造性设想的方法。头脑风暴学习法分为直接式、质疑式两种。前者尽可能激发创造性，产生尽可能多的设想；后者则对前者的设想、方案逐一质疑，分析其实现的可能性。

头脑风暴学习法应遵循自由联想原则（越新颖、离奇，越有激活想象、突破思维惯性的价值）、庭外判决原则（对方案评判最后做出）、各抒己见原则、追求数量原则以及探索取长补短和改进办法原则。

4. 利用网络媒体，提高学习效率

利用互联网上的各种功能，可以发送电子邮件，远程数据的传输，利用搜索工具查询检索各种资料，以及网页浏览、在线聊天、视频会议等。互联网有着十分强大的信息交互功能，为此，我们需学会使用网络。

（1）拨号连接。首先需要确认你的计算机是不是已经连接到了互联网。如果还没有连接到互联网，从 ISP 那里申请到一个账号，然后选择"开始"菜单上的"程序""附件""通信""拨号网络""拨号连接"输入账号和密码，单击"连接"按钮，这样就可以接入互联网了。

（2）网页浏览。双击桌面上的浏览器，在网页的"地址"栏中输入网址，如输入"http//www. hao123. com"，然后单击〈Enter〉键，这样就可以打开要浏览的站点主页了。当鼠标放到网页的文字或图片上时，鼠标变成小手的形状，这表明这些图片或文字已超级链接。超级链接是一种对象，它以特殊编码的文本或图形的形式来实现链接，如果单击该链接，则相当于指示浏览器移至同一网页内的某个位置，或打开一个新的网页，或打开某一个新网站中的网页。

（3）信息的搜索。信息搜索是互联网中最常用的功能之一，国内主流的搜索引擎是百度。如果想了解某一方面的知识，或者遇到什么不懂的问题的时候就可以在搜索引擎上搜索一下，然后就会有许多相关的内容出现。可以说网上的信息基本上已经实现了无缝隙的覆盖。

（4）电子邮件的使用。互联网电子邮件的功能，实现了及时、快速等特点，给生活带来了极大的方便。以126邮箱为例，介绍其使用方法如下：

①进入126. com网页，在页面左侧单击"注册"按钮开始申请。

②在"用户名"处输入你要使用的用户名称。用户名只能由英文字母a～z（不区分大小写）、数字0～9或下划线组成，起始字符必须是英文字母，如wodeyouxiang123，用户名长度为5～20个字符。

③在"密码"处输入你的密码，密码长度6～20位，由英文字母a～z（区分大小写）、数字0～9以及特殊字符组成。密码建议使用字母、数字、特殊符号组成。

④在密码保护设置时至少应选择两种方式进行填写并牢记，此信息一定要认真填写并记住，方便以后密码遗忘或者丢失后找回密码。

⑤在个人资料处要填写你的出生日期和性别，此信息也可作为密码找回信息。

⑥输入图片认证码上的文字，单击接受条款按钮完成126邮箱的注册。

再次登录的时候就可以输入126邮箱的网址，然后输入用户名和密码即可登录了。

登录邮箱后，单击"写信"按钮打开一个界面，输入信件接收人的邮箱地址，写好信的内容然后单击"发送"按钮，就把信息发到他人的邮箱里了。

如果你要查看邮件，就单击"收邮件"按钮，然后打开收邮件的界面。每封邮件的主题都是一个超链接，单击这个超链接，就可以读信了。

（三）评估学习效果

1. 自我评估，科学归因

（1）学会自我评估

1）自我评估学习效果的意义、作用。一个人的自我学习如果没有进行及时和必要的评估和反馈，那么他的学习就是盲目的，无法有效地执行并实现自己的学习计划。要使自己不断进步，就需要每天、每周、每月，像古圣人那样，坚持"三省吾身"，不断自我评估，发扬成绩，改善自我。善于总结自己在学习中的经验与得失，使自我学习的实施状态、进展情况一直处于清醒和有效的控制下，就可以及时进行调整和改进，从而取得良好的效果。

通过评估，看出成绩和进步就会产生成就感，看出失败则反思、调整，可激发学习的动力；通过评估，检查是否达到了学习目标和进度要求，为改进后续的学习提供了依据。这些作用不可低估。

2）自我评估学习效果的类型和程序。评估类型有两种，其一为形成性评估，也叫作进度评估，是对学习过程的评估；其二为总结性评估，是学习活动结束后的评估，是学习者对学习活动进行反思和评价。

①形成性评估：比照目标预期，客观地对学习过程和阶段任务完成情况作评估结论；分析问题根源并有针对性地提出改进补救措施。

②总结性评估：评价计划执行全过程中的态度、状态和方法是否科学良好，目标是否达成；评价测试结果、考试成绩或评定等级；分析各种原因并提出改进和借鉴的意见。

③评估程序。自我学习评估本来应与自我学习实施同步进行，因此，从学习开始就注意收集、记录学习活动情况或资料，及时对材料梳理分析；依照目标计划的要求，拟订自我评估的内容提纲，分别对学习内容、方式、效率进行评估；不仅评价知识技能变化，更注重评价学习能力、学习态度、思想品德和价值观念等情况，进行多角度实事求是的全面分析。

3）自我评估学习效果的方式。通过作业、练习、考试、测试等方式，评估考试类学习的变化和提高。通过社会活动效果反映和解决实际问题的水平和表现，以及工作效率和质量是否提高，失误是否减少等，以自评互评相结合的方式，评估非考试类学习效果。

（2）学会分析归因。学习过程中，影响学习效果的因素很多。因此，找到影响学习效果的问题所在，正确分析内外原因，以便进一步改进和提高自我学习能力，是自我评估学习效果的目的所在。

1）把握影响学习效果的主要原因：

①基础知识原因，知识链有缺失，会影响知识体系的融会贯通。

②学习方法原因，主要体现在学习无计划，方法欠妥当，不会科学利用时间，死记硬背，不能形成知识结构，不会听讲，不会阅读，抓不住重点难点，理论与实际脱节等。

③心理因素。分析心理原因应注意，学习中的"高原现象"，这是因为学习经历了开始、提升阶段后，进入高原阶段，知识难度增大，基础薄弱环节渐露。由于精力消耗大，思维暂时失去平衡，学习很容易出现停滞不前，甚至发生倒退现象，这即所谓的"高原现象"。这与登山到顶峰前的艰难极为相似。其解决的办法是，冷静判断，力克慌乱，对症下药，凭毅力冲过"极点"，即可进入另一阶段，即克服高原现象取得新成绩阶段。

④动机与学习成绩的关系。学习动机是直接带动人学习的内部驱动力，决定着学习的方向、态度和成绩，它与学习成绩具有一定的正相关。因此培养激发学习动机，无疑是促进学习，使学习更趋有效的最好办法。

兴趣是最好的老师：兴趣的形成一般经历"有趣—乐趣—志趣"三个过程（或称"情景兴趣、稳定兴趣、志向兴趣"三层次），在评估自己学习时，可以测查一下自己的兴趣处于什么阶段。越处于后面的阶段，兴趣越稳定，学习效果肯定会好。

2）探寻影响学习效果的原因的方法。客观记录学习过程中每天（每次）具体活动内容细节，明确列举所遇到的问题。逐条从主客观方面分析归因，填写影响学习效果情况一览表，见表3－6。

表3-6　影响学习效果情况一览表

影响后果	直接客观因素	简析产生根源	初步归因评估						
			知识基础原因	学习方法欠妥	缺乏指导帮助	心理因素			
						兴趣不高	动机不强	计划失当	自制力差
原定任务未完成	朋友拉我看表演回来太累推迟了时间	1. 时间管理差 2. 不会拒绝他人			√	√			√

2. 总结展示，改进提高

学习本身并不是目的，而是为了生存，为了发展。在当今迅速发展的时代，学习更是为了学会认知，学会做事，学会共处，学会做人。为此，在总结评估反馈学习成果时，要以全新的现代学习理念，把全面发展作为评价自己学习效果的标准，作为评估总结学习效果的出发点和归宿。

（1）确立新的学习观念

1）终身学习的观念。这种观念认为，人们始终都有学习向上的动力，都具备学习意愿、动机和习惯，都有组织学习的能力，有发现并解决问题的能力，能享受和体验学习带来的成功和喜悦。生活本身就是持续不断、没有止境的学习过程，学习者应该自发而有意识地、不间断地安排各种学习。

2）全面学习观念。这是把学习视为一个大系统的观念。学习内容是全面而广泛的，不仅包括知识技能的学习，还包括情感态度方法和行为习惯的学习。

学习有多种形式和途径：各种正规的、系统的学习（学校学，系统自学）；各种偶然的、自发的、非正规的学习（交谈，看影视作品，听广播，上网，打游戏，生活见闻等），在使用中学习，在生活中学习，在交往中学习，从体验中学习等。

学习者是有自我意识、能自主选择和控制自身行为的主体，是自己学习和生活的主人。学习是一个主动的行为，学习者应该有"要学""爱学""善学"的积极态度。

3）全面评估的观念。学习是一个提高的过程，它除了能提高知识技能，促进智能的发展外，对情感态度、道德品质和行为习惯的形成和发展也会有较大的帮助。此外，因为自我学习能力是人的重要的核心能力，学习能力提高，对其他各种能力的发展也是一种推动。因此，评估学习效果还要立足于人的全面发展的衡量。

（2）展示自己的学习成果。学习成果有显性和隐性两种形式。显性成果要客观展示，如将学习笔记、计划总结、书法作品、作业试卷、论文或著述以恰当的方式通过展示寻求他人评点指导；隐性成果，如道德修养、价值观念的提高，可以通过与人交谈、合作共事、参加公益活动或发表文章、出席会议、参加研讨等活动，由他人评估指导。要突出从学会认知、学会做事、学会共处和学会做人几方面进行全面评估总结。全面学习效果图如图 3-6 所示。

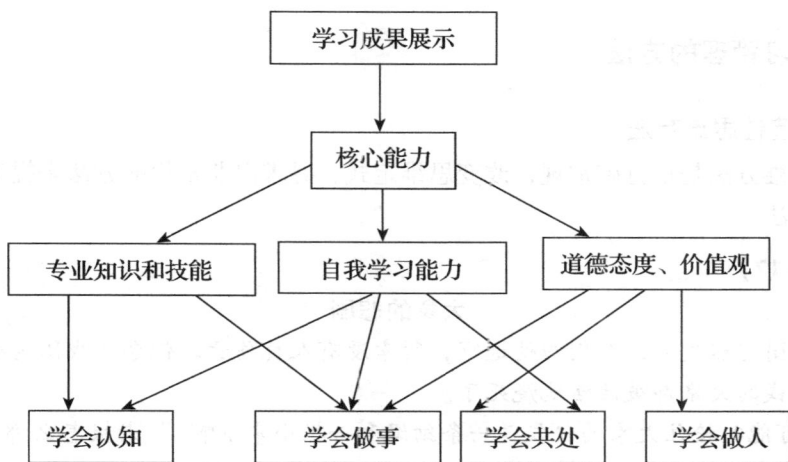

图 3-6　全面学习效果图

（3）学会运用成果主动迁移。所谓举一反三，触类旁通，就是指一种学习成果会对另一种学习产生积极的促进作用，可以不学自通。在评估反馈学习成果时，一定要学会运用已有的学习成果主动迁移，扩大学习的整体效果。具体方面有：

1）掌握基本知识和基本技能。实践证明掌握基本知识和基本技能是迁移的重要条件。因此，应通过努力，使"两个基本"全面扎实，为"迁移"奠定基础。

2）合理组织材料。学习内容确定后。组织编排学习内容就成为重要工作。编排得好，迁移作用能充分发挥，学习会省事省力；否则，迁移效果小，甚至产生负迁移。在学习中应注意把各门学科及同学科内前后知识内容结合起来，掌握好内容的整体结构，把握事物的整体关系，弄清各部分内容之间的联系，融会贯通，以促进迁移的产生。

3）提高概括水平，加强理解。概括是迁移的核心。学习迁移的效果依赖于概括水平的高低，已有知识经验的概括水平越高，迁移可能性越大，效果越好。

4）培养比较能力。通过比较可以更准确地抓住事物特征和本质，具有类似性的东西容易引起迁移；特别是形似却质异的东西容易产生负迁移，学习者要设法区别它们。在适用已有知识时，既看出新旧知识的共同点，又抓住其不同点。这是促进迁移、防止干扰的重要方面。

5）克服思维定式的消极影响。定式也称心向，它有积极的一面，反映出心理活动的稳定性和前后一致性；也有消极的一面，它妨碍学习者思维的灵活性，不利于智力的形成和发展。要采取各种鼓励创新的措施加以克服。

6）加强学习方法指导。这包括老师的指导和学习者的自我指导，都对迁移产生影响。只要指导正确，符合学习者的特点和学习规律，就能减少负迁移的消极影响，增加正迁移的机会。

7）创造迁移的情境。迁移不是自发而生，也不是自动出现的。迁移的产生靠广泛积累、积极准备。在学习中要注意唤起已有经验，使理论与典型事例联系起来。迁移是一个长期复杂的过程，需一步一步持之以恒地走下去。同时应根据自己接受知识的顺序，使迁移由已知到未知、由浅入深、由简到繁、由易到难，产生良好效果。

三、学习管理的方法

（一）创造性思维方法

创造性思维方法是指打破常规，改变思维定式，寻求以非常规的方法来提升学习力的一种学习思考方法。

【案例 3 - 17】

大象的悲剧

一家马戏团突然失火，人们四处逃窜，所幸没有人员伤亡。但令马戏团老板伤心和不解的是：那只值钱的大象却被活活地烧死了。

"这怎么可能？拴住大象的仅仅是一条细绳和一根小木棍啊！"老板怎么都想不通。

原来，当大象还很小时，马戏团为防止它逃跑，就以铁链锁住它的脚，然后绑在一棵大树上，每当它企图逃跑时，它的脚就被铁链磨得生疼、流血。这样，经过无数次尝试之后，也没有逃脱成功。久而久之，它脑海中就形成了一旦有条绳子绑在它脚上，就永远无法逃脱的印象。所以尽管只是一条细绳和一根小木棍，大象也懒得再去思考或尝试逃跑了。

这个小故事表明，惯性思维是人类思维深处存在的一种保守力量，它会导致人们不敢冒险、不敢尝试新的东西，是创造性思维的最大障碍。

创造性思维方法，可以让你找到意想不到的途径来解决问题，可以帮助你迅速地加深对知识的理解和掌握，极大地提升学习效率。创造性思维训练的方法有很多，最常用的方法包括头脑风暴法、系统探索法、联想类比法、组合创新法等。

（二）求异质疑学习法

疑，是思维的开端、创新的基础，是激发探索知识的兴趣和热情，是增强自主探索未知领域的动力。在学习过程中，善于用质疑求异的态度对现有的结论、现状或步骤勇敢地提出为什么，就可能会发现大量学习中存在的问题，对这些问题进行有效的解决，是提升学习管理能力的根本。

（三）主动学习法

要想抓住机会，就需要自己主动去争取。机会不会从天而降，需要自己去创造。守株待兔的人获得的只是一只兔子。只有积极的行动，才能获得成百上千只兔子。

在今天这个充满机遇和挑战的时代，任何时候，公司与个人都不能满足于现状，否则，就如"逆水行舟，不进则退"。每个企业都必须时刻以增长为目标才能生存，要达到这个目标，公司员工必须与公司制定的长期规划保持步调一致，而真正能做到一致的，只有那些主动进取的员工。

主动性在工作中是非常重要的。有的人像算盘珠，拨一拨，动一动，从来不愿动脑筋，更没有创新意识。有的人却主动找事做，还会主动处理困难的或别人不愿做的工作，并且发现问题，提出解决问题的方法。主动性强的员工在工作过程中其业绩不断得到提升，实力也不断增强，随着工作经验的不断积累，对各种问题的处理也变得越来越得心应手。

微软公司在招聘员工时，颇为青睐一种"聪明人"。这类"聪明人"并非在招聘时就已是某一方面的专家，而是一个积极进取的"学习快手"；一个不单纯依赖公司进行培训，而是自己主动提高自身技能的人；一个会在短时间内主动去学习更多的有关工作范围知识的人。具有这种主动进取精神的员工，乃是企业进步不可或缺的支柱。

许多职场新人进了公司后，往往几个月过去了，他们还像在做客，缺乏工作的主动性。在企业的基层，部门分工往往不是很细，而一些重要的工作又不能马上交给新人，所以一般都是先做内勤，也就是处理考勤、收发电子邮件这类日常工作。在一些满怀激情的职场新人看来，这就是打杂，在他们眼里打杂有什么好学的。许多职场新人也想找事做，但他们不知道自己该做些什么，他们总是期望老员工来手把手地教自己，就像上学时数学老师讲解习题一样。

商场如战场。作为一个职场新人，你进入职场就如同进入战场，了解本公司和本行业的基本情况，就如同进入战壕先熟悉地形一样。

职场新人在自己的工作还不是满负荷的情况下，最好先用这段时间了解本公司的一些基本情况，如本公司的历史、发展的过程、具体的业务内容、具体产品或服务的价格、各部门的大致分工、各地的分支机构、经营方针，等等。

作为职场新人，你一定要积极主动，要利用这段时间多学点东西，不懂的地方要虚心地向资历深的同事请教。这样，一旦当领导有具体业务交给你，你就能很快进入状态。

总的来说，自动自发型员工的积极主动主要体现在以下几个方面：

（1）认真全面地了解公司。认真全面地了解公司是做好工作的基础。它主要包括公司目标、经营方针、组织结构、销售方式等。像老板一样了解所在的公司，可使你在今后的工作中采取的行动更准确，效果更佳。

（2）主动找事情做。优秀的员工每当完成一项工作时，总会对自己做一番检查：是否都已经达到所有的目标？有什么项目需要加上去？还需要向别人学习什么？等等，这些能使自己的工作能力得到提高。

不让自己闲下来，主动找点事做，你就能更加完善自己，在工作中提高自己的工作能力。

（3）不要等待上司下命令。如果你习惯于"等待命令"，那么你首先就会从思想上缺乏工作积极性而降低工作效率。一个人一旦被这些消极思想左右，任何时候他都很难要求自己主动去做事。事实表明，"等待命令"是对自己潜能的"禁锢"，从一开始就注定了平庸的结局。

（4）承担自己工作以外的责任。许多著名的大公司认为，一个优秀的员工所表现出来的主动性，不仅是能坚持自己的想法或项目，并主动完成它，还应该主动承担自己工作以外的责任。

要想成为一名优秀的员工，就必须具有积极主动的品质，这种积极主动不能仅局限于一时一事，你还必须把它变成自己的思维方式和行为习惯。只有时时处处表现出你的主动性，才能获得机会的眷顾，并最终成就卓越。

【案例3－18】

管理员的蜕变

李默——现就任于美国一家大公司，任副总裁，但他到美国的第一份工作却只是一个仓库保管员。尽管出国以前学的是企业管理专业，可是他并没有轻视这样一份在常人看来难以有所作为的工作。因为在他看来，自己即便是看仓库，也要看出企业管理的水平。

于是，他以货物的流通为切入点，通过对各种货物的流通速度来评判公司的各项业务，找出周转缓慢、需要调整的业务，并不断上交分析报告，以此作为公司管理层做出未来决策的参考依据。他这么做完全出于主动，他把公司的问题当作自己的问题。所以，十年间他从管理员一步一步做到了副总裁，并掌管着100亿美元的资金运作。

作为一名普通员工，如果安于原来的"水平"，不去主动进取的话，那就永远只能是一个业绩平平者。好员工要学会主动，关键是不要给自己设限。这个"限"就是指你觉得自己已经做得足够多、足够好。主动工作的过程中，你不必在意老板有没有注意到，也不必计较你多做的事情会不会得到报酬。如果你能达到这种境界，你最终的价值必然决定了你不可替代的"身份"。

"主动性"是企业评价一个员工是否合格的重要标准，其核心就是看他是否主动地去工作，是否主动地去思考。

有一家公司，为了鼓励员工积极参与企业经营，设立了一个总经理特别奖，专门用于奖励那些业绩突出或提出对公司运作有明显改善的方案的员工。你可以带着改善你所在机构运作的主意或方案去找你的直接上级或总经理。公司还鼓励大家提出节省费用的主意，并对那些提出有效节省开支主意的员工给予奖励。

企业强调员工要发挥主动性，就是希望每个员工不要凡事都依靠上司，不要等上司有了指示才去工作。每人都负责着部分工作，员工就是自己管着的这部分工作的负责人。公司提倡大家要有一种主人翁的姿态，主动地去考虑自己负责的工作，提出有益的建议，想出各种办法，把自己负责的工作做好。

有一位公司的总裁说道："曾经有人问我，什么样的员工是称职的，我说，如果这位员工在休息的时候还会经常想着工作，想着如何把工作做得更好，那么这个员工就是主动的，就是称职的。现在的企业实在是太需要这样的员工了。"

任何人的成功都是来自于发挥主动性和创造力，积极地去寻找机会。如果你只会坐井观天，守株待兔，那么你永远只能是井底之蛙，永远逮不着只有千万分之一概率出现的兔子。

第四节 ↘ 五常管理

一、五常管理的内容

五常管理法的名称是源自五个不同的日文词汇，因为其罗马拼法的第一个字母都是字母"S"，所以又被称为"5S"管理法。五常管理（5S）法源于日本，就是体现这种理念的一种新的质量管理方法。它的主要实现形式，就是针对每位员工的日常行为提出要求，倡导他们从小事做起，力求使每位员工都养成事事"讲究"的习惯，号召他们做好每个细节，鼓励大家齐心协力来创造一个感到自豪且质量优异的环境。

（一）常整理：分开处理、找出原因（1S）

常整理的含义是：判断出完成工作所必需的物品并把它与非必需的物品分开；将必需品的数量降低到最低程度并把它放在一个方便的地方。（在以往货物供应不够充分的年代，即使是最小的东西，人们也会将它保留。因为人们觉得扔掉它是一种浪费。然而今天货物的供应充足、服务及信息多种多样，挑拣分类几乎变成了一种艺术。）

1. 分层管理

常整理的艺术就是分层管理。分层管理包括先判断物品的重要性，再减少不必要的积压物品。同时，分层管理还可以确保必要的东西就在手头从而获得最高的工作效率。

2. "需要"（Need）与"想要"（Want）的区别

许多人混淆了客观上的"需要"与主观上的"想要"的概念，我们当中的许多人都可能遇到过这样的事。例如，你在过去几年中收集了约 30 本杂志并放在柜子里，还宣称要把这些杂志全部保存起来以做日后参考。如果有人问你："这 30 本杂志哪些是你客观需要的?"你可能会摇摇头说："我不知道。"但如果问题换成下面一种提法："在过去一年里，这 30 本杂志哪些你从未碰过?"如果你的答案是 25 本，我认为这很正常。这说明：是客观上必需的物品就应弄清楚需要的数量，而把其余的物品扔掉。这是管理者做出决定很关键的一步。

根据厨房物品的使用频率来划分的贮藏方法的例子，见表 3-7。

表 3-7

迫切性	使用频率	贮存方法
低	一年少过一次	贮藏在远处
	一年一次左右	
	每两到六个月一次	
中	一个月一次	置放在厨房内的一个固定地点
	一个星期一次	
高	一天一次	带在身边或放在最方便的地方
	一个钟头一次	

3. 单一便是最好（One Is Best）

有关利用该原则的例子包括：一套齐全的文具、只需填写一页的表格、一天内处理所有的文件、一站式服务和一个档案存放处等。特别值得一提的是一天内处理所有的文件，我国有一句古话：今日事今日毕。

常整理：组织零件和文件的存放使用一套工具、储存一份副本、备忘录不应超过一页、只开一小时的会议，当天内处理完毕应做的工作。

（二）常整顿：定量定置（2S）

常整顿是研究提高效率方面的学科，旨在研究你多快就可以取得需要的东西，以及要多久才可以把它储放好。任意决定东西的存放处并不会使你的工作速度加快。达到常整顿有四个步骤。

1. 列表法

进行现场分析，用图表详细列出有关的活动和所面对的问题，见表3-8。

表3-8

活动	发现的问题
肯定物品名	贮存地点不明确
前往贮存处	距离太远
寻找物品	要来回走动
取出物品	取出物品
放回物品	经常忘记

2. 决定贮存位置

（1）将用不着的东西移开。

（2）决定分类法。

（3）名称规范化。

在不造成生产延误的前提下，尽量减少存货。

3. 决定贮存方法

在决定贮存方法之前，需要注意以下几点：

（1）选择合适的功能贮存法。

（2）清楚展示对象/贮存处名称。

（3）简化取出/贮存的过程

以工具功能或工作过程为依据，名称和地点都一定要明确，才能确保每个人都知道东西的存放地点，方便索取。

4. 严格遵守规则

设计管制贮存方法，要注意以下几点：

（1）日常存货管制。

（2）避免缺货方法。

（3）不断改进的措施。

（4）训练的要求。

（5）评估的方法。

要达到这些目标，应该坚持以下原则：

（1）如果有人正在使用某东西———标明是谁正在使用及何时可以归还。

（2）遗失：决定有多少遗失。

（3）善于利用通告、海报和标示进行内部沟通。因为这些方式给人以有秩序的印象，值得特别重视。

（三）常清扫：清洁检查（3S）

"每人都应该清洁地方"，常清洁应该由整个组织所有成员，上至领导下至员工一起来完成。澳门新时代美食中心的员工时刻遵守自己的诺言："我不会使东西变脏""我不会随地倒水""我不会随处扔掉东西""我会马上清理""我会把掉下来的标示再贴上"等生活格言。而在办公室，最好是划出每人应负责清洁的区域，规定清洁时段。这样做，分配区域时必须绝对清楚，不能留下没有人负责的区域。如果每个人都不把这样的警告记在心里，肩负起各自的责任时，你就不能获得任何好结果。

常管理要通过不断细心检查与照顾，使酒店的所有事物保持在最佳状态。这里强调的是，任何污垢或废物都可能降低效率，带来废品或甚至引起意外，细心地检查、例常的清理以及恰当的预防措施，都是使工作场地保持最佳状态的重要条件。反之，不要只做表面工夫，大家看不见就算。

清理工作可以分为三个不同的阶段：

一般情况——大清理，找出污物源头。

个别情况——清理厂房和所有器材。

详细情况——通过清理与检查、预防机器、夹具和工具出毛病。

清理工作场所，可分为四个步骤：

（1）划定范围、分配工作（可用图表确定每个人应扮演的角色和责任范围。）

（2）根据地方、器材清理，有系统地清理个别场地和器材，及时发现潜在问题，避免情况恶化。

（3）执行改善措施（不断寻找途径，加快清理过程，重点处理难以清理的地方。）

（4）建立整洁规则（群体协作，能例常进行或每天进行。）

（四）常整洁：立法守法（4S）

常整洁就是连续地、反复不断地坚持常整理、常整顿和常清扫活动。确切而言，常整洁活动还包括利用创意和"全面视觉管理法"从而获得和坚持规范化的条件以提高办事效率。常整洁，包括立法和守法两方面。无规矩，不能成方圆，一定要有行之有效的方法，有明文规定，告示全员，使大家有规可依，才能持之以恒。1S、2S、3S是短期行为，可以一鼓作气，做出成绩，但这些只是5S的起步。许多企业在学习5S后，进行清除、整理、清理后，就没有下文了，主要原因是没有发展一套明确的系统，以维持及长期实行前面三个阶段的成果。例如制订视觉管理规则，显示机器故障，使机器或任何器材出现故障时，除了操作员，厂内的其他人也能够觉察出来。为了让每一个人知道在紧急时刻如何采取行动，应该准备一本详细的规格书或使用手册。

其方法是：

1. 视觉管理

视觉管理作为一种有效的持续改进手段而格外注目。视觉管理已经广泛地应用在品质、安全以及对顾客的服务上。色彩管理近来也引起了人们极大的关注。色彩管理不仅创造出一些颜色代号，也是为了创造出一个统一规范、轻松、愉快的工作环境。

2. 透明度

常规范活动还应考虑的就是透明度。密封的空间永远都不会引起人们的注意，所以往往是杂乱无章的。最好的办法就是尽量使用透明的物品。保留一个检查窗口。这样做的目的就是使所有人都知道内存是什么东西以及它们的外观状态是好是坏。

3. 视觉监察法

为了让人看得见风机吹风的方向，许多地方都会在风扇上系上小小的丝带。有时，这种方法被称作"视觉监察法"。

4. 故障地图

当出现了问题时，你可以把这些问题在地图上表示出来。例如，用大头针来表明问题、紧急出口、救火设备和其他的重要地点。地图应挂在人人可以看见的地方。故障地图也可以用来显示不会出故障的地点和过程。

5. 量化

不断地进行测量，量化其结果并对其结果进行统计分析，你就会及时发现工作当中的缺陷并便于你防患于未然。量化对员工薪酬的计算也大有裨益。

（五）素养：保持维护（5S）

素养强调的是创造一个具有良好习惯的工作场所。教导每个人应该做事的方式并让他们付诸实践。此过程有助人们养成制订和遵守规章制度的习惯。

麦克格里哥于1960年发现人们对待工作的态度有两种。根据他的 X 理论，他认为如果某人讨厌自己的工作，他就会尽一切可能来逃避工作。相反，根据他的 Y 理论，他认为如果某人喜欢自己的工作，那么他就会努力工作以获得成功。人类的工作动机就是如此。

纪律很重要，不服从纪律的要进行处罚，这是绝大多数员工都能接受的，但最有效的纪律莫过于自律。自律性高，必须先提高员工素质，即个人品质，才能人人自觉，保持维护既定的条规和程序。

五常管理的最大要点是：发展全面制度管理，让员工参与规格化文件和检查表的制订工作。

有一家公司，采用了"我的任务"卡片制度。另一家公司，还发展了一套"明星制度"，以突出个人目标，使它成为改进工作的推动力。达到或超越自己所定目标的小组正式被誉为"明星小组"，不断培训是保持高效率工作队伍的重要环节。它不仅提高技术，还加强员工的自信和自豪感。一家日本公司在厂内设立学习场所，鼓励员工在厂房内接受训练。这场所被称为"寺小屋"。"寺小屋"的基本概念是建立一套灵活学习方法，提供公司内部教材、个别传授、交错授课。许多企业在改进计划实行不久，就无以为继，不能坚持。第5个 S 就是为了培养好习惯和创造有利环境而设计。

二、五常管理的重要性

实施管理"五常法"，可培养人们良好的工作习惯。形成规范化、制度化、流程化和数据化，从而生产出高品质的产品和实现高品质的服务，杜绝或减少浪费，提高生产力，提升会所的形象及竞争力。

【案例 3－19】

K 公司的 5S 管理

K 公司是一家印刷企业，主要生产包装用瓦楞纸箱、丝网印刷和传统的胶印业务。2 年前，公司上马了一套"印刷管理信息系统"，在竞争非常激烈的印刷市场上，确实发挥了很大的作用。此时的公司总经理侯先生，开始把目光瞄准了全数字印刷领域。K公司与香港某公司洽谈中的合资项目，是在K公司引进新的数字印刷设备和工艺，同时改造公司的印刷信息系统。然而，与港商的合资谈判进行得并不顺利。对方对K公司的工厂管理，提出了很多在侯总看来太过"挑剔"的意见：如仓库和车间里的纸张、油墨、工具的摆放不够整齐；地面不够清洁，印刷机上油污多得"无法忍受"；工人的工作服也"令人不满"……后来，在合资条款里，投资者执意将"引入现代生产企业现场管理的5S方法"，作为一个必要的条件，写进了合同文本。

侯总和公司管理层觉得港方有点"小题大做"。"不就是做做卫生，把环境搞得优美一些"，侯总觉得这些事情太"小儿科"，与现代管理、信息化管理简直不沾边。不过，为了使合资能顺利进行，侯总还是满口答应下来。几个月的时间过去了，侯总回想起来这些"鸡毛蒜皮的小事"，有一种脱胎换骨的感觉。

港方派来指导5S实施的Mark先生，通过实地调查，用大量现场照片和调查材料，让K公司的领导和员工，受到了一次强烈的震撼。Mark发现，印制车间的地面上，总是堆放着不同类型的纸张，里面有现在用的，也有"不知道谁搬过来的"；废弃的油墨和拆下来的辊筒、丝网，躺在车间的一个角落里，沾满了油腻；工人使用的工具都没有醒目的标记，要找一件合适的工具得费很大的周折。仓库里的情况也好不到哪里，堆放纸张、油墨和配件的货架与成品的货架之间只有一个窄窄的、没有隔离的通道，货号和货品不相符合的情况司空见惯。有时候，车间返回来的剩余纸张与成令的新纸张混在一起，谁也说不清到底领用了多少。Mark先生还检查了侯总引以为荣的MIS系统，查看了摆放在计划科、销售科、采购科的几台计算机，发现硬盘上的文件同样混乱不堪，到处是随意建立的子目录，随意建立的文件。有些子目录和文件，除非打开看，否则不知道里面到底是什么。而且，Mark先生发现，文件的版本种类繁多，过时的文件、临时文件、错误的文件或者一个文件多个副本的现象，数不胜数。在K公司里，长久以来大家对这样一些现象习以为常：想要的东西，总是找不着；不要的东西又没有及时丢掉，好像随时都在"碍手碍脚"；车间里、办公桌上、文件柜里和计算机里，到处都是这样一些"不知道"——不知道这个是谁的；不知道是什么时候放在这里的；不知道还有没有用；不知道该不该清除掉；不知道这到底有多少……在这种情况下，Mark先生直率地问侯总："你如何确保产品的质量？如何确信计算机里的数据是真实的？如何鼓舞士气？增强员工的荣誉感和使命感？"最后一个问题，Mark指的是墙上贴的一个落着灰尘的标语，"视用户为上帝，视质量为生命"。

Mark把推进5S的工作分为两大步骤，首先是推进前三个"S"，即整理、整顿、清洁。整理，就是要明确每个人、每个生产现场（如工位、机器、场所、墙面、储物架等）、每张办公桌、每台计算机，哪些东西是有用的，哪些是没用的、很少用的，或已经损坏的。整理就是把混在好材料、好工具、好配件、好文件中间的残次品、非必需品挑选出来，该处理的就地处理，该舍弃的毫不可惜。特别是电子"垃圾"，Mark告诫管理人员，"不断冒出来的文件查找、确认、比较工作，会浪费大量的工作时间。"整顿，就是要对每个清理出来的"有用"的物品、工具、材料、电子文件，有序地进行标识和区分，按照工作空间的合理布局，以及工作的实际需要，摆放在"伸手可及""醒目"的地方，以保证"随用随取"。"整顿"听上去很简单，从Mark的经验来看，其实是很仔细的工作。比如计算机文件目录，就是最好的例子。一般来说，时间、版本、工作性质、文件所有者，都可以成为文件分类的关键因素，Mark结合自己的体会，向大家详细介绍了"什么是电子化的办公"。对一个使用计算机、网络进行生产过程管理和日常事务处理的公司而言，如何处理好纸质文件和电子文件的关系，是养成良好的"电子化办公"习惯的重要内容。"电子化的过程中，如果把手工作业环境里的'脏、乱、差'的恶习带进来，危害是巨大的"，Mark 说。清扫，简单地说就是做彻底的大扫除。发现问题，就及时纠正。但是，"清扫"与过去大家习惯说的"大扫除"还有一些不同。"大扫除"只是就事论事地解决"环境卫生"的问题，而"清扫"的落脚点在于"发现垃圾的源头"。用 Mark 的话说，就是"在进行清洁工作的同时进行检查、检点、检视"。

随着 3S（整理、整顿、清洁）的逐步深入，车间和办公室的窗户擦干净了，卫生死角也清理出来了，库房、文件柜、计算机硬盘上的文件目录、各种表单台账等"重点整治对象"，也有了全新的面貌。但是，包括侯总在内的所有人，都没有觉得 Mark 先生引进的"灵丹妙药"有什么特别之处。不过，侯总承认，大家的精神面貌还是有了一些微妙的变化：人们的心情似乎比过去好多了，一些有"不拘小节"的散漫习惯也有了收敛；报送上来的统计数据，不再是过去那种"经不住问"的"糊涂账"，工作台面和办公环境的确清爽多了。这当然不是 5S 管理的全部。

Mark 先生结合前一阶段整治的成果，向侯总进言："5S 管理的要点，或者说难点，并非仅仅是纠正某处错误，或者打扫某处垃圾；5S 管理的核心是要通过持续有效地改善活动，塑造一丝不苟的敬业精神，培养勤奋、节俭、务实、守纪的职业素养。"按照 Mark 的建议，公司开始了推进 5S 管理的第二步：推行后两个"S"，一个是整洁，另一个是素养。整洁的基本含义是"如何保持清洁状态"，也就是如何坚持下去，使清洁、有序的工作现场成为日常行为规范的标准；素养的基本含义是"陶冶情操，提高修养"，也就是说，自觉自愿地在日常工作中贯彻这些非常基本的准则和规范，约束自己的行为，并形成一种风尚。Mark 进一步说道，后两个"S"其实是公司文化的集中体现。很难想象，客户会对一个到处是垃圾、灰尘的公司产生信任感；也很难想象，员工会在一个纪律松弛、环境不佳、浪费随处可见的工作环境中，产生巨大的责任心，并确保生产质量和劳动效率；此外，更不用说在一个"脏、乱、差"的企业中，信息系统竟然会发挥巨大的作用。

五常管理是精益生产推行的基础，整理、整顿、清洁、清扫、素养作为五常管理实施的不同阶段、步骤，本身是各项现场管理活动的基础，有助于消除企业在生产过程中可能面临的各类不良现象。它能有效解决工作现场凌乱、无序的状况，有效提升个人行动能力和素质，有效改善文件、资料管理，有效处理工具、物品、设备的管理，使操作简洁、合理、标准化，从而提升工作效率；在推行五常管理的过程中还能够创造一种良好的环境氛围，培养员工良好习惯，提升员工的综合素质；还在于利用目视化的方式，建立一种发现问题的机制；它与实施精益生产的其他工具、措施之间形成相互支持的关系，以达到精益的目的。

能力训练

【训练任务】

美国著名专栏作家哈理斯和朋友在报摊上买报纸，那朋友礼貌地对报贩说了声"谢谢"，但报贩却冷口冷脸，没发一言。

"这家伙态度很差，是不是？"他们继续前行时，哈理斯问道。

"他每天晚上都是这样的"，朋友说。

"那么你为什么还是对他那么客气？"哈理斯问他。

朋友答道："为什么我要让他决定我的行为？"

一个成熟的人握住自己快乐的钥匙，他不期待他人使他快乐，反而能将快乐与幸福带给他人。每个人心中都有把"快乐的钥匙"，但我们却常在不知不觉中把它交给他人掌管。

一位销售人员抱怨道："我活得很不快乐，因为我经常碰到糟糕的客户。"他把快乐的钥匙放在他人手里。

一位职员说："我的老板很苛刻，让我很生气！"他把钥匙交在老板手中。

一位经理人说："我的竞争对手太强大了，我真命苦！"

一位美女说："工作压力太大，我开始变老了！"

这些人都做了相同的决定，就是让他人来控制自己的心情。一个成熟的人，情绪稳定，为自己负责，和他在一起是种享受，而不是压力。

【训练目标】

合理利用控制技巧对自我情绪进行有效、正确的控制。

【训练过程】

1. 阅读案例

（略）

2. 分析思考

你的情绪控制的钥匙在哪里？在他人手中吗？你宣泄情绪的方式有哪些？

3. 启示

情绪源于人们的想法、态度、价值。调节人们种种情绪的，不是事物本身，而是人们对事件的看法。古希腊哲学家埃皮克迪特斯有一句名言这样说："人不是被事实本身所困扰，而是被其对事物的看法所困扰。"要管理自己的不良情绪，先要了解自己是如何认知的。改变了对事物的看法，形成了正确的认知，很多不良情绪也就得到了改善。

实践活动

考证计划

【活动目标】

1. 确立切合实际、又有条件实现的学习目标和计划。

2. 通过实施自学计划，养成良好学习习惯，达成学会学习的目标。

3. 最终通过考证，获得专业资格证书。

【活动内容】

1. 根据自己的目标和计划及兴趣爱好，结合实际的学习环境和条件，选报一项自己所学专业的职业资格证考试。

2. 参考他人考证实践，拟订自己的考证计划。

3. 填写学习日志，实录学习过程及阶段小结等。

【活动过程】

1. 通过向专业老师或学校有关部门咨询，了解本人所学专业初（中）级职业资格证书的考试时间、内容等相关规定，明确自己考证的目标和要求。

2. 向有经验的学友或指导者了解报考资格证考试所需做各种准备和需要完成的学习任务要求，初拟考证的学习计划。

3. 实录自己学习过程中的任务完成情况、遇到的问题、解决的效果以及收存完成的作业或练习。

4. 考证结束后，分析过程及结果，总结经验或教训。

参考例文：考证自学计划见表 3-9。

表 3-9　考证自学计划

子项目名称	拟实现的能力目标	相关支撑知识	训练方式手段	实施时间	结果
1. 确立学习目标	能正确理解目标要求，并能将总任务划分	报考条件、考试时间、证书适用范围	听教师讲解，阅读考试相关规定，向他人请教	9月5—10日	完成目标确立
2. 分析情况，分解目标	能把握自身的客观条件，并将总目标分解成各阶段小目标	了解考证各模块的知识点和要求	解读案例，逐条落实阶段任务，了解与专业学习的关系	9月10—15日	分析报告，目标分解实录
3. 掌握计划制订的基本要求	能按要求制订可行的计划及进度表；列出每一目标的行动要点及完成期限	掌握制订计划的基本要求、文本形式、组成要素等	阅读学习资料，具体填写学习日志及学习阶段小结	9月15—20日	学习时间安排表，正式计划文本
4. 获取他人指导、帮助	找到指导教师，或已获证书的同学	学会人际交往沟通的知识和能力	座谈访问等形式	9月20日前	谈话记录
5. 分析自我，调整计划	结合自身实际，分析影响因素，调整修改计划	有关个性心理特征及合理运用时间的知识	请教指导者点评和自评	10月中旬	分析报告，调整修改记录
6. 实施计划	按时、按要求完成各项任务	检查目标进度的方法及技巧	计划落实控制的方法	9月20日至考试日	计划实施记录
7. 分析原因，改进方法	战胜困难排除干扰，调整和改进学习	掌握适宜的学习方法和技巧，学会调控自己的情绪	小组讨论与自我分析评价	9月20日至考试日	个人书面作业
8. 收集整理学习信息	会收集、筛选、整理有效学习信息，用文字、图表表示信息	选择适当的方法获取信息（书面阅读，上网查询）	小组学习与学习者自学相结合	9月20日至考试日	形成图表

（续）

子项目名称	拟实现的能力目标	相关支撑知识	训练方式手段	实施时间	结果
9. 评估学习效果	能口头报告学习进度；对计划进行评估，对完成情况进行总结	分析、综合、概括资料	个人自评与小组互评结合，总结并实施改进	考证结束日起	学习进展汇报表和书面总结
10. 展示学习结果	能分析概括学习计划实施的得失、成败	学习目标计划的总结	把握评价标准和规则，组成评审小组	考证结束后10日内	学习目标计划及总结

考核评价

1. 美国一家鞋厂，为扩大市场，派了一名市场经理赴非洲一座孤岛调查市场。那个经理到达后便发现当地人根本无穿鞋习惯，回电报给老板："此地居民无穿鞋习惯，无市场。"老板接电报后，思索良久，决定另派经理去实地调查。当这位经理一见当地人赤足不穿任何鞋子时，心中万分高兴，立刻回电老板："此岛居民无鞋穿，市场潜力巨大，快运一万双鞋过来。"

后来的结果证实了后一位经理的预料。

思考：

面对同样境况，常会出现不同的观点和结论。人们只往坏处思考的时候，就错失了成功的机会；若能一直往积极方面思考，人们反而可能挖掘出令人想不到的机会。有时候甚至"危机"中都可能蕴藏着另一个机会。正所谓"你改变了想法，世界也会跟着变"。

请联系实际，以失恋、落榜、下岗、失业中任何一个话题，说说不同思维方向可能导致的结果。

2. 小李刚刚大学毕业，供职于某家软件开发公司，负责软件的市场销售。公司规定，小李每个月必须完成20万元的销售额。为此，小李必须每天要拜访5位客户，打20个销售电话。最近，他越来越觉得工作有点力不从心，主要的原因：一是与客户沟通的能力还存在许多不足；二是朋友之间的应酬特别多；三是父母身体不好，需要有人照顾；四是每天除了销售还需要完成领导交代的其他事项。

思考：

请根据本章所学知识，帮助小李摆脱困境，以提升小李充分利用时间的能力和学习能力。

3. 老张是一个汽车维修公司的高级修理工。由于工作出色，人品又好，总经理决定提升他为主管。老张十分开心，但转念一想，自己从未做过管理工作，再加上负责的这个维修车间有20多个员工，个个和自己熟悉，又都是元老级人物，如果没有一定的管理能力肯定是无法胜任该工作的。但无论如何，他还是欣然接受了任命并走马上任了。现在老张为做好这份工作，决定学习与车间管理相关的知识，虽然他具备了一定的现场管理经验，但现代化的管理知识仍然比较欠缺。

思考：

为提高管理理论水平，增强管理能力，提升工作绩效，请帮助老张做一份目标明确、安排合理的学习计划。

4. 我是一个来自于教师家庭的孩子，因为是独生子女，父母视我为掌中宝。我的心是自由而轻松的，重点小学、初中、高中的学习经历使我坚信我是属于全国一流大学的。然而由于高考的失利，我只进入了一所普通的大学。接到通知书的那一天，我流下了伤心的泪水，想起一些平时成绩不如我的同学都可以进入自己理想中的大学，而我……心里的滋味只有自己知道。上大学以后，我丝毫没有快乐和新鲜之感，心里想既来之则安之，以我读初高中的能力和水平，在大学里面搞好学习是没有问题的。由于我盲目自信，生活中没有什么更高的目标，在期末考试时，我的成绩竟然不及格。然而，我并没有归咎于自己的不努力，而是归咎于命运的不公平，归咎于我没有考取理想的大学。

第二学期，百无聊赖的我在网络中找到了久违的自信和满足，我那颗曾经不服输的心复苏了，但是这一次不是为了学习，而是为了网络。我没日没夜地在网上打游戏，在游戏中体验虚拟世界的成功。可想而知，在第二学期期末我有多门功课挂科。老师通知了我的家长，如果我再不努力，就可能被退学。我非常懊悔，第一次深深地自责，我辜负了家长寄予我的厚望，对不起培养我的老师，更重要的是我辜负了我的美好年华……

思考：

这名同学在自我发展过程中出现了哪些问题？应该怎样解决这些问题？这个案例给我们的启示是什么？

第四章　解决问题的能力

第一节　发现问题与描述问题

一、问题的含义与分类

（一）什么是问题

问题就是事物的矛盾。哪里有未解决的矛盾，哪里就有问题。那么矛盾具体是什么呢？矛盾是指实际情况与期望之间的差距，即目标与现状的差距。

1. 目标

目标是指想要达到的程度，即"应有的状态""希望的状态""期待的结果"之意。有了清晰的目标，才能看到当下和目标之间的差距，才能发现中间存在的问题，才能对症下药找到解决之法。

2. 现状

现状是指已经做到的程度，即"实际的情况"之意。

3. 差距

差距就是指目标与现状之间不一致的地方。

目标、现状和差距的关系如图4-1所示。

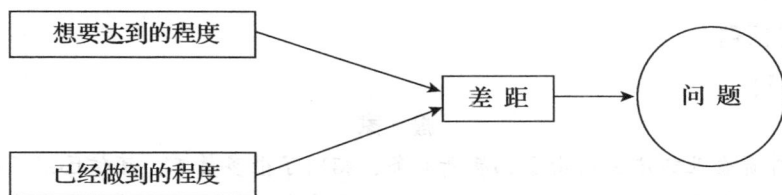

图4-1　目标、现状和差距的关系

形象地说，"问题"好比一个想要过河的人所处的境况，当人站在河的这一边，其目标是河对岸，一时没能过去时，如何过河就成了"问题"。这里的"河"，使得主体和目标之间有了距离或空缺，这种距离就是"问题"。

（二）问题的分类

我们几乎每天都在与不同的问题打交道。按照一般的分类方法，问题可以分为以下几种类型：

1. 发生型问题

【案例 4 - 1】

电梯问题

某大楼内有 4 部电梯。这栋大楼里有大大小小数十家公司，上班时间都在 9 点，每天 8 点 40 分是上班高峰，楼里的电梯就异常拥挤，运行速度也非常慢。由于等电梯的人太多，推推搡搡中也经常发生争吵，影响大楼的正常秩序。大楼用户集体向物业部门提出意见，强烈要求解决电梯问题。作为大楼管理人员，如何解决此问题？

从案例中可以看出，事故的发生是偶然中的必然事件，但问题已经产生，关键是下一步如何去解决问题。

2. 预测型问题

【案例 4 - 2】

剪彩小风波

一家建筑公司期待已久的一个项目终于竣工了，项目经理邀请了总公司五位领导前来出席这个隆重的剪彩仪式。待一切准备就绪后，他突然发现台下还有一位相当级别的老领导也来了，就兴奋地把这位领导也拉上了台，共同参加这次剪彩活动。可是事前准备的剪刀仅有五把，等一会儿剪彩时，将会少一把剪刀，怎么办呢？大家把心都提到了嗓子眼儿，眼看就要出洋相了。在这紧要关头，参与这次剪彩仪式准备工作的公司职员张磊迅速从衣兜里掏出一把剪刀跑到台上递了上去。六位领导喜气洋洋地剪完了彩，台下响起一片热烈的掌声。一位老员工在惊吓过后，充满敬佩地问张磊："你怎么知道还会叫一个人上去？"张磊平静地说："如果老总再叫一个，我这边口袋还装着一把呢！"

这是一种还没有发生，但是根据以往的经验和现有的情况推测有可能会出现的问题。职员张磊根据已往的工作经验，提前对剪彩仪式准备工作做好了应急准备，将可能发生的问题消灭在了萌芽中，顺利地完成工作，得到了领导的好评。这就是问题意识的敏感度，能对问题事先做出预测。

3. 探索型问题

【案例 4 - 3】

搬　家

今年初，外资企业凯威公司由于拓展新业务，招聘了很多员工，座位已经不够坐了，而公司所在的办公大楼也已经没有了空余的楼层可租。几番商讨之后，公司决定搬家。这个项目自然是由人力资源部门承担，而有着多次搬家经验的行政经理杨晨则当仁不让负责主持搬家的具体事宜。结合以往的经验，杨晨知道公司总监级别的高级主管都必须有独立办公室。但是 Knight 告诉杨晨，搬家的预算有限，公司所租的面积不能太大，因此房间数量必须缩减，杨晨照做。几个月以后，新的办公大楼和装修图样都确定了，但此时，意外发生了。在凯威这样等级森严的外资公司，越级汇报的情形是很少发生的，杨晨所做的工作都是直接与 Knight 沟通并获得指示，可是杨晨没有想到 Knight 直到杨晨准备把装修队开进新办公大楼的时候，才把新办公室装修设计图给大老板 Michael 看。这个以严谨、冷峻著称的总裁一看设计图样，就很不满意，说："我们有 7 个总监、28 个经理，怎么只有 4 个房间，8 个 Cubical（尺寸略大于普通员工的工作间）？总监应该都有独立的房间，14 级以上的经理都必须坐在 Cubical 里！"Knight 把大老板的意见告诉了杨晨，并同时通知杨晨说，他将要回国休假两个礼拜，休假期间，杨晨就可以按照大老板的修改建议开始施工了。杨晨目瞪口呆地看着 Knight 离开的背影，不知道说什么才好。按照目前的预算，杨晨不可能有多余出来的钱增加租地面积，但是在现有的租地凭空增加出房间和 Cubical 面积是完全不可能的；就算可能，设计公司也不可能在短时间内拿出一个全新的设计图样，在规定时间内搬家也就成了泡影。如果不能按时搬家，现在的办公楼在 12 月份以后就租给了另一家公司，公司除了要缴纳巨额罚金以外，还会影响到其他公司的装修和入驻。那个时候，自己就死定了！Knight 自己的沟通不畅导致的问题，却假借回国休假逃避责任，要自己留下来背黑锅，当替罪羊？想到这里，杨晨出了一身冷汗。越级向大老板请示汇报吗？这意味着得罪了 Knight，自己以后的日子肯定不好过；按照大老板的意图办事吗？时间和资源都欠缺，自己就算累死累活，按时搬家也根本不可能。杨晨一筹莫展……

这是一种开放性和发散性的问题，此类题目的条件或结论不完备，要求解答者自己去探索，结合已有条件进行观察、比较、分析和概括。

二、发现问题与描述问题

问题处处都存在，应该学会发现问题。发现问题也是一种能力，是指从外界众多的信息源中，发现自己所关注的、有价值的问题信息的能力。

（一）发现问题应具备的心理素质

1. 好奇心

心理学家认为，好奇心是个体遇到新奇事物或处在新的外界条件下所产生的注意、操作、提问的心理倾向。好奇心是个体发现问题的内在动机之一。

2. 困惑

"困"的字面意思是"陷在艰难痛苦里面"。"惑"的字面意思是"不明白对与不对"。在工作过程中只有时常怀有困惑心理的人才会有主动发现问题的意愿。

3. 创新意识

创新意识是指人们根据社会和个体生活发展的需要，引起创造前所未有的新事物或生发新观念的动机，并在创造活动中表现出的意向、愿望和设想。它是人类意识活动中的一种积极的、富有成果性的表现形式，是人们发现问题的出发点和内在动力。

（二）发现问题的方法

1. 连续追问法

【案例 4 - 4】

中国足球

2014 巴西世界杯亚洲区 20 强预选赛国足客场 0:1 不敌伊拉克，中国队 4 战仅拿到 3 分，与伊拉克的分差扩大到 6 分，落后 3 个净胜球，在小组赛还剩两场比赛的情况下，中国队出线希望基本破灭。央视名嘴刘建宏对比赛结果感慨万千，他一连6个问题引人深思：为什么输球的总是我们呢？如果你是孩子的家长，你会让孩子踢球吗？如果你是一个班主任，你支持班里组建球队吗？如果你是校长，你支持学校组建足球队吗？如果你是市长，你知道你的城市有多少足球场吗？如果你是房地产商人，你盖的小区里有足球场吗？

6个追问揭示一个主要问题：中国足球上不去，不是几个球员的问题，是我们所有人的问题。

2．"五化"法

（1）细分化。按对象、内容、时期、方法等对已见或待见的问题加以区分。

（2）具体化（5W2H方法）。把问题充分展示，以便研究解决。

What —— 什么问题？

Why —— 为什么出现问题？

Who —— 谁的问题？

When —— 何时的问题？

Where —— 在哪里发生的问题？

How —— 怎样的问题？

How Much —— 什么程度的问题？

（3）明确化。对为什么出问题、问题的细节原因、严重程度、关键所在明确把握，有利于准确分析、深度研究。

（4）主体化。表明解决问题的主体是谁。

（5）客观化。用文字把问题表达出来。

3．头脑风暴法

头脑风暴法又称智力激励法，是现代创造学奠基人美国人奥斯本提出的，是一种创造能力的集体训练法。当一群人围绕一个特定的兴趣领域阐发不同见解，或碰撞或相激而产生新观点的时候，这种情境就叫作头脑风暴。运用这种集体开发创造性思维的方法，往往可发现常人不易察觉的问题。

（三）描述问题的基本要求

1．问题的界定的重要性

问题的界定就是弄清问题到底怎样。只有先把问题界定好，才等于找到了应该瞄准的"靶子"，否则，就是瞎撞，要么劳而无功，要么就是南辕北辙。

【案例4-5】

大禹治水

大禹的父亲鲧治水，他采取的方式是堵，结果这边堵了，那边决堤；那边堵了，这边决堤。他没有办法，治不了水，最后被舜给杀掉了。后来舜就提拔他的儿子禹接着治水，禹就采取疏导的方式，结果把水患给制服了。

案例中鲧对洪水泛滥的界定是"欠堵"，而儿子禹的界定是"欠通"，所以他把河道疏通，洪水就控制了。问题的界定最关键的是要客观、准确。

2. 描述问题的基本要求

【案例4-6】

<h3 style="text-align:center">小李的"问题"</h3>

小李大学毕业了，因所学专业是紧缺专业，在招聘会上很快被北京一家企业看中，到了北京工作。但令人遗憾的是工作单位没有职工宿舍，这样，小李的住宿就成了一个问题。在刚到北京的这几天，小李住在一家费用比较低的招待所里，但不管怎么说，每天40元钱的住宿费可承受不了，算算自己来京时父母给的1000元钱一天天地减少，小李感到很焦急，怎么办？

准确。在描述问题时要能抓得住"真正的问题之所在"，如案例中小李遇到的问题，不是"住房问题"，准确地说是"住宿问题"。如果是住房问题，应当考虑"租房"或者"购房"等解决办法；但如果是"住宿问题"，仅考虑解决一个床位的问题就可以了。显然，解决"床位"可选择余地就会大很多，所需的费用也将少得多。

清晰。清晰就是把你要表达的意思完整、清楚地表达出来，以便于他人理解。案例中的问题就应当完整地表述为"小李大学毕业到北京工作，单位不能提供住宿，他面临着住宿问题"。而不应当含混不清地表述为"小李这下麻烦大了"，或者"小李可糟透了"等。

简明扼要。在清晰的基础上，要注意语言的简练。比如，"小李大学毕业到北京工作，单位不能提供宿舍，他面临着住宿问题"，可以进一步简练地描述为"小李大学毕业后到北京工作，面临住宿问题"。精简是必要的，但要注意，必须是在把问题说清楚、说明白的基础上再考虑简练问题。

3. 描述问题的方法

（1）描述问题的基本方法：用"5W"描述问题。

What —— 发生什么了？

Why —— 为什么发生？

Where —— 发生在什么地方？

Who —— 谁发生了问题？

When —— 什么时候发生的？

（2）描述分析复杂问题的方法。当遇到的问题非常复杂，且头绪纷乱时，可以按如下步骤分析、描述问题：

第一步，罗列问题。即列举自己面临的所有问题，或把一个复杂的问题细分为多个小问题。如：

问题1。

问题2。

问题3。

问题N。

第二步，排列问题。根据问题的特性，对问题进行排序。就是把所罗列出的问题，根据他们各自影响的严重性、时间的迫切性、未来发展的趋势、潜在的利益和危害、解决问题所需的时间和其他资源的便利性等，给每个问题进行权重赋值或打分。分数可以分为三个等级，分别代表问题影响的严重性，1分代表一般严重，2分代表比较严重，3分代表非常严重。其他要素依次类推，最后依照其总分大小来确定问题解决的先后顺序。

第三步，说明问题的主要特征。

1）问题将产生哪些影响？

【案例4-7】

35次紧急电话

一位名叫基泰丝的美国记者，来到日本东京的奥达克余百货公司。她买了一台"索尼"牌唱机，准备作为见面礼，送给住在东京的婆家。售货员彬彬有礼，特地为她挑了一台未启封的机子。回到住所，基泰丝开机试用时，却发现该机没有装内件，因而根本无法使用。她不由得火冒三丈，准备第二天一早就去"奥达克余"交涉，并迅速写好了一篇新闻稿，题目是《笑脸背后的真面目》。第二天一早，基泰丝在动身之前，忽然收到"奥达克余"打来的道歉电话。50分钟以后，一辆汽车赶到她的住处，从车上跳下"奥达克余"的副经理和提着大皮箱的职员。两人一进客厅便俯首鞠躬，表示特来请罪。除了送来一台新的合格的唱机外，又加送蛋糕一盒、毛巾一套和著名唱片一张。接着。副经理又打开记事簿，宣读了一份备忘录。上面记载着公司通宵达旦地纠正这一失误的全部经过。原来，昨天下午4点30分清点商品时，售货员发现错将一个空心货样卖给了顾客。她立即报告公司警卫迅速寻找，但为时已迟。此事非同小可。经理接到报告后，马上召集有关人员商议。当时只有两条线索可循，即顾客的名字和她留下的一张"美国快递公司"的名片。据此，奥达克余公司连夜开始了一连串无异于大海捞针的行动：打了32次紧急电话，向东京各大宾馆查询，没有结果。再打电话问纽约"美国快递公司"总部，深夜接到回电，得知顾客在美国父母的电话号码。接着又打电话去美国，得知顾客在东京婆家的电话号码。终于弄清楚了这位顾客在东京期间的住址和电话，这期间的紧急电话，合计35次！这一切使基泰丝深受感动。她立即重写了新闻稿，题目叫作《35次紧急电话》。

这是一个维护公司形象的典型案例。作为公司的经理，你面临的问题是什么？用"5W"方式来说明这个问题，可以这样描述：昨天，售货员错将一个空心货样卖给了顾客。

但是，指出问题还远远不能说明问题的影响，你需要考虑这件事情带来的后果，判断这件事情随着时间的变化将产生哪些影响，才知道你面临的问题究竟有多严重。

首先，要确定问题到底有多严重。然后，你要考虑这件事情可能引发的一连串事件：顾客会因为售货员的大意而蒙受损失；之后顾客因蒙受到的损失可能会对公司做出不利的举动，严重影响公司已经形成的良好口碑。分析这随之而来的一系列事件，你最终可以进一步确定正在处理的问题的重要性。

2）问题的紧急程度和重要性。面对一个问题我们必须清楚这个问题的重要程度如何，是可以放到明天再处理，还是必须马上解决？如果这个问题非常紧急，你就应该优先考虑。

【案例4-8】

游客黄金周被狗咬

"十一"旅游黄金周期间，某旅游公司导游小李受公司指派，带着一个游客家庭共5人，从西安到汉中旅游。返回的路上，中午时分去路边的农家乐吃饭。小李和一位八岁的小游客去洗手，他在前面走，小游客在后面跟着。突然一条恶犬咬了小游客的大腿一口，小游客哇哇直哭，小游客的爷爷、奶奶、爸爸、妈妈也闻讯赶来，看此情景，小李又急又怕，惊慌失措。如果你是小李，该如何应对此状况？

3）谁该对此问题负责。出现问题之后，人们通常会问这样一句话：这是谁的问题？即谁应该对这个问题负责？事实上，明确"这个问题到底应当由谁解决"，正是为落实责任，尽快使问题得到解决所必需的。

4）这个是否可以进行常规化处置的问题。

【案例4-9】

王晶是某杂志社的编辑，她每个月都需要记者给她提供稿件，但是她经常会遇到记者拖延交稿的事情。为此，她想出了一套处理这类事件的办法。一般来说，如果王晶需要在10天内用稿，她会要求记者在5天内交稿。如果记者拖过10天之后仍然不能交稿，她会启用一份备用稿件。

在工作中，要学会不断地使问题的处理变得"常规化"。当问题被常规化处理以后，你就能有时间、有精力去处理新出现的特殊的问题。因此，面对一个新的问题时，要及时判断它是否属于可常规化的问题，然后做出相应的对策。

三、解决问题的能力

（一）定义

解决问题的能力是从所有职业活动的工作能力中抽象出来的，具有普遍适应性和可迁移性的一种职业核心技能。它是指能够准确地把握事物发生问题的关键，利用有效资源，提出解决问题的意见或方案，并付诸实施，进行调整和改进，使问题得到解决的能力。它是从事各种职业活动都需要的一种方法能力。

（二）怎样看待解决问题的能力

在现实工作中，尤其在企业工作中，人们是非常重视一个人解决实际问题的能力的。可以说"文凭是入门的通行证，解决问题的能力才是生存和晋级的许可证。"企业的用人观念非常实用、也非常明确，强调的是"实用人才观"。在企业，衡量一个人是不是人才，重要的标准就是他解决问题的能力。你能解决他人解决不了的工作中的问题，你就是人才。能解决大问题的就是大人才；能解决小问题的就是小人才；能解决专业问题的就是专业人才。

（三）如何培养解决问题的能力

一个人解决问题的能力与他一生的成就有着密切关系。解决问题的能力决定了一个人工作绩效的高低。微软总裁比尔·盖茨曾说过："绩效的获得来自于解决问题的能力。"

1. 了解解决问题的过程

每一个问题从发现提出到最终获得圆满解决，都需要一个系统的过程。一般来说解决问题需要考虑以下几个方面：

（1）确定及选择问题。

（2）分析问题。

（3）寻找可能解决问题的方案。

（4）选择最佳解决方案。

（5）实施解决问题方案。

（6）评估解决问题方案。

2．掌握常见的解决问题的技能与方法

（1）目的—手段解决法。我们解决问题首先要找准"靶子"。找靶子就是要找到解决问题的真正目的，先弄清大目的，然后是小目的，最后根据目的找方法，具体情况具体分析，以确定解决问题的手段。这就是我们解决问题最基本的方法：目的—手段法。

（2）含义重构解决法。含义重构法指的是针对一个问题，要设法使其具有新的内涵，从而转变其性质。

【案例 4 - 10】

如何理解"分"

在美国的底特律的汽车行业，有一个出色的主管，他十分热爱自己的工作，他的能力也不错，但有一个问题，就是与上级的关系处理得不好。最后闹得不可开交了，他没有办法，决定跳槽，离开那个上司。于是他就把自己的资料送到猎头公司，请他们为自己另找工作。这个主管回家对太太颇有信心地说："应该会找到新工作的。"恰好他的太太正在学习思维课程，觉得她老公对这个问题的界定不太正确，就说："不！解决这个问题的根本，只是你与他分开。既然是只要你与他分开就可以，那么，不一定是你走，让他走也行。"于是，他们将解决问题的方式颠倒过来，他们又为上级准备了一套资料，送到猎头公司。过了不久，上司接到一个电话，请他去别家公司高就。想不到的是，上司也厌倦了他目前的工作，而且新工作待遇更好，他考虑一下后，就欣然接受了这份新的工作。上司很好奇，就问猎头公司的人："你们怎么知道我的啊？"再一问，原来是自己的下属为自己找到这么好的机遇。上司想，自己走后，位置就空下来了，想想以前跟这个下属关系不好，心里也过意不去，想着这个人能力不错，就向高层推荐了他！于是，这个主管既没有离开原来的公司，反而解决了与同事之间的矛盾，更重要的是还加官晋级！这当然得感激他太太地界定了。

这个案例告诉我们一个道理，就是把问题的含义进行重构。问题的关键是主管和上司有矛盾，他们要分开，所以问题落实在"分"上，不一定他走，上司走也是分啊！

（3）问题转移解决法。

【案例 4 - 11】

把问题"踢"给他人

曾经有一位美国的老总讲过这样一个问题，假如你现在只有 20 岁，流浪到美国，一身才学没办法施展，这个时候连洗盘子的地方都找不到，身无分文，饿了好几天了，怎么办呢？其实所讲的就是他自己的经历，他就是美国百货业巨子希尔。

他当初来到美国时，就遇上了这样的情况，连洗盘子的工作都找不到，怎么办呢？

他穿上一身笔挺的西装，到了一家大饭店，点了一桌子的菜，一扫而光。吃完后，要付账，没钱怎么办？他就与老板商量："我是一个很有才学的人，现在处境很不好，几天没吃饭，只好到你这里吃了这一顿饭，现在没钱给你，这是很不对的！但是饭我已经吃了，我应该给你补偿或者受到惩罚。你现在可以这样做：第一，你可以把我送到警察局，那么你将一分钱也得不到。第二，你可以让你的保安打我一顿，这样对你又有什么好处呢？你还是拿不到钱，还坏了名声。"

"那你还有什么别的办法吗?"老板问他。

"如果你惜才,就将我留下来,我为你工作,那么我会为你创造更多的财富。这样,你的饭钱拿到了,还得到了一位人才。你自己看着办吧!"

本来,是他吃饭买不起单的问题,现在他将皮球踢给了老板。老板想着他说的话也有道理,就将他留下了。就这样,他不仅解决了吃饭问题,还找到了第一份工作。

案例告诉我们,有些问题自己直接解决可能很麻烦,那么我们就想办法把问题"踢"给对方,让对方解决,这就是问题转移法。

第二节 分析问题拟订可行方案

一、分析问题的心理能力

(一)敏锐的观察

观察是对问题的一种主动的、有目的、有计划的知觉,是人们认识世界的门户,是智力活动的源泉。人们在观察问题时,不是无选择地感知问题所展现出来的一切,而是有选择地区分出其中和自己最直接、最重要的内容。观察力就是善于看出问题的那些典型的、但却并不很显著的特征的能力。对于同一问题,观察力敏锐者,能比他人看得更多些,理解得更深刻些,因而能较快地看出问题的典型意义特征,这样才能抓住解决问题的关键。

(二)联想创造法

由一种事物的表象、词语或动作而产生一种新观念、新想法的分析问题的方法。联想创造法的主要特征是思路开阔、由此及彼、举一反三、触类旁通。联想创造法是分析问题的一种重要方法。当一个人对某个待解决的问题经过长时间反复思考而仍得不到解决,有时却会在某个外界事件的触发下,引起联想,跳出现有圈子而产生新设想。有很多新学科、新观念、新假说和新方法的产生和出现都和联想创造性思考有关。运用联想创造法分析问题要注意鼓励自由联想,这样,思维不受限制,自由思考,自由联想,以便获得新想法、新设想。

(三)多方位思考的整合

问题产生的原因不是单一的,因而想要解决问题,我们同样需要从多个方面思考,找出原因进行整合,从而使问题得到妥善解决。

(四)见解独到的创意

【案例4-12】

水也能变金子

美国曾经一度出现过淘金热,一个叫阿默尔的年轻人也去了。谁知道美国西部条件很艰苦,夏天烈日当空,简直快把人给烤焦了。阿默尔口干如火烧,情不自禁地自言自语:"天啊!谁给我口水喝啊?"自己一句话,反倒使自己清醒了:为什么一定要去淘金啊?卖水不是也能挣钱吗?不管金子能不能淘到,大家总要喝水吧!于是,他决定去卖水了。结果呢?淘金的人有的淘到了,高兴地回去了,而大部分人则血本无归,连家都回不了,而阿默尔稳稳当当地赚了 6000 美元，成就了他的第一桶金，为他以后的发展积累了资本。

案例中，阿默尔在淘金过程中通过自己切身的体会认识到"水"是稀缺物品，所以他选择卖水这条淘金路，更容易获得成功。

二、运用条件分析法分析条件

（一）认识解决问题的各种"条件"

要解决问题，就要对你能应用的条件与资源进行分析。条件与资源的分类，可从多角度进行：

1. 按照"条件"的属性，可以分为自然条件与社会条件

自然条件，是指由地理环境所决定的条件和资源，如地理位置、风雨阳光等自然性因素。社会条件，是指由社会性因素决定的条件，如人情风俗、地域文化观念、饮食文化习惯、法律法规等一些区域性社会文化因素。解决社会性问题的时候，对于各个区域的不同文化特点都要给予尊重，在尊重的基础上进行因势利导。如果你解决问题的方法有违当地的区域文化特点及人们的风俗习惯等，往往就会行不通。

2. 按照"条件"的利弊，可以分为有利条件与不利条件

解决问题当然要避免不利条件，充分发挥有利条件，来促使问题又快又好地解决。

3. 按照"条件"的可变情况，可以分为"硬条件"与"软条件"

硬条件，是在解决问题的过程中不可变的条件。比如，要解决这个问题，资金不可以超过多少、人力不可以超过多少、地理距离不可以超过多少以及一些法律与法规等硬性规定的不可以变化的限制性条件。软条件，是指在解决问题的过程中可以在一定的范围内适当考虑变化的一些条件。

4. 按照"条件"的现实情况，可以分为"现实条件"与"可能条件"

现实条件，是目前已经具备的条件，它是解决问题的主要依靠。只有现实条件具备了，问题才能得到解决。可能条件，是指在解决问题的过程中有可能出现的一些因素与条件。可能条件不能作为解决问题的依靠。

5. 按照"条件"的经济属性，可以分为"经济条件"与"非经济条件"

在日常生活中解决问题往往是一项经济活动，因而自然要考虑在解决问题过程中资金与物质等经济条件的限制，这就是经济条件。"非经济条件"，是指解决问题过程中的一些非经济性因素。比如，口头抱歉、书面道歉、笑容满面、态度改变等精神性因素。在解决问题的过程中，有时并非完全是由经济因素决定的，非经济性的精神性因素在解决许多服务类方面的问题时往往是问题解决的主要方法。

6. 按照"条件"的物质属性，可以分为"物质条件"与"心理条件"

物质条件，是指各种物质性的因素，解决问题的过程离不开对各种物质条件的应用，尤其在解决各种自然问题、技术问题时，不可能不考虑各种物质性因素。心理条件，是指在解决问题的过程中涉及的人的各种心理感受，如尊严、体面、喜好等。解决一些社会性问题时要考虑当事人的心理感受与接受程度。

7. 按照"条件"的可控程度，可以分为"可控条件"与"不可控条件"

可控条件，是指可以人为控制与操作的条件，而不可控条件，则是人为控制不了、操作不了的条件。可控条件是解决问题的主要依靠手段。可控条件越多越好，不可控条件越少越好。不可控条件往往会导致解决问题过程中各种意外事情的发生。

8. 按照"条件"的已知程度，可以分为"已知条件"与"未知条件"

在解决问题的过程中要尽量应用各种已知条件，并挖掘各种未知条件，把未知条件变成已知条件。未知条件越多，问题的可控性就越差。对于初学者来说，应当多问几句"还有哪些情况可能未知"，是有好处的。

9. 按照"条件"的客观性，可以分为"主观条件"与"客观条件"

主观条件，是指经过你主观意志的努力能够达到的条件，它受人的意志、愿望、兴趣爱好、生活习惯、语言方式等各方面主观因素的限制。客观条件，是指不以人的主观意志为转移的客观物质条件，包括各种社会条件、政策和法规、法律的条件限制。

解决问题的"条件"，还可以根据其他的性质进行不同的分类。

（二）对"条件"的分析方法

一般来说，要解决问题，首先就要列出"问题是什么""目标是什么"，然后列出"条件是什么"。列出"条件是什么"的过程要尽量详细。

通常，我们可以用表格的方式进行格式化分析，见表4－1。

表4－1　问题解决"条件"分析表

问题是什么	
目标是什么	
有利条件	
不利条件	
自然条件	
社会条件	
硬条件	
软条件	
经济条件	
非经济条件	
物质条件	
心理条件	
可控条件	
非可控条件	
已知条件	
未知条件	
现实条件	
可能条件	
客观条件	
主观条件	

说明：在解决各种不同的问题时，具体采用哪些条件进行分析，要根据具体问题来决定。解决简单问题时，分析的条件可以少一些；解决的问题越复杂，分析的条件就要求越多。一般情况下，用得最多的是"有利条件"与"不利条件"的分析。

三、开动脑筋，提出方案

开发解决问题的方案是最需要创造力的，特别需要你具有发散性思维，不受约束地提出更多的解决方案。同时，还需要逻辑思维来比较不同方案的优劣。

（一）提出方案的方法和思路

1. 发散思维

发散思维可以让我们从不同的角度，对问题的解决方案进行设想。以问题为中心，思维向四处发散，发散得越多，就越容易找到有价值的答案。发散思维需要发挥创造力，突破惯常思维。

头脑风暴是一种非常有效的思维激励法，这种方法由于时间上的限制造成紧张的气氛，使参加者头脑处于高度的兴奋状态，有利于激发出创造性。头脑风暴法是寻求问题解决的有效方法。

头脑风暴法应遵循的原则是：

（1）自由讨论原则。要让参与者不受任何条件的束缚，自由讨论。要注意保持会议的活跃、热情、自由，但同时要注意自我控制，避免由于跑题而浪费时间。

（2）延迟评价原则。讨论期间，不对任何设想进行肯定或者否定的评价，避免"这根本行不通""真是异想天开"的消极评价。

（3）综合改善原则。鼓励参与者综合、补充、改善新设想。

（4）参与者多样化。不仅需要参与者有不同的认识、不同的能力，而且可以吸收领域差别较大的人员参与，从不同的角度提出问题，启发大家的思考。

2. 逻辑思维

解决问题时，清晰的逻辑思维十分重要。逻辑思维主要有归纳思维和演绎思维。

归纳思维是一种从特殊求一般的思维形式。通过分析某种现象的制约原因，寻找其因果关系。可以通过在不同事例中寻找共同现象以找明原因，也可以在差异中寻找原因。

比如，有一天小李发现家里的狗特别喜欢吃纸，他感到很奇怪，想找到狗为什么喜欢吃纸的原因，小李可以通过归纳思维这样分析：

狗吃什么纸？是所有的纸都吃吗？

如果它只吃某些纸，这些纸和其他纸有什么区别？这些纸有什么共同点？

狗有没有吃其他不是纸，但也很奇怪的东西？跟纸有什么共同点？

这只狗吃的纸其他狗会吃吗？

如果其他狗不吃，它和其他狗有什么区别？

如果发现还有一条狗也吃纸，这两条狗有什么共同点？

通过对所有信息的归纳分析，小李可能会发现是由于这些纸曾经用来包装过食物，沾了一些盐，而这条狗由于身体缺乏盐分，喜欢吃有咸味的东西。

演绎思维则是从一般原理出发，推导出特殊结论，或者从既有的理论出发，推导出新的理论的思维形式。例如，你现在已经有了一个理论，认为"当狗体内缺乏盐分时，它就喜欢吃带有盐分的东西"。那么，你可以从这个理论推出，缺乏盐分的狗会喜欢舔刚运动后的人。于是你就可以解释为什么"我每次运动完以后，我家的狗特别喜欢跑过来跟我亲热"的原因。

3. 评估每个方案的优缺点

大部分可行的解决方案都是在几个方案中选择出来的。需要注意的是，我们经常遇到的是每一个方案都有缺点和优点，绝对完美的方案是不存在的。因此，在寻找方案时，不要急于否定一个看起来不可能或者有缺陷的被选择方案。很多时候，一个有效的方案是在许多有缺陷的可行性方案基础上提炼出的。

当有了一些方案以后，先挑出看起来最好的方案，把其他不切实际的方案放在一边，暂不完全否定。在选留的方案中进行分类评估，写下每个方案的优点、缺点，进行比较选择。可以对这些方案进行完善和提炼，甚至可以在此基础上进一步提出其他的方案。

（二）可行性方案的拟订

1. 定义

方案是一个综合的计划，它包括目标、政策、程序、规则、任务分配、要采取的步骤、要使用的资源以及为完成既定行动方案所需的其他因素。一项方案可能很大，也可能很小。通常情况下，一个主要方案（规划）可能需要很多支持计划。在主要计划进行之前，必须要把这些支持计划制订出来，并付诸实施。所有这些计划都必须加以协调和进行时间安排。

可行性方案是策划工作进入可行性研究、分析阶段，以书面报告形式出具的策划成果，"可行性"是任何方案提议者和提议对象所期待的目标。作为可行性方案，应该从不同的方面综合考虑，从而制订几套可以执行的计划。

2. 可行性方案的内容

可行性方案是在获得客户认可后，对提案目标及内容的详尽阐释，可行性方案大致包括以下几个方面：

（1）提案概述（简介、目标、立意及有关信息）。

（2）环境分析（外部宏观环境和内部微观环境）。

（3）组织关系建立的选择与分析。

（4）运营方式的选择分析。

（5）运营周期、阶段计划等可行性分析。

（6）收益预估（财务数据、无形资产收益及其他）。

3. 可行性方案的撰写方法

一般情况可行性方案分成以下几个方面：

（1）该问题的现象或现在存在的问题。

（2）分析问题存在或引起的原因。

（3）针对该问题存在的原因逐一寻找到解决方案。

（4）分析该解决方案达到的目标。

（5）根据方案提出行动的实施计划。

（6）行动计划编制中需要落实每一步的内容，如负责人、资源、开始和结束时间等。

第三节 ◥ 解决问题方案的确定

哈罗德·孔茨曾经说过：计划工作是一座桥梁，它把我们所处的此岸和我们要去的彼岸连接起来，以克服这一天堑。这座桥梁就是我们解决问题过程中所确定的方案，任何一个问题的解决都需要从所拟订的许多方案中选择一套完整、可行的解决方案。

一、确定解决问题的目标

【案例 4 - 13】

只看到了骆驼

有一位父亲带着三个孩子，到沙漠去猎杀骆驼。他们到达了目的地，父亲问老大："你看到了什么？"老大回答："我看到了猎枪、骆驼，还有一望无际的沙漠。"父亲摇摇头说："不对。"父亲以相同的问题问老二。老二回答："我看到了爸爸、大哥、弟弟、猎枪、骆驼，还有一望无际的沙漠。"父亲又摇摇头说："不对。"父亲又以相同的问题问老三。老三回答："我只看到了骆驼。"父亲高兴地点点头说："答对了。"

这个故事告诉我们：一个人若想走上成功之路，首先必须有明确的目标。目标一经确立之后，就要心无旁骛，集中全部精力，勇往直前。

目标，永远在技巧和方法前面。要有目标，并且制订目标要适当、合理、正确。目标定得太高，无法达到，就会挫伤工作积极性。反之，定得太低，没有足够的挑战性，同样会挫伤工作的积极性，从而抑制了个人的成长。

（一）确定解决问题目标的原则

在解决问题中，首先应当明确问题目标的指向性，即明确应该达到什么终结状态。明确为了达到问题目标，自己应该做些什么。在设计问题目标时应遵循以下几个原则。

1. 问题目标要具有针对性

首先要有明确的解决问题的方向。如果问题目标没有针对性，就容易造成问题解决偏离预设的目标，使问题解决的重点出现偏差，影响预定目标的实现。

2. 问题目标要具有开放性

有时问题目标并不是一下子就能提出来的，它需要自我反思与评价或者求得他人的帮助，才能更好地使问题得到解决。

3. 问题目标要具有长远性

目标并非空想，要务实；也不能急功近利，应着眼长远。所制订的目标不仅是切实可行、可以实现的，而且它不图短期或暂时的利益，在最初设立目标时就用发展的眼光放眼长远，使目标具有长远性。

4. 问题目标要具有可行性

要想实现自己的目标，就应该设定有可行性把握且可操作性较强的目标。这种正确设定的前提是经过充分和必要的调查论证，这样目标的实现有了可靠保障。

（二）目标设定的步骤

目标设定就好像射箭选手的瞄准一样，通过目标的设定，我们就明确了未来努力的方向。准确的设定目标需要遵循下列步骤：

步骤一，首先解答自己为什么要设定这一目标。

步骤二，设定实现目标各阶段的时限。

步骤三，列出实现目标所需的条件。

步骤四，将目标实现后的远景作为你心底永恒的向往。

步骤五，列出目前不能实现目标的所有原因，从难到易排列其难度，并拟订解决方法。

步骤六，通过外界力量坚定你行动的决心。

步骤七，果敢抓机遇，立即行动。

步骤八，清晨规划，夜夜省思。

若每年检查一次实施成果，则一年只有一次调整和修整的机会；若每月检查一次，则一年有 12 次这样的机会；若每天衡量一次，则一年就有三百多次通过检测、验证质量、采取改进措施的机会。衡量次数增多，机会当然会相对增加。

二、方案确定的决策方法

决策贯穿于问题解决的各个环节之中，是最重要的管理职能之一。以西蒙为代表的决策理论学派甚至认为：管理就是决策，制订计划是决策，选定方案也是决策。

（一）什么是决策

时至今日，对决策概念的界定不下上百种，但仍未形成统一的看法，诸多界定归纳起来，基本有以下三种理解：一是把决策看作是一个包括提出问题、确立目标、设计和选择方案的过程。这是广义的理解。二是把决策看作是从几种备选的行动方案中做出最终抉择，是决策者的拍板定案。这是狭义的理解。三是认为决策是对不确定条件下发生的偶发事件所做的处理决定。

正确理解决策概念，应把握以下几层意思。

1. 决策要有明确的目标

决策是为了解决某一问题，或是为了达到一定目标。确定目标是决策过程的第一步。决策所要解决的问题必须十分明确，所要达到的目标必须十分具体。没有明确的目标，决策将是盲目的。

2. 决策要有两个以上备选方案

决策实质上是选择行动方案的过程。其中包含选什么样的方案和选哪一个较理想方案两方面。如果只有一个备选方案，没有比较，没有鉴别，就不能保证决策的质量和水平；因此，至少要有两个或两个以上方案，让决策者通过对比、分辨，做出最后抉择，才可能选择出一个满意的行动方案。

3．确定的行动方案必须付诸实施

决策不仅是一个认识过程，也是一个为行动负责的过程。如果选择后的方案，束之高阁，不付诸实施，这样，再正确的决策也失去了意义。唯有付诸实施，决策的智慧潜力才可能由行动使之转化为显性的实力。

（二）决策的分类

问题解决过程中方案的制订选择和实施活动的复杂性、多样性，决定了决策有多种不同的类型。

1．按决策的影响范围和重要程度不同，分为战略决策和战术决策

战略决策是指对企业发展方向和发展远景做出的决策，是关系到企业发展的全局性、长远性、方向性的重大决策。战术决策是指企业为保证战略决策的实现而对局部的经营管理业务工作做出的决策。

2．按决策的主体不同，分为个人决策和集体决策

个人决策是由企业领导者凭借个人的智慧、经验及所掌握的信息进行的决策。其特点是决策速度快、效率高，适用于常规事务及紧迫性问题的决策。个人决策的最大缺点是带有主观性和片面性，因此，对全局性重大问题则常常采用集体决策，即由会议机构和遵循上下相结合原则制订的决策。

3．按决策是否重复，分为程序化决策和非程序化决策

程序化决策是指决策的问题是经常出现的问题，已经有了处理的经验、程序、规则，可以按常规办法来解决。非程序化决策是指决策的问题是不常出现的，没有固定的模式、经验去解决，要靠决策者做出新的判断来解决。

4．按决策问题所处条件不同，分为在完全确知条件下的决策、风险型决策和在未完全确知条件下的决策

（三）决策的准则

决策准则是指决策必须遵循的指导原理和行为准则，主要有经济性、系统性、预测性、可行性、方向性、民主性和科学性等准则。

1．经济性准则

经济性准则，就是研究经济决策所花的代价和取得收益的关系，研究投入与产出的关系。领导决策必须以经济效益为中心，并且要把经济效益同社会效益结合起来，以较小的劳动消耗和物资消耗取得最大的成果。

2．系统性准则

系统性准则，也称为整体性原则。它要求把决策对象视为一个系统，以系统整体目标的优化为准绳，协调系统中各分系统的相互关系，使系统完整、平衡。

3．预测性准则

预测是决策的前提和依据。预测是由过去和现在的已知条件，运用各种知识和科学手段来推知未来的未知情况。

4. 可行性准则

可行性准则的基本要求是以辩证唯物主义为指导思想，运用自然科学和社会科学的手段，寻找能达到决策目标的一切方案，并分析这些方案的利弊，以便最后抉择。

5. 方向性准则

决策必须具有清晰和实际而具体的方向目标，并且这个方向目标应该具有相对的稳定性，一经确定下来，不宜轻易改动。

6. 民主性准则

决策的民主性准则是指决策者要充分发扬民主作风，调动决策参与者、甚至包括决策执行者的积极性和创造性，共同参与决策活动。

7. 科学性准则

科学性准则是一系列决策原则的综合体现。领导者必须加强现代管理知识的学习，严格遵循科学性原则，才可进行科学的决策。

所有这些准则是指导决策活动的总和，是基本的原则，而不是决策过程中的某个环节或个别决策类型的具体原则。

（四）决策的步骤

决策过程并不是一个瞬时的过程，在决策过程中包括一系列的步骤，了解这些步骤可以提高个人分析和决策能力。决策步骤分为：

第一步，明确决策的目的。

可以写一个简单的决策陈述，使自己明确你要做出的决策是什么。看起来这个步骤很简单，事实上，在决策过程中最容易犯的毛病就是往往会偏离决策的目标。

第二步，提出解决问题的各种方案。

决策即是一种选择，没有选择就谈不上决策，要进行科学的决策就必须尽量多地提出各种可以用来解决问题的方案。

在时间比较充分的条件下，可以把这些方案列表写下来，进行"利弊得失"的比较，从中选择比较好的方案。

在时间比较紧的条件下，有丰富处理问题经验与高度应变能力的决策者，能够快速地想出各种方案并且在大脑中对各种方案的"利弊得失"进行比较。

第三步，清楚决策的标准。

在制订决策的标准时，可以分为"必须要达到的"和"想要达到的"两个方面。决策"必须要达到的标准"是决策的"硬标准"；"想要达到的标准"是决策的"期望标准"，或者称为"软标准"。"硬标准"应当非常清晰，能很简单地把握，最好可以衡量。"软标准"并非每一个都必须达到，但在具体选择时要考虑到它的权重因素，在进行比较简单的决策分析时，没有必要对决策的"软标准"进行权重计算，一般只需要进行"利弊得失"分析，就可以做出决策了。

关于决策的标准，你必须明确以下两点：

（1）衡量决策成功的底线是什么（什么样的条件是最起码必须在这个决策中达到的）。

（2）衡量决策成功的期望标准是什么（什么样的条件在这次决策中能够达到是最

好的）。

第四步，比较各种方案的"利弊得失"与"潜在风险"。

对各种方案的"利弊得失""潜在风险"要进行分析与评估（见表4-2）。潜在风险的评估可以分为高、中、低三个级别；也可以分为极高、较高、一般、较低、低五个等级的评估。在做出最佳方案选择的时候，一定要考虑可以承担的"风险"是多少。

表4-2　决策"利弊得失"与"潜在风险"分析与评估

方案 N	分析与评估
利	
弊	
得	
失	
潜在风险（高；较高；一般；较低；低）	

第五步，决定行动方案。

将每个方案的情况进行列表，然后结合决策成功的"硬标准"与"软标准"，你就可以知道应当选择哪个方案，或者是哪几个方案的组合了。

一般决策的时候，要考虑备选方案，这样往往就会有：第一方案、第二方案、第三方案等。

第四节　解决问题方案的实施与评估

解决问题的方案不仅要做得好，更要切实可行。那么，方案如何才能得到有效的执行呢？本节主要介绍方案的实施和评估。

一、制订具体可行的实施方案

计划是使决策落到实处的行动规划。一些日常生活和工作中遇到的问题，对于有经验的人来说，都是在思维过程中的一刹那就定下了对策，并往往同时形成了行动计划，这是他们长期生活、工作经验的结晶。表面上看，好像实施方案可以不假思索，其实不然，任何行动在人的大脑中都是有所"计划"的；只是由于经验的积累，经验丰富者会快捷决断和行动。从学习的角度来说，你有必要分析这样的过程，了解它的运作程序和方法，以便达到熟能生巧。因此，工作计划的制订虽然有点麻烦，但对于正确地、有条理地指导行动，却是非常重要的。

简单的计划分析可以概括为5个步骤：

第一步，描述计划的目标。

计划的目标即你采取行动要达到的目标。将目标进行准确的描述，有利于我们在行动中确定方向。要尽量用明确的措辞来说明目标，目标的描述要简明扼要。

第二步，按照时间次序拟出各种事件。

在计划编制过程中，时间是一个很重要的线索。你可以先按照时间的线索把整个计划中要做的事情全部列出来，然后按照时间的先后进行排列。在某些情况下，还应当注明完成各项任务的时间要求。

第三步，分析各个事件之间的逻辑关系。

事件与事件之间会存在一定的逻辑关系，这种逻辑关系要根据具体的情况来进行分析。在许多情况下，这种逻辑关系表现为因果关系，抓住事物产生的"因"就是找到了根源。

第四步，指出事件中的关键事件。

在许多事件中，有些事件是关键的。关键事件的解决要投入最大的精力，付出高度的注意力。

第五步，指出计划实施过程中的潜在问题及备用方案。

在计划实施过程中，往往会出现一些感情因素、环境因素、政策因素等方面的潜在问题，在制订计划的时候就要有所考虑，这样在实施计划的过程中就会得到避免。另外，往往还要考虑"潜在问题"一旦出现时的"解决方法"或者"备用方案"，做到有备无患。

二、落实计划

在计划具体实施的过程中，各种环境因素、情绪心理因素、人际关系因素、政策因素都有可能出现许多变化。因此，计划实施的过程往往是一个很复杂的过程。其中，实施者的综合素质，如与人合作、与人沟通的能力等因素，都会在计划实施过程中起重要作用。

（一）计划落实的特点与要求

1. 计划落实的过程是一个执行的过程

计划落实的过程，首先是一个行动的过程，也是一个计划执行的过程。

通常的情况是"计划好订，执行难"。之所以会出现执行难，有如下几个方面的原因：

（1）计划本身的欠缺与考虑不周。计划是行动前的构思，但"智者千虑，必有一失"，总会有考虑不到的地方，这样就会给计划的执行工作带来困难。

（2）行动力弱。执行的过程即是付诸行动，行动力就是执行力，执行力弱是个复杂的问题，每个执行者的条件不一样，原因千差万别。

（3）外界环境因素的变化。计划执行需要一个过程，在这个时间段内，外界环境有可能会产生各种变化，会给计划的执行带来困难。

2. 计划落实的过程是各方面关系的协调过程

计划的落实过程，就是一个具体的人与事的协调过程，需要和相关部门的人员打交道，协调处理方案落实中的种种问题和矛盾。有不少人不太愿意、不善于和他人打交道，他们往往愿意处理一些具体的"事"，这可能是办不好事的重要原因。

3. 计划的落实过程是具体体现工作责任心的过程

实施计划需要有高度的责任心。不管遇到什么困难，都要决心把事情办好，让责权赋予者——领导放心，让领导满意，这就是责任心在计划实施过程中的具体体现。

（二）计划落实"九步法"

要将计划工作落到实处，一般情况下，要按照以下九个步骤操作，也叫"九步法"。

第一步，明确计划工作的内容。要执行计划、实施计划，就要对计划工作的内容烂熟于心，做到心中有数。

第二步，明确实施计划的"资源"。实施任何一份计划都需要一些相应的资源。比如：

时间资源，多长时间内要完成这份计划？

资金资源，在多少费用范围内完成这项计划？

物质资源，可以使用什么样的物质条件？

人力资源，有哪些人可以协助实施这份计划？

第三步，明确计划实施的目标。计划实施的目标是计划实施后要达到的结果，要明确用什么标准去衡量一份计划实施是否成功。

第四步，分析计划工作中的关键环节。一个工作计划中往往有许多事情，这些事情按照时间次序形成了许多相互关联的工作环节，有些环节特别关键，那么在计划付诸行动前，你一定要先进行"关键环节"的分析，这是确保计划顺利完成的关键环节。

第五步，在关键环节上投入最大的精力。人的精力是有限的，要把最主要的精力集中到关键环节的落实上。

第六步，协调关系。根据计划实施中所涉及的人和事，协调好各方面的关系。一般来说，可以借助领导和相关职能部门的作用协调有关人员的关系。

第七步，征求领导意见。在计划执行过程中，要始终注意"多请示、多汇报"的原则。领导在高一层面上负责计划的实施，而你是在帮助领导做一些具体的事情。同样的，你的领导对你实施的计划工作的成败，也承担着领导的责任。

第八步，监督与检查工作。有些计划，如草坪铺路问题，聘请园林建设施工队来负责计划的具体事务。如果你是组织者、管理者，应当经常性地进行工作检查，监督工作进展。只有这样，才能确保计划按时完成。检查工作不只是在项目结束后，关键应在项目进行过程中检查。

第九步，验收计划实施结果。一个计划实施完毕后，要请自己的领导来验收计划实施的结果。这是所有工作的最终体现，一定要让领导来进行检查与验收，如果发现问题，可以及时纠正。

三、结果的验收与评估

（一）谁会对"结果"做出评估

一个"问题"解决后，与该问题相关联的人都会关心问题解决后的结果。具体地说：

（1）解决问题者要关心问题解决后的结果，以便总结自己解决问题的经验。比如医生，就会关心自己的治疗结果，以便衡量自己的治疗技术水平。

（2）组织（领导）。每个人都在一个组织内工作，你解决问题的结果直接关系到组织（领导）的利益。尤其是那些领导直接交办的事情，领导自然就要关心问题解决后的结果。

（3）与该问题有关联的群众。有些问题的解决牵涉到别的人与事，关系到某一部分人的利益，与此问题相关联的人自然就会做出相应的效果评估。比如，电梯拥挤问题的解决、草坪铺路问题的解决都牵涉到了不少人的利益，相关联的人在使用的过程中自然会做出评估。

当然，从工作上来说，以上评估中最重要的评估就是组织或领导对你解决问题所做的评估，因为这会直接关系到当事人的各种利益。

（二）领导如何作评估

既然领导的评估是最重要的评估，那么你就要先了解一下领导一般是如何评估下属的工作。领导对下属解决问题的评估，大致会运用如下方法。

1. 印象评估法

这是领导最简单也是最常用的评价方法。它是根据领导对下属日常工作的印象而做出的一个总结性评价。具体到一个问题的解决，有的评价可能比较客观，有的可能带有领导个人的主观喜好，甚至偏见，比如，"说你对你就对，不对也对；说你不对你就不对。"尽管这很不应该，但却存在于现实之中。你在面临领导的评价时必须有所认识，有所准备。

2. 目标指标评估法

这是一种比较客观的评价方法，它要求在评价之前，先拟定评价的指标或者设定解决问题要达到的目标，然后进行比较评价，从而得出相对客观的评价。

3. 360 度评估法

所谓 360 度评估法，是领导对下属解决问题的工作评价之前，先做比较全面的调查，包括对被评估者所解决问题相关的同事、下属、服务对象（或客户）等方面的调查；在听取各方面意见之后，再做出客观公正的评价。

（三）自己应当如何对"结果"进行评价

方法一：搜集"结果"信息。

当一个"问题"解决后，到底解决得怎么样？有时，需要持续不断地关注结果可能出现的相关变化，才能知道。这就是一个搜集结果信息、进而做出评价的过程。

方法二：调查有关人员。

有些问题解决的结果，往往体现为有关人员的满意度。这就需要对有关人员进行调查，看他们对处理的结果是否满意。比如，某个公司原来客户对产品质量的投诉率很高，经过该公司技术人员的技术改进之后，客户的投诉率明显降低，客户满意度显著提升，这就体现了客户对该公司技术人员解决产品技术问题能力的评价。该公司技术人员可以通过调查有关客户的人员，听取他们的评价，从而不断提升自我创新能力。

方法三：求同观察检验。

有些问题是在一定的社会至条件或者自然条件下出现的。这些问题是否解决了，要放到同样的特定条件下去检验，才能得出鉴定结果。如果不放到同样的特定条件下，往往看不出有什么问题；而一旦到了某种特定的条件下，问题马上就会暴露出来。所以，检验这一类问题是否真正得到了解决，就应当实行求同观察检验。比如，天窗在暴雨季节总漏雨的问题，在暴雨季节过去后就无法进行检验，只有到了来年暴雨季节来临的时候，才能做出"到底是否修好了"的鉴定结论。

方法四：运用调查问卷。

有些社会问题出现后，当事人采取了应急措施解决，但处理的方法是否正确？是否达到了解决问题的目的？往往需要经过一段时间的检验。这种检验通过社会调查才能反映出来，才能做出客观评价。有些问题的解决，甚至需要相当长的一段时间才能做出客观评价。越是重大的社会事件，越需要在事件的长河中经过沉淀后，才能做出历史的评价。

　　了解问题解决后的效果，可以运用调查问卷的形式。选择调查对象，收集主要信息，做好信息分析，对问题解决的结果做出评价。如每年中央电视台在除夕举办的"春节联欢晚会"，已成为全国甚至全球华人除夕之夜的娱乐大餐，这台精心准备的长达四五个小时的文艺演出，效果如何？十几亿人的精神需求愿望问题是否得到了满意的解决？演出后，中央电视台往往借助问卷调查（包括电话问卷），收集效果反馈，以评价问题解决后的效果。

　　方法五：列表提问评估。

　　这种评估方法的最大优点在于使用方便，有助于我们在日常工作和生活中，对问题解决之后的结果进行跟踪与评价。列表提问评估的方法，可以把要评估与检查的内容归纳列入表格中，见表4-3。

表4-3　问题解决后的结果检查列表

解决问题的目标是什么？	解决问题的结果评估				
	好	较好	一般	较差	差
解决问题的最终结果是否达到目标？					
解决问题的过程是否具有创新性？					
解决问题的成本控制如何？					
解决问题中的团队协作如何？					
问题解决中涉及的有关方面是否满意？					

对该问题解决的总体鉴定意见：

评估人：

日期：

能力训练

【训练任务】

　　某大楼内有4部电梯。这栋大楼里有大大小小数十家公司，上班时间都在9:00，每天从8:40分开始是上班高峰，楼里的电梯就会异常拥挤，运行速度也非常慢。由于等电梯的人太多，推推攘攘中经常发生争吵。

　　假如你是大楼的物业管理人员，该如何处理该问题？

【训练目标】

1. 准确关注与问题有关的各种因素。
2. 掌握解决问题的目标并说明目标实现的状态。
3. 跟踪事态发展，找出解决问题的限制条件。
4. 能够选择最佳方案。
5. 制订解决问题的工作计划。
6. 学会在解决问题过程中找出问题关键环节，并运用所学知识获取相关资源。
7. 能够评估进度，应对变化，及时调整。

【训练过程】

步骤一，收集信息，描述问题。

作为大楼的物业管理人员，你看到了电梯门口的混乱场面，也听到了一些员工的抱怨。但是，事件到底严重到什么程度，有什么规律，有多少人抱怨？你听到的意见能代表大多数人吗？

他们的抱怨主要针对哪些方面？是电梯速度慢、太挤，还是大厅太混乱？

以上问题，你都需要通过收集信息才能回答。你可以在电梯门口观察一周，记录上班前30分钟内的人流变化以及员工的情绪状态，并找不同公司的员工了解他们的想法。你甚至可以发放一份问卷来调查员工的意见。

结合这些信息，再根据"5W"方法，对问题进行描述：

1. 什么事？——大楼的4部电梯门口非常拥挤。

2. 什么时候发生的？——每天早上8:40~9:00，即上班前的20分钟。

3. 地点在哪里？——某座22层的大楼，一层大厅，4部电梯门口。

4. 和谁有关？——大楼内的公司职员。

5. 为什么会发生？——上班高峰人流集中，电梯的运行速度随着停留层的增加而降低，急着上班的人们都很着急，种种原因造成电梯门口的混乱。

步骤二，描述问题特征。

1. 问题将产生哪些影响？在这个问题里，受影响的人群是在这栋大楼上班的员工。根据收集的信息，有90%的人认为，他们很讨厌电梯门口的混乱秩序；有50%的人认为，电梯运行的速度让他们不能忍受；有30%的人认为，他们经常因为电梯拥挤而迟到。

2. 问题的紧急程度和重要程度如何？目前的状况不属于特别紧急的问题，重要程度也一般。但是，由于混乱的秩序带有一定的安全隐患，所以需要尽早解决。

3. 问题应该由谁负责？这个问题应该由物业管理部门负责。

4. 问题是否属于常规化的问题？就这栋大楼目前的情况来看，不属于常规化问题。但是，这个问题在多个商务大楼都有可能出现。因此，作为负责多栋大楼的物业公司，应该考虑将这个问题划入常规化问题之中。

步骤三，确定现有状态和目标状态。

当描述问题并说明问题的特征以后，就要说明问题解决后应该达到的目标。设定目标，可以从消除问题造成的影响开始。

如果考虑消除电梯门口秩序混乱的影响，那么目标状态就应该是：电梯门口井然有序。要达到这个目标状态，应从引导电梯门口的人群、维持秩序着手。

如果考虑消除电梯运行速度的影响，那么目标状态应该是：电梯运行速度提高30%。要达到这个目标状态，应从电梯运行规则（如只停单数层）、换运行速度更高的电梯等入手。

如果考虑消除电梯带来的迟到问题，那么目标状态应该是：使迟到现象减少50%。要达到这个目标状态，则可以考虑与各公司合作，改变公司上班时间、考勤制度等。

从这个例子可以看到，对问题的描述及其目标状态的描述不同，将影响整个问题的解决方向。因此，必须仔细考察问题的每个细节，确保问题描述的准确性。

步骤四，运用条件分析法分析解决问题的各种条件（见表4-4）。

表4-4　分析解决问题的各种条件

问题	上班高峰期电梯拥挤，秩序混乱
目标	电梯门口井然有序
硬条件	办公大楼不可变
软条件	1. 可以增加电梯数量 2. 可以调节电梯速度 3. 可以调整工作人员的上班时段 4. 可以重新设定电梯运行规则
经济条件	1. 购买电梯的费用 2. 电梯的日常维护费用 3. 改装电梯的施工费用 4. 物业管理人员的加班费用
非经济条件	1. 员工的上班习惯 2. 乘坐电梯的喜好 3. 员工对物业管理效果的态度
可控条件	1. 电梯的数量 2. 员工的上班时间 3. 电梯运行速度 4. 电梯的停靠楼层
不可控条件	未知
有利条件	用户要求改变混乱秩序的意愿强烈，可以有很好的配合
不利条件	1. 增加电梯可能要有较大的经济支出 2. 改变员工的上班时间，可能会让一部分员工不满 3. 可能影响一些公司的日常工作

步骤五，决策分析。

1. 决策目标

使电梯门口井然有序。

2. 方案

（1）增加电梯的数目。

（2）调整各公司的上班时间，错开上班时间。

（3）可以设定电梯运行规则，并加快电梯运行速度。

3. 决策标准

硬标准：电梯门口井然有序。

软标准：力求让公司每个员工满意。

4. 各种方案的利弊

三种方案分析见表4-5~表4-7。

表4-5 方案一分析表

方案一：增加电梯的数目	
利	电梯数量增多，电梯运行快，电梯秩序好
弊	1. 购买电梯需要经济支出 2. 安装电梯需要重新设计规划
得	1. 解决了问题，大楼电梯秩序变好 2. 可能得到大楼用户的好评，客户满意度大，可能会在租约期满后继续续租 3. 大楼物业形象好，可以招揽到更多的客户
失	1. 有一定的经济损失 2. 安装新电梯可能会损耗大量的人力
潜在风险	一般，可以解决问题，但会有经济损失

表4-6 方案二分析表

方案二：调整各公司的上班时间，错开上班时间	
利	1. 各公司错时上班，可以避免上班高峰期电梯拥挤现象 2. 电梯运行通畅，秩序井然
弊	1. 各公司错时上班，给一些离家远的员工造成不便，影响员工的正常生活秩序 2. 给公司造成不便
得	可以解决上班电梯拥堵现象
失	1. 该措施推行起来有一定的难度，会给公司管理层带来不便 2. 如强行推行可能会引起员工的不满 3. 解决问题是以牺牲大楼用户的利益为前提，可能会引起大楼用户的不满
潜在风险	较高，可能引起大楼用户对物业不满，从而导致用户租约期满后退租的事情发生

表4-7 方案三分析表

方案三：可以设定电梯运行规则，并加快电梯运行速度	
利	1. 电梯运行速度提高30%，节省时间 2. 电梯运行规则（如只停单数层）调整，减少停靠时间
弊	1. 还是会存在少量的秩序混乱现象 2. 需要加强通知，告知大楼用户电梯运行规则
得	1. 可以缓解拥挤现象 2. 操作起来简单 3. 没有经济支出
失	1. 如果通知不全面，可能会造成个别员工的不便 2. 给用户下通知需要消耗一定的精力
潜在风险	较低，简单易操作，可以缓解问题，且经济支出少

5. 决定行动方案

综合考虑以上三个方案后，方案三与前两个方案比较起来风险要低，可以缓解案例中的问题，且简单易操作，经济支出少，因此物业管理人员可选择方案三。

步骤六：方案的实施。

1. 制订具体可行的实施计划

（1）明确问题解决的目标：电梯门口井然有序。

（2）拟出计划实施的各个环节。

2. 实施计划

（1）明确计划工作内容：调查各楼层人员数量分布；根据人员数量分布，初步调整电梯运行规则；与大楼各公司就电梯调整规则进行协商；协商后再作进一步的调整，做出最后的调整方案；将调整后的方案通知各大楼用户；通知电梯维护人员对电梯提速。

（2）明确实施计划的资源：时间资源；物质资源；技术资源；人力资源。

（3）明确实施计划的目标。

（4）分析工作中的关键环节：与大楼各公司就电梯调整规则进行协商。

（5）在关键环节投入大量的精力，沟通协调物业与用户。

（6）计划实施过程中及时检查及监督：观察电梯运行状况；公司员工的反应等。

步骤七：结果验收及评估

1. 定量检查问题的方法

可以与公司合作，统计员工迟到率，看是否有所改善。

2. 定性检查问题方法

可以与部分员工进行座谈，看一看他们对目前的情况是否满意。

实践活动

毕业生求职实践

【活动目标】

1. 提出解决问题的基本思路和对策。

2. 积累经验，提高解决求职应聘问题的能力。

【活动内容】

又到校园招聘时节，毕业生也开始为即将到来的毕业求职做准备。鉴于应届毕业生大多没有求职经历，面对网上众多技巧经验会感到眼花缭乱，一时不知求职到底该从哪里开始。为此学校专门组织了模拟招聘会，为毕业生和即将毕业的学生提供求职帮助。假如你是一名即将毕业的学生，你将如何解决自己的求职问题？

【活动过程】

步骤一：分析问题。能够准确地定义和描述问题，明确问题解决后的目标状态，即职业的选择和定位。

1. 什么是职业定位

职业定位指根据自己所学专业、实习经历、兴趣爱好、性格能力倾向等因素，进行行业和职位的选择。

2. 你需要知道哪些信息

关于自己：我想做什么，我适合做什么，我具备哪些优势？

关于职业：这个职业的主要工作内容是什么？通常招聘哪些专业的学生？我是否具备相应的能力？

3. 如何获取这些信息

获取信息的渠道有很多，比如听听长辈或学长的经验和建议，尤其是可以了解到相同专业的学长都从事什么工作；网络搜索一些职业测评资料，通过简单的职业测评，了解自己的性格能力倾向；咨询专业的职业规划机构，在职业规划师的帮助下确定自己未来的职业发展思路。

步骤二：制订方案。通过各种渠道搜集相关的就业信息，制订适合自己的求职方案，最好制订不少于两个解决问题的方案。

1. 了解求职途径、搜索招聘信息

确定自己的求职方向后，可以通过各种渠道收集相关信息。了解从哪里能获得招聘信息。招聘信息可从以下几方面获得：

（1）招聘网站。

（2）企业网站的人才招聘栏目。

（3）知名企业校园宣讲会。

（4）本地招聘会。

（5）本校就业辅导中心。

（6）向亲戚朋友打听。

（7）向该公司员工打听（很多企业有内部推荐制度）。

（8）报纸、杂志上的招聘信息。

2. 筛选信息

互联网和招聘会上的信息良莠不齐，存在很多虚假信息和招聘陷阱，所以一定要注意筛选信息。

选择招聘网站。网上发布简历存在一定的危险性，个人信息可能会泄露，因此求职时应尽量选择权威、专业的招聘网。

3. 拟订求职方案

方案一：首先要撰写一份完整的求职简历，内容包括：中文简历、求职信、等级能力证书复印件、获奖证书复印件、实习鉴定、英文简历则可视情况而定；其次是如何投递简历？招聘网或企业网招聘信息中一般都有 E-mail 联系方式，可用邮件形式投递；招聘会上可当面递交简历；托人转交一定要选择可信任的人，确保简历送达；电话联系约定或直接找 HR。

注意事项：

（1）根据要求写简历。首先要浏览企业的招聘信息，再根据招聘要求来撰写修改简历，着重强调自己的经验能力都符合招聘要求，这样能提高获得面试的机会。

（2）简历投递要点。用 E-mail 投递简历时，尽量不要使用附件形式。由于网上病毒邮件泛滥，很多 HR 都不会打开附件，所以应把简历信息写在邮件正文中，邮件标题则注明应聘职位。

方案二：（略）

方案三：（略）

……

步骤三：选择和修改方案。利用分析、比较的方法来选择与修改方案，最后形成可行性方案。

搜集信息—筛选信息—撰写求职简历—投递简历。

步骤四：实施问题解决方案。即实际参与模拟面试活动。

1. 面试前

应尽可能多地了解该企业的文化背景、产品运营、招聘流程、同类职位薪酬等信息，如果是知名企业，还可在网上搜索他人的面试经验进行学习，以克服紧张和羞怯感。

2. 面试中

你会有提问的机会，应多了解该职位的发展和晋升途径、学习机会等方面的问题，不仅有助于了解该公司，还能给 HR 留下深刻印象。

步骤五：效果评估。

考察一个问题是否得到真正解决，就要对问题解决之后的结果进行评估和反思，继而在此基础上总结经验，提出改进的意见和办法，其目的就是检查问题到底解决得怎么样。

（1）参照进行检测。对解决问题的评估见表4-8。

表4-8　对解决问题的评估

问题解决的目标是什么	结果评估				
	满意	较满意	一般	较差	很差
问题解决的结果是否达到了预期目标					
问题解决的过程是否具有创新性					
问题解决中的团队合作情况如何					
问题解决后的改进措施					

对该问题解决的总体鉴定意见：

评估人：

日期：　　年　　月　　日

（2）检查整个解决问题过程是否完整。

（3）是否熟悉整个面试的流程，通过模拟面试能否克服紧张羞涩的心理。

步骤六：做出结论。

（1）掌握解决问题的一般步骤。

（2）积累经验，提高能力。

（3）做好职业生涯规划。

（4）对自己解决求职问题的全过程进行总结、评价，提出进一步改进的思路或新方案。为以后真正走向社会求职积累丰富的经验。

考核评价

一、维特根斯坦与罗素

20 世纪初，在剑桥大学，维特根斯坦是大哲学家穆尔的学生。有一天大哲学家罗素问穆尔："谁是你最好的学生？"穆尔毫不犹豫回答："维特根斯坦。""为什么？""因为在我的所有学生中，只有他一个人在上我的课时总是流露出迷茫的神色，老是有一大堆问题。"后来，维特根斯坦的名气超过了罗素。有一次，有人问维特根斯坦："罗素为什么落伍了？"他回答说："因为他没有问题了。"

请你分析一下，案例告诉我们一个怎样的道理。

二、智取堡垒

在战争时期，一个独裁者住在一个牢固的堡垒中统治全国。这个堡垒位于国家的中央，四周都是农场和村庄。一位将军在边境发动起义，计划要攻下堡垒，解放全国。如果整个军队同时进攻，就会取得胜利。但是，在每个方向的道路上都埋了地雷，只有小部分人可以通过雷区，大规模的武装力量经过时会引爆地雷，使攻击行动失败。

根据上面案例，帮助将军想一个解决问题的方案，并利用所学知识分析评估该方案。

三、找房子

小刘想在北京朝阳区北五环之外离市区不太远的地方找一间 $15m^2$ 左右、价格在 600 元/月左右、冬天有暖气的房子。

请你帮助他运用所学知识来获取相关信息。

四、目标意识测试

如果具有达成目标的强烈意志，那么你周围的环境和条件都会随着目标的进一步接近而渐入佳境。但要达到最终的目标，还需要我们有切实可行的行动计划。最后，你对目标的认识和对计划的实行掌握如何呢？对下列的问题请你回答"是"或者"否"。

1. 你经常会发自内心地想着你的成功目标吗？
2. 你现在正为实现你的目标而努力吗？
3. 你对自己的未来有准确的把握吗？
4. 你已经实现了一些你几年前的短期目标吗？
5. 你明确地知道怎样通过他人的帮助来实现自己的目标吗？
6. 你对每一件事情都会做精密的计划吗？
7. 你想要办的事情一定要办到吗？
8. 面对失败你能正确地调节自己的心态吗？
9. 你会得到很多朋友的帮助吗？
10. 你会在心中激励自我吗？
11. 你有一个详细的目标计划表吗？
12. 你感觉自己对实现目标有信心吗？
13. 你做事很执着吗？
14. 你为你的目标付诸行动了吗？
15. 你与他人有很好的合作精神吗？

16. 你能积极地选择需要收集的信息吗?
17. 你善于解决眼前的问题吗?
18. 你能够从失败中总结教训吗?
19. 你有良好生活习惯吗?
20. 你有很强的时间观念吗?
21. 你能不断完善自己的目标计划吗?

答"是"得1分,答"否"不得分,请统计你的得分,对照以下分析找出自己的所属类型。

0~7分:你不能很好地关注周围的环境,目标也会不断地改变,做事情有时候会表现得消极,所以显得缺乏进取精神。你不会因为一种想法而束缚自己,喜欢自由。你应该充分发挥自己的长处,用积极的眼光去审视成功的目标。

8~15分:你对目标有灵活的把握,做事很认真,不会感情用事,所以失败的时候少。你能够应付危机,并会不断有好的想法,但是你却没有做事的耐性,会不断自己否定自己的计划,这是影响成功的一个不利因素。

15~21分:你对任何事情都很热心,目标很高。具有行之有效的达成目标的行动,并且有很好的组织能力,对目标有清晰而正确的认识,自己也很有自信,不会因为外界的原因而放弃自己的目标。但你应该注意,实现大的目标要从小的目标开始。在目标制订前,要谨慎;在目标完成过程中,要灵活。这样你的终极目标就一定能够实现。

第五章 信息处理能力

第一节 搜集选择信息

信息搜集是指通过各种方式获取所需要的信息。正确的搜集方法和合理的选择，是处理信息任务的第一步。

一、信息概述

科学家在实验中给被试者戴上半透明的护目镜，使其难以产生视觉；用空气调节器发出的单调声音限制其听觉；戴上手套并在手臂上套上纸筒套袖，用夹板固定腿脚，限制其触觉。被试者单独待在实验室里，几小时后开始感到恐慌，进而产生幻觉……

这是心理学家进行"感觉剥夺"的实验描述。被试者在实验室连续呆三四天后，会产生许多病理、心理现象，如出现错觉幻觉，注意力涣散，思维迟钝，紧张焦虑和恐惧等，实验后需数日才能恢复正常。这个实验表明：大脑的发育，人的成长、成熟是建立在与外界环境广泛接触基础之上的。只有通过社会化的接触，更多地感受到和外界的联系，人才可能拥有更多的力量和更好的发展。

（一）信息的定义与特征

信息尚无统一的定义，人们常常把消息中有意义的内容称为信息，如地震波反映了地质运动的信息。信息论的创始人香农是这样给出信息定义的：信息是能够用来消除不确定性的知识。

信息具有以下基本特征：

1. 传载性

通常，语言、文字、声音、图像等都是信息的载体，承载这些载体的物质（介质）也是载体。古代将士点燃的烽火，它里面包含有外敌入侵的信息，烽火即是表达和传递信息的载体。

2. 共享性

信息共享一般不产生损耗，还可以广泛地传播。英国作家萧伯纳对信息的共享性有一个形象的比喻：你有一个苹果，我有一个苹果，彼此交换一下，我们仍然是各有一个苹果。如果你有一种思想，我也有一种思想，我们相互交流，就都有了两种思想，甚至更多。

3．时效性

信息的价值往往在一定的时间和范围内得到体现。例如，过期的商品打折海报只是当时的信息。

4．扩散性

扩散性是信息的本性。一方面，信息促进了知识的传播；另一方面，信息的无约束扩散可能造成知识的贬值，妨害信息生产者的积极性。例如，盗版软件的泛滥将严重打击软件原创者的积极性。

（二）信息的来源

在信息社会里，信息的来源可谓多种多样。与我们的工作生活关系紧密的信息，主要有以下来源：

1．电子信息

电子信息包括互联网、广播、电视、电话等资源。其中，互联网汇集的信息和信息表达形式丰富多彩，是人类进入信息时代的显著标志，是搜集信息的首选来源。

2．文献信息

文献信息包括图书、报纸、杂志等资源。这是传统的信息传播工具，特点是内容翔实、便于保存、携带和使用方便。

3．社会活动信息

一是人类自身即是信息的资源，人类在社会交流活动中产生的信息，一部分已通过文献等得以保存，一部分仍留存在大脑的记忆中；二是人类社会活动的场所等实物载体，蕴含丰富的信息资源，如政府部门、市场、服务中介、事物运动现场、学术讨论会、展览会等。

（三）信息的类型

信息可以从不同角度进行分类。能够满足人们使用计算机处理需求的信息类型有文字信息、数据信息和图像信息等。

1．文字信息

文字信息在计算机中称为"文本"。文本主要有以下几种：

（1）简单文本，也称为纯文本，没有字体、字号的变化，不能插入图片、表格，也不能建立超链接，几乎不包含任何其他的格式和结构的信息。简单文本主要用于网上聊天、短信、文字录入等。

（2）格式化文本。该文本有字体、字号、颜色等变化，文本在页面上可以自由定位和布局，还可插入图片和表格。格式化文本主要用于公文、论文、书稿、网页等。

（3）超文本。若干文本或文本中的各个部分可按照其内容的关系互相链接起来，从而形成"超文本"。

2．数据信息

数据是信息的最佳表现形式。数据通过能书写的信息编码表示信息，能够被记录、储存和处理，并从中挖掘出更深层的信息。例如，对馆藏的图书、超市的商品、学生的学号、电话的区号、身份证件等进行数字编码，赋予了数字特别的信息含义。

3. 表格信息

表格信息是特殊的图像信息，将数据或被说明的事物直接用表格形式体现出来，如常见的统计表。

4. 图像信息

图像信息是指各种图形和影像的总称。被计算机接受的数字图像有位图图像和矢量图形两种。通常，我们把位图图像称图像，而把矢量图形（见图 5-1）称为图形。数码相机拍摄的相片，扫描仪扫描的图片，屏幕上抓取的图像等都属于位图图像。矢量图形是由图形软件创建的，图形以线条和色块为主。

图 5-1 矢量图形

二、信息搜集的方法

信息搜集的方法主要有阅读、询访、调查、文献检索等。许多方法大家已掌握，下文也将介绍，这里简单提示几种常用的方法。

（一）阅读法

书报是传统的信息来源，阅读是获取信息的重要途径。由于阅读的内容和目的不同，所以采取的阅读方法也不同。常用的方法有略读和精读两种。略读是为了弄懂大意，了解梗概。精读是为了深刻理解并且掌握其具体内容。两种方法常常交替使用，往往是先略读一遍，找到所需的内容后，再进行深入、仔细地阅读。

【案例 5-1】

“尿布大王”得益于报刊信息

多川博是日本闻名的“尿布大王”，其生产的尼西奇婴儿尿布销往全球。而其成功完全得益于他从报纸得到的信息。一天，他在报纸上看到一篇报道，日本每年有多达 250 万名婴儿出生。这条信息使多川博意识到：如果每个婴儿的母亲买两条尿布，全国一年就是 500 万条。这是一个规模多么可观的市场！经过市场调查，他决定生产尿布。果然，他一举成功。

上文就是通过阅读法获取信息的一个典型案例，主人公的成功得益于报纸上的一则短新闻。

（二）询访法

询访法是通过访问信息收集对象，与之直接交谈而获得有关信息的方法。面谈为询访法的主要方式。利用面谈询访可以就问题进行深入的讨论，获得高质量的信息。面谈通常根据事先拟好的提纲和顺序依次进行，也可采用自由交谈的方式进行，可以一个人面谈，也可以与多人面谈。

【案例 5-2】

电话订票

春节即将临近，在南方某城市打工的刘新又发愁了，为了购买火车票回家，像往年一样他又要请假到火车站通宵排队购票，这种经历对他来说简直痛苦不堪。一天，他看报纸，报道中的一则消息令他欣喜若狂：2006 年春运火车票可以不用到火车站购买，采用电话订购。

这就意味着他可以不用请假，不需通宵排队。他仔细阅读收集了相关信息，得知了电话购票的程序、手续等相关事项；同时，他还按照报道所公布的咨询电话，向售票方询问，进一步了解有关电话购票的详情。在此基础上，他用电话购票方法顺利地买到了回家的火车票。

文中刘新通过电话询访获取了自己需要的重要信息，达到了自己的目的，省时省力。

（三）调查法

调查法就是为了达到预设目标，制订某一计划，通过书面或口头回答问题的方式，全面或抽样收集研究对象的情况，并做出分析，得到某一结论的研究方法。调查法能在短时间同时调查很多对象，获取大量资料，并能对资料进行量化处理。调查的方式有多种，如问卷调查、观察调查、追踪调查、重点调查、典型调查和抽样调查等。其中问卷调查方法应用比较普遍。

【案例5-3】

北极探险奇闻

1909年，有一个名叫库克的人自称发现了北极，西欧各大报竞相报道库克的"北极探险"奇闻。英国伦敦《纪实报》派了32岁的记者吉布斯去采写这一重大新闻。吉布斯发现这一新闻早被其他报纸抢了先，他并不罢休，通过库克博士的老朋友介绍对其作了当面采访，发现库克对他的追问有些支支吾吾，吉布斯请求看他的探险日记和其他文件，库克拿不出来。吉布斯又连续进行了一个多小时的直率提问，库克的回答自相矛盾，漏洞百出。这使吉布斯确信"北极探险"是个骗局，为此他受到了报界的围攻。但真正到了北极的皮里尔来信，证明吉布斯的揭露是唯一正确的报道，于是吉布斯一举成名。

吉布斯的成功得益于发现问题后，勇于针对所发现的问题进行调查，从而找出问题的真相。

（四）文献检索法

文献检索是以文献全文、文摘或题录为检索对象的一种信息检索方式。文献检索过程一般包括三个阶段：一是分析研究课题和制订检索策略；二是利用检索工具查找文献线索；三是根据文献出处检索原始文献。文献一般被划分为四个级别。

1. 零次文献

零次文献是指未经正式出版发行的文献，包括手稿、个人通信和原始的实验记录等。

2. 一次文献

一次文献是指作者以本人的研究成果为基本素材而创作并首次出版的各种文献，也称原始文献。如期刊论文、科技报告、会议论文、专利说明书等，一次文献是文献检索利用的主要对象。

3. 二次文献

二次文献是指对一次文献进行加工和提炼后所形成的报道、检索书刊等。如各种目录、题录和文摘等。二次文献是经过分析、归纳、重组后出版的，是储存、利用一次文献的主要工具。

4．三次文献

三次文献是指利用二次文献提供的线索，选用大量一次文献的内容，经综合分析和评述再度出版的文献，包括各种述评、进展报告、动态综述、文献指南、手册、年鉴和百科全书等。

文献检索分为手工检索和计算机文献检索。手工检索主要是通过搜集和建立的文献目录、索引、文摘、参考指南和文献综述等来查找有关的文献信息；计算机文献检索的特点是检索速度快、信息量大，是当前收集文献信息的主要方法。

三、信息搜集技术手段

（一）查询计算机信息

1．搜索本机资料

（1）通过"查询"功能查询。如果在计算机的一个文件夹中已存储了比较多的文件，要查询其中的某个文件时，可单击文件夹窗口的"查看"，再单击"缩略图""图标""列表""详细信息"命令选项进行快速查询，或单击"排列图标"命令后按文件名称、大小、类型和修改时间进行查询。

（2）资源管理器查询文件或文件夹。查询步骤："开始"→"附件"→"资源管理器"命令选项；或鼠标右键单击桌面"我的电脑"→"资源管理器"命令选项；单击左窗格"我的电脑"，再单击 C、D、E 等盘符，打开资源树可直接查看文件或文件夹。

（3）用"搜索"功能查找文件。进入"开始"→"搜索"界面，可以根据被查询资料的情况，使用不同的方法：输入已知文件夹名或文件名或部分文字，执行"搜索"，从右侧显示列表中查找文件；按硬盘盘符搜索；按日期搜索；按类型搜索；按文件大小搜索；执行高级选项搜索等。为节省时间，可打开"我的电脑"中具体盘符及已知文件的文件夹，单击窗口"搜索"栏，执行上述查找步骤。常常使用通配符来模糊搜索文件，代替一个或多个真正的字符。通配符主要有：星号"＊"代表若干个未知字符；问号"？"代表一个未知字符。

（4）强制和手动恢复 Word 文件。Microsoft Office 首先要在"工具"→"选项"→"保存"菜单设置"自动保存时间间隔"等操作。单击"文件"→"打开"窗口，单击"所有文件 ＊.＊"，找到并选择".asd"文件，单击"打开"。重启机打开 Word 时，"文档恢复"任务窗格会在屏幕左侧打开，丢失的文档显示为"原始"或"恢复"。根据提示的日期和时间，打开要恢复的文件，另存即可。不同版本 Office 恢复 Word 文件略有不同。

（5）从"回收站"查看误删的文件或文件夹。在"回收站"可将文件或文件夹还原到原位，也可以通过"详细资料"按删除日期查找并还原。

2．数据库信息查询

数据库是一个既可进行海量数据储存，又能对数据进行管理、查询和进行报表等使用的计算机软件系统，如微软的 Access 数据库等。数据库应用十分广泛。例如，人事部门常常要把职工的基本情况，建立一个数据库存放起来，有了这个"数据仓库"，就可以根据需要随时查询。此外，在财务管理、仓库管理、生产管理和图书管理中也需要建立众多的"数据库"，实现数据的自动化管理。在 Access 数据库的基本构成对象里，独立设置了表、查询、报表等模块，可独立或交叉使用。查询作为数据库最重要的功能之一，是在表的基础上，对表进行动态的数据关系的操作。Access 提供了 5 种不同的查询类型：

（1）选择查询。选择查询是最简单的查询。如数据库中存放了其供应商及所有订单等信息，可快速查询其中位于"华东"地区的供应商的标志（ID）、公司名称、地区、城市和电话等单个表的信息。

（2）操作查询。如建立一个新表后可移入或删除有关数据。

（3）交叉表查询。可以同时对多个复杂的关系表进行查询，如对上例中的"11001"和"11101"号订单的查询，可同时查询订单 ID、运货商的公司名称以及订单上所订购的产品的名称。还可以完成部分和的计算等工作。

（4）参数查询。与其他类型查询连接使用，用回答问题的方式完成查询。

（5）SQL 查询。SQL 是一种结构化查询语言，提供了与其他数据库类型或在网络上的专用服务器通信的方法。有关数据库查询的语句和运算符、通配符等知识比较多，参见计算机方面的相关教材。

3．局域网共享信息查询

为了提高办公效率，不少单位都组建了内部局域网，并通过局域网共享信息资源。查看局域网共享信息，常用以下方法。

方法一，打开 IE 浏览器，直接在地址栏输入该计算机的 IP 地址或名称。如果对方对文件夹设置了权限，那还需要知道相应的用户名和密码。

方法二，打开"网上邻居"，通过打开工作组和工作组查询需要的信息。

方法三，单击菜单"开始"→"运行"按钮，打开运行对话框，输入对方计算机的 IP 地址或名称。例如，要访问 IP 地址为 192.168.0.1 的共享计算机时，在对话框中输入"\\192.168.0.1"，单击"确定"按钮就能看到要访问的计算机。

方法四，依次单击桌面"开始"→"搜索"→"计算机"，在对话框中，输入共享计算机名，再单击"立即搜索"，指定的计算机就会出现在搜索结果页面中。

方法五，在 DOS 下访问网上邻居。只要在 DOS 命令提示符下输入"NET VIEW XXX"命令（其中 XXX 表示共享计算机名字），按"Enter"键就能查看共享计算机上的资源文件。

此外，还可以借助专业的共享资源搜索工具来帮忙，如 ShareScan 就能提供多种不同的搜索方式，以帮助更好地利用局域网共享资源。

（二）搜索网络信息

搜索网络信息要掌握搜索引擎。搜索引擎是一种运用特定程序搜集互联网上的信息，将组织和处理后的信息显示给用户的检索服务系统。搜索引擎有全文搜索引擎和目录搜索引擎等类型。

1．全文搜索引擎

如图 5-2 所示，通过互联网提取各网站信息（文本为主）的每一个词，并在数据库中建立一个索引，指明该词在文章中出现的次数和位置，当用户查询时，检索程序就根据事先建立的索引进行查找，并将查找的结果反馈给用户，如百度、Google 等。

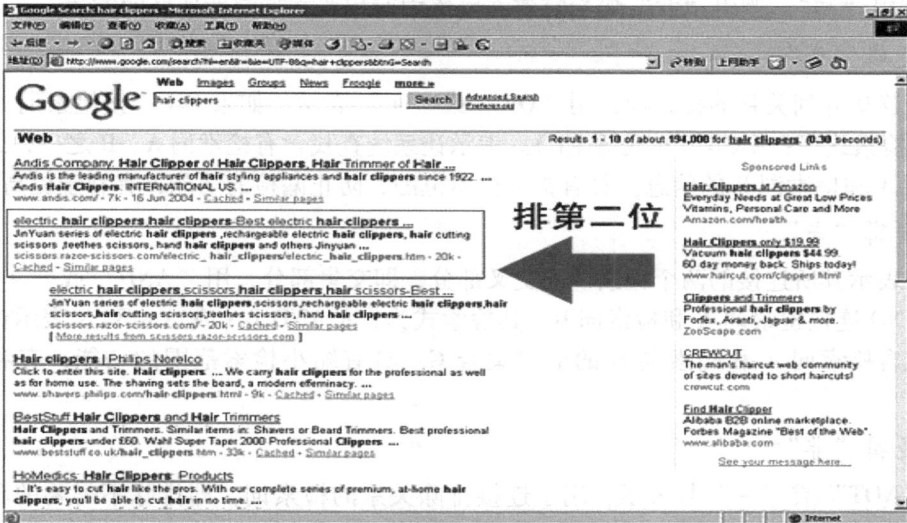

图 5-2　Google 全文搜索引擎搜索信息

2. 目录索引搜索引擎

如图 5-3 所示，就是将搜集并整理好的网站信息以分类目录的形式链接好，供用户检索，如 Yahoo、搜狐、新浪等。用户在查询信息时，可按分类目录逐层查找。因此，在检索文本信息时，只要抓住"关键词"，就可以顺利找到需要的信息。

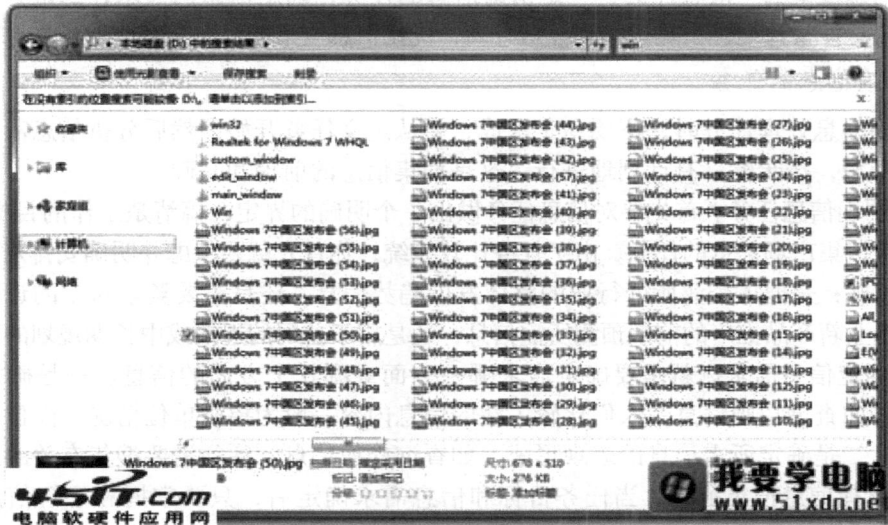

图 5-3　目录索引搜索引擎搜索信息

（三）检索的技术方法

布尔逻辑检索是使用面最广、使用频率最高、最常用的一种检索技术方法。

布尔逻辑检索是指通过逻辑关系运算符来表达检索词与检索词间的逻辑关系，即用逻辑

"或"、逻辑"与"、逻辑"非"等运算符在网络中对相关文献定性选择的方法。

1. 逻辑"或"

用于连接并列关系的检索词,用"OR"或"＋"表示。如果 OR 连接检索词 A 和检索词 B,其检索式为:A OR B(或 A＋B)。表示让系统查找含有检索词 A、B 之一,或同时包括检索词 A 和检索词 B 的信息。具有扩大检索范围,防止漏检的功能,有利于提高查全率。

2. 逻辑"与"

用来表示其所连接的两个检索项的交叉部分,即交集部分,用"AND"或"＊"表示。如果用 AND 连接检索词 A 和检索词 B,其检索式为:A AND B(或 A＊B)。表示让系统检索同时包含检索词 A 和检索词 B 的信息集合 C。具有缩小检索范围的功能,有利于提高查准率。

3. 逻辑"非"

用"NOT"或"－"号表示。用于连接排除关系的检索词,即排除不需要的和影响检索结果的概念。如用 NOT 连接检索词 A 和检索词 B,其检索式为:A NOT B(或 A－B)。表示检索含有检索词 A 而不含检索词 B 的信息,即将包含检索词 B 的信息集合排除掉。

四、合理选择信息

前文介绍了搜集信息的方法和技术手段。在纷繁复杂的信息海洋中,所搜集的信息要以完成任务为目的,就要考虑合理选择信息资源和为任务服务的信息内容,并善于从资源中发现重要信息。信息搜集的一般程序为:一是明确信息的任务,确定信息的需求;二是分解信息任务,制订信息搜集计划;三是进一步分析计划,优化信息搜集的组织方案;四是采取行动。

1. 明确信息的任务

当遇到信息处理任务时,不要急于求成,要从定义任务开始,然后分析信息需求,进而确定信息来源,按步骤、有计划地进行,这是搜集信息的前提和基础。

(1)明确信息任务。首先要对信息任务做出一个明确的界定,搞清楚工作的目标。比如,要完成一个搜集市场信息的任务,由于任务比较笼统,你首先就要考虑并明确安排对这个任务所期待的目标:是搜集企业所处行业的整体发展趋势信息,还是主要竞争对手的近期活动信息,还是企业新产品推广的前期预测所需信息,还是用于公司的近期或中长期规划的信息。

(2)确定信息需求。就是要确定需求哪一方面或哪几个方面的信息。一是确定所需信息的内容,如查询招聘信息,人们比较关注的信息内容一般为招聘单位情况、岗位情况、待遇情况等。二是确定所需信息的表现形式,如查询交通信息,往往需要搜集有关的地图。

(3)选择信息搜集范围。当任务目标和信息需求确定后,只要掌握和了解信息的主要来源渠道和表现方式,选择信息搜集范围应该就容易多了。这个时候,你平时的信息积累就发挥作用了。

2. 分解信息任务

假设在你面前有煤气灶、水龙头和水壶,现在的任务是要烧水,你应当怎样去做?这是华罗庚在《统筹方法》一文中的举例。完成烧水的任务,不能先打开煤气,而是先给水壶注水。虽然任务简单,但其中的步骤蕴含统筹的方法。这个例子对各项工作中的启发是:完成一项任务，一定要有统筹意识，尤其是对比较复杂的任务，要进行必要的分解和制订工作计划。分解信息任务和制订搜集计划，可采用甘特图方法。

甘特图又称横道图，是最早用图表来表示组织生产过程和计划进度的方法。甘特图的横轴表示时间，纵轴表示活动（项目），项目的每一步在被执行的时间段中用线条标出。它直观地表明任务的计划起止时间、计划进度情况。管理者根据先后顺序，可便利地弄清一项任务（项目）还剩下哪些工作要做，并可评估工作进度，还可以在时间表中直接更新任务进程。在现代，甘特图被广泛地应用于项目管理。例如，编辑出版一本教材，可以将图书出版过程分解为多项工作内容，在对应的时间段用横道醒目地标明计划的起止时间。图书出版生产计划如图 5-4 所示。

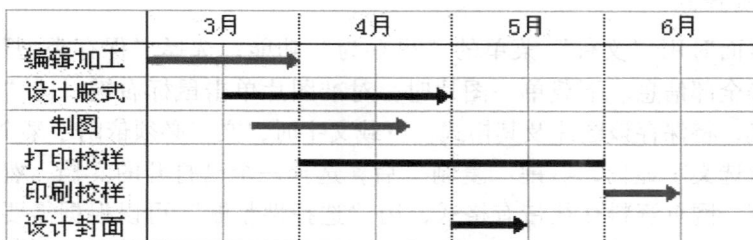

	3月	4月	5月	6月
编辑加工	→			
设计版式		→		
制图	→			
打印校样		→		
印刷校样				→
设计封面			→	

图 5-4　图书出版生产计划

甘特图可以帮助你计划复杂的任务项目，还能把数张单一方面的计划集成为一张总甘特图。绘制小型项目计划的甘特图可以用习惯的 Office 办公软件，大型复杂项目则可使用微软的 Project、Visio 等专用软件。

3. 优化行动方案

对搜集任务进行分解计划后，还需进一步分析信息，在搜集行动过程中根据情况调整和优化方案。对关键的问题，可采取质疑的方式进行评价：信息任务定义是否准确，信息需求是否与任务目标一致，信息来源是否可靠，搜集方法是否适宜、有无限制。对信息来源优势和多种可能性要进行分析比较，排除那些限制信息搜集的方案或调整对策。对已经确切了解的信息要予以标记，不要浪费时间重复工作。

第二节 ◹ 整理开发信息

将所搜集的信息在数量上加以浓缩，在品质上加以提高，在形式上给予表现的信息整理环节，处于整个信息处理工作的核心。而在现有信息资源基础上深度挖掘、开发新的信息，达到信息价值的最大化，是学习本节和通过本节提高信息处理能力的最高追求。

一、信息储存与安全

信息的储存，就是将已利用过的和尚未利用但有继续使用价值的信息存放起来供以后使用的过程。信息储存不是一个孤立的环节，它始终贯穿于信息处理工作的全过程。信息的储存介质有纸张、磁光体等。信息的种类繁多，对各类信息资料的储存，以重点掌握用计算机磁盘存储信息的有关知识和技巧为主，学会编制信息标志，了解信息保存的多种方式。

（一）用计算机储存信息

计算机是用磁盘储存信息的，而且有较大的储存空间。俗话说，知识用时方恨少。在平时，就应当从专业和职业的需要考虑，对于比较稳定、规范、常用的信息，做一些职业信息的积累，以便随时选用、提取。如你的专业爱好和兴趣资料、有关业务单位和个人的通信联络信息、公司制度、业务标准等，可保存在计算机里或打印存档备用。

计算机储存信息，首先要掌握其基本操作要领并能熟练使用。平时最基本且最频繁的计算机操作，如信息录入，文件有序管理，文件格式与图标识别，文件复制、粘贴与插入，光盘刻录，资料扫描，影音信息转存等方法和技术在此不再赘述。这里强调提示以下 3 点。

1. 保存网页信息

保存当前页面时用"文件"菜单的"另存为"功能，选择"保存类型"，将保存网页的文字、图片等全部信息。下载单一图片时，对准图片单击鼠标右键，选"目标另存为"，选择目标文件夹，将保存该图片及其格式。下载文字时，文字必须依附于某个文本文件，通过移动鼠标将所选文字显白，右键"复制"后，选择一个已打开的文档，然后"粘贴"即可保存所选文字。网页资料往往带有格式，用"选择性粘贴"可以根据需要选择"无格式文本"或"HTML（超文本链接）"格式保存。

2. 使用压缩技术

计算机或其他载体，其存放信息空间是有限的，由此产生了信息压缩技术。信息压缩就是通过对文本信息、多媒体信息和数据流程进行冗余处理，使给定的原有空间增加数据储存量，或对给定的数据减少储存空间的方法。对文本文件、程序、数据及专业需要的图像的压缩处理，为低比例（2:1 左右）无损压缩，解压缩（释放）后即可恢复原始数据，是可逆的；而对于诸多图像、音视频的高比例（多达几十至上百倍）压缩，解压后有一定的信息减损，且是不可逆转的，只是人们的视觉或听觉反应不突出而已。文件压缩、解压缩需要使用专门的软件，计算机操作系统一般都有配置。

3. 存取格式识别

通常每个文件名称后都有一组字符，是该文件的扩展名（后缀），字符前用半角"."与文件名隔开，不能省略，用于识别文件类型及提示哪个应用程序可以将其打开。通过文件的扩展名，可以了解文件的类型。例如：

exe——可执行文件。

txt——纯文本。

doc——微软 Word 文档；xls——微软 Excel 表格；ppt——微软演示文稿。

wps——金山 Wps 文字；et——Wps 表格；dps——Wps 演示文稿。

zip、rar——压缩文件。

htm——网页全部文件或仅 HTML 格式；mht——网页单个文件。

tmp——临时文件，非正常退出，可能保留在磁盘上。

swf——通常也被称为 Flash 文件，动画设计软件 Flash 的专用格式。

图形软件都自制标准，导致有太多的格式，如 bmp、gip、jpg、pcx、png、psd、tga、tif 等。

声音文件常用的格式有 aif、svx、snd、mid、voc、mav 等。

数据库类文件的扩展名，与运行的软件有关，如 Dbase 的基本文件格式 dbf 文件。

查看文件时，如果不见扩展名，可能是设置了自动隐藏所致，你可以在文件夹窗口通过"工具"→"文件夹选项"→"查看"重新设置。

（二）多种方式保存信息

图书（档案）馆、单位和个人是文献信息资料的主要存放处。凭证文件应当用纸介质保存。业务资料如主文件、人事档案、设备或材料账目，要存于磁盘或光盘备份。图书（档案）馆藏资料以纸介质保存为主。为便于联机检索查询和长久保存，一般采用网络数据库、磁光体介质、微缩胶卷等技术和方式综合保存。

口述信息根据需要进行保存。一般口述信息保存记录稿或整理后录入计算机。重要讲话和证据用途的信息，需要保存录音、现场视频和图片等资料。

（三）信息备份与安全

信息备份的目的是为了最大限度降低系统风险、保护数据等重要资源。针对信息备份，个人一般采取单机备份、移动设备备份和内联网络服务器备份等方案。

信息安全主要包括保证信息的保密性、真实性、完整性、未授权复制和所寄生系统的安全性等方面。信息安全的威胁主要有：信息泄露，破坏信息的完整性，拒绝服务，非法使用（非授权访问）与授权侵犯（内部攻击），窃听、旁路控制、假冒，计算机病毒以及法律法规不完善等。个人对信息文件可采取密码管理和访问路径控制等简单加密措施。

二、信息归类与筛选

信息的归类筛选过程如同做"拼图"游戏。搜集、保存的信息好比"拼图"的单个图片，只有按一定的规律和方法，将图片归拢起来，才能形成完整的"拼图"。多一块、少一块或混进其他"图片"，就不可能完成完整的"拼图"。信息归类筛选工作就是保证"图片"的位置和数量。

（一）归类处理

对于所搜集的信息，在保存和使用前，为防止真假混杂，要进行必要的归类、筛选和判别处理。一般的分类办法，可以按对象、来源、主题、形式、内容等方式进行归类。例如，为一个服装杂志版面搜集了几十份参考资料，整理时可以按专业或非专业、适应性别或年龄、时装或职业装用途等进行归类，还可以比较版面编排的突出特点、国内或国外的信息来源等进行归类。

信息归类要重点掌握主题归类方法。上例的专业或非专业、适应性别或年龄、时装或职业装用途即为按主题归类。使用表格对数据类信息进行归类也是常用的方法。另外，还可以按文本、图像等形式归类和按储存的技术手段归类等。

在信息整理阶段，根据需要，用裁剪、复印、扫描、摘记、标记说明等手段，将相关信息汇总，形成剪报、摘录和汇编等形式的资料，为下一步工作打下基础，有的还可能发现一些有价值的东西。

为了便于查找、使用信息，通常要将信息对象赋予一定规律性的、易于计算机和人识别与处理的代号（符号），这个代号就是信息的身份标志（ID），一般用字符表示。编制标志应遵守系统性、唯一性、可扩充性、简单性设计原则，公共信息标志还要考虑检错能力和兼容性、标准化。例如，计算机内主要有两种运算方式，逻辑运算和算术运算，逻辑运算涉及数字的标志功能。所以，某一事物的标志在一个相对的总体内，须具有唯一性。标志在生活中是很常见的，如将产品的型号、生产号等分别贴在同类事物上就可以区分它们；居民、学生等身份的标志也是如此。

（二）筛选整理

1. 辨析信息来源和内容

通过信息来源的辨别分析，人们可以判断信息的可靠性。比如，手机收到这样的短信：恭喜您，上海某公司为庆祝成立 2 周年，特举办抽奖活动。您的手机号码中了 8 万元大奖，请立即汇款 500 元手续费到我公司，或拨打以下电话联系……这类信息一般不可信，因为来源不可靠。

通过信息内容的判断，可以辨别信息的真伪。近几年，自媒体的影响力和信息价值正在迅速增大，对社会和个人生活产生越来越重要的影响。但由于其进入门槛低、技术含量低，言论表达自由，信息虽多却鱼龙混杂。在处理使用这些类似信息时，就要对其内容进行认真的核验分析和筛选，以免产生错误的结果。

2. 把握信息量

有时，某一方面的信息容易获取，但也有的信息搜集困难，难免造成有用信息量的不均衡或偏失。在筛选信息时，要把握信息的总量和各种用途的信息数量。通过筛选和定量，可进一步形成目录、索引、文摘、简介等各类信息。

3. 评价信息

对已经得到的信息进行判断和评价，是信息在归类和筛选环节需要重视的工作。对信息的评价，可以按其对任务的重要性以及价值、关系等，分等级进行列表评价分析，如按 A、B、C、D 划等级，分别表示很好、好、一般、不合格；还可以用对比的方法，来评价同类信息的价值，筛掉那些等级较低或重复的信息。评价信息的另一个目的，是为了不因信息的数量、形式以及个人感觉等表象而受到蒙蔽、做出错误判断。

三、信息编辑与整合

完成特定的信息处理任务，需要集中组合、具体适用和有竞争性的信息。经过编辑、整合、分析形成的综合信息和由此再生的信息才具有竞争价值。通过数据集中、文档集成和资源整合，可以有效消除信息"孤岛"，使所搜集的文件、数据、图片、音影像等信息素材被有效地管理起来，形成一个互通互联的新的信息资源体系，使现有资源的再加工和深度开发增值成为可能。

（一）编辑整合文本信息

信息经过选择、筛选、分类和排序等整理，更具条理性、系统性，形成的目录、索引、文摘和简介类信息，便于查询和检索使用。信息资源通过编辑整合，使信息得到有效管理和综合利用，能够为完成信息处理任务提供有价值的定制信息，如将信息编辑整合成为具体和适用的简讯、综述、述评和调查报告等综合信息。而这些综合信息，是你对日常分散文字信息，如信函、论文、报告、通知、杂志、报纸、标语、广告等进行加工的结果，有的可能成为新信息。所以，经过编辑整合的信息，具有更高的竞争优势和使用价值。对文本信息的编辑工作任务，通常为版面设置、样式与页面、文字核校与效果、添加图表、保存输出以及必要的演示文稿编辑等。

文本信息整合的基本要求如下：

确定主题。即主题要明确，视野要开阔，注意文中的关键词是否恰当。

精选信息素材。要控制素材的总量，使用内容健康，来源可靠、真实，有时效性的信息素材。

形式与内容统一。对内容进行的概括要合理，确保内容正确，不能对信息任意或勉强下结论；形式要为内容服务，根据内容需要和媒体表达形式的特点，在有限的版面中进行图文混排，组合使用文字、文本框、图表等，使内容表达更加丰富、深刻。

用于文本信息编辑整合的常用软件主要为 Office 办公软件。Office 办公软件基本操作方法以及各种综合文稿的写作技能，需要同学们平时加强训练，此处不再赘述。

（二）编辑整合数据信息

数据信息的编辑整合，就是将各种分散数据集中起来，运用科学的方法进行汇总、计算，形成有价值的定制报表和数据关系图表，并独立或在有关文稿中予以展示，为信息分析、决策和再生信息提供客观、准确、详细的依据。在纷繁的数据信息文件中，各类数据库文件已经较好地对数据进行了编辑整理，当需要利用数据库信息资源时，在判别数据来源真伪和正确性后，可以善加使用。也可以通过建立工作表或小型数据库，对信息进行编辑整合。有关数据的整理知识，本书在"数字应用能力"中将做具体介绍。

（三）用计算机加工多媒体信息

多媒体信息就是由各种信息载体上存储的多种表现形式的信息。我们经常接触的文字、图形、动画、视频、声音等都是多媒体信息。多媒体信息加工需要利用多媒体技术。多媒体技术一般是以计算机为枢纽，对多种媒体信息融合处理并建立人机双向交互的技术。

用计算机加工多媒体信息，就是充分利用计算机的功能，对各种媒体信息进行编辑和多侧面、多角度的整合优化。

下面提示性介绍计算机处理多媒体信息素材的几种功能。

1. 图片的处理与合成

在处理图片素材时，需要对所合成的画面进行整体构思，根据设计要求和画面效果，选择合适的工具软件，把有关素材处理并加工成为成品。合理使用图片模板，如演示文稿模板和网络上的许多模板可参照。在 Office 等操作软件中，自带"绘图"功能，并有"图表""组织结构图""自选图形""剪贴画"等备选图形、图片和艺术字，可以很方便地设计常用的框架结构图、流程图等。

2. 动画的构思与制作

为了在有限版面中呈现大量不同层面的信息，通过创作动画素材，可提高作品的表现力。PowerPoint 软件所提供的动画效果，虽然只是一些非常基本的操作，但通过巧妙地构思安排，仍然能达到很好的效果。

3. 声音的处理与加工

在多媒体作品中通过添加声音，给人以视觉、听觉上的冲击，使作品更具感染力。对于声音信息，可以通过剪辑、格式转换等方式，对已有的声音文件进行加工处理，如在 PowerPoint 文件中添加背景音乐。

4. 视频的处理与加工

在生活和工作中，可以用摄像机等设备，拍摄并制作视频节目。把这些节目内容储存到计算机或 DVD 光盘中，利用视频处理软件进行重新剪裁和编辑，制作成多媒体作品。

四、信息开发与分析

信息具有非消耗性特点，不仅不会消耗，还会产生新的信息资源。所以，要重视信息的整理和开发分析过程，努力探求新的信息。

（一）信息开发

信息所具有的共享和扩散特性使其得到了反复利用。当人们在分享信息的同时，往往又会对信息进行自觉或不自觉的取舍利用。因此，信息按其产生的过程（顺序）和加工深度（程度）进行分类，有多次之分。一次信息是没有进行加工的信息，也称为原始信息或一级信息。二次、三次信息是指根据特定的需求，对一次信息进行归类筛选、编辑整合、分析和综合概括生成的信息，通常被称为新信息或再生信息。二次、三次信息形成的过程，即是信息开发的过程。

在信息整理的各个环节，都留下了信息开发的足迹。比如：

在对信息的归类筛选时，运用"笔记法"对信息做记号和批语，写摘要、提纲和文献综述等。

在对信息的编辑整合时，使用计算机形成目录、索引、文摘和简介等检索信息；对信息进行资源重组、整体概括和综合，从而形成简讯、综述、述评、调查报告、商业计划等应用信息；利用模板（如日历模板）、网络（如制作网页）生成新信息。

通过计算机对文本、数字、图像等信息进行扩展、变化格式和组合方式，加工整理生成新的信息。比如，招生部门根据对招生计划、录取、报到等信息进行统计后，依据当年与往年在录取率、报到率等方面的比较数据，在计算机上生成赋予全新意义的图表信息。招生数据信息扩展图如图5-5所示。

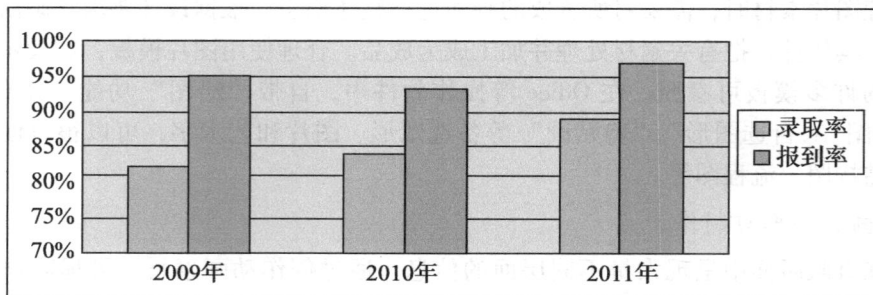

图 5-5　招生数据信息扩展图

另外，利用软件的自动程序步骤，对数据进行分析、解读，生成新信息，也是信息开发的重要途径。

（二）信息分析

1. 概述

信息分析是根据特定任务，通过整理加工形成新的信息产品，用适当的方法和相对程序化的环节，对相关信息进行深度加工，为不同层次的决策需求服务的一项研究性质的智能活动。

信息分析的主要方法有：汇集法、归纳法、浓缩法、纵深法、转换法和图表法等。这里，有的方法用于对信息的定性研究，如汇集法、归纳法；也有的方法用于对信息的定量研究，如纵深法、图表法；而多数情况下是多种方法综合运用的。如对公司潜在发展机会信息分析，可能有以下方面需要研究分析：① 对于其他客户群的服务。② 拓展到新的地域。③ 扩展产品系列。④ 新产品的技术转移。⑤ 垂直的整合。⑥ 引进对手的管理系统。⑦ 收购对手。⑧ 结盟或合资去提高共同产品份额。⑨ 开发利用新技术。⑩ 开发扩大产品品牌和形象等。这些信息的研究，应根据信息需求的深度和广度，选用适当的方法进行。

2. 用软件分析数据及数据库信息

使用 Excel 工作表软件进行数据分析，能够进行自动程序步骤的快速操作，并生成新的信息。Excel 软件窗口"工具"栏中的"数据分析"，预设了用于数据描述和分析的多种方法。

"数据"栏中，预设了数据排序、筛选、分类汇总、模拟运算、合并计算和数据透视图表等管理分析功能。许多具体使用方法，参见"数字应用能力"有关内容。

通过为特定任务创建电子表格和小型数据库，可以引导、分析诸多的表（库）内数据关系，是分析数据信息的好帮手，要善加利用，限于篇幅不在此展开介绍。

第三节 ◹ 展示应用信息

为完成特定的信息处理任务，进行了信息的选择和搜集、整理和开发，最后的环节就是报告信息结果、应用信息。那么，用何种形式和方法报告信息结果？有哪些新的应用技术？应用信息时如何追求信息的最优效果？这是本节需要研究和学习的内容。

一、传递所获信息

由于科技的发展，现代社会传递信息的方式可谓多种多样，主要方式有口头传递、书面传递、电信传递、网络传递等。应用信息时将根据实际情况，选择最恰当的方式，迅速、准确地进行传递。

1. 口头传递

口头传递是一种最直接的信息传递方式，就是用口头表达的方式，报告信息或进行信息的交流。口头传递包括说和听两个方面。在这里，口头传递特指面对面的方式，如教师给学生讲课、师傅给徒弟传技、单位领导做报告、专家研究学术课题等。口头传递能够在最短的时间内使大多数受众在同一时间内得到某种信息。

口头传递是应用历史最久远且仍将长期广泛使用的信息传递方式。相对于其他传递方式，信息的口头传递有以下优势：① 能直接观察收信者的反应。② 能立刻得到某种信息的反馈。③ 有机会补充阐述及举例说明。④ 可以用声音和姿势来加强。⑤ 能确定沟通是否成功。⑥ 有助于建立共识共鸣。⑦ 有助于改善人际关系。

但口头传递信息也有一些不足或限制。如个人特征明显、容易受干扰和限制、难免表达错误、信息存留难度大。因此，应注意个人素质的锻炼和提高。口头传递信息时，语言要清晰，语调语速要适中，尽量避免口头语和方言；措辞要准确，有必要事先拟写提纲或打好腹稿；要对自己和信息内容充满自信并注意观察对方的反馈情况。

2. 书面传递

书面信息是有形且可以核实的。这里特指或强调的书面传递，是以写作为手段，以发布书面信息为目的，用适当的书面应用文体格式传递所获信息。书面信息包含文字、数据、静态图表等信息内容，可以手写，也可以用计算机打印形成书面材料。由于在平时的工作和生活中，实际处理的信息篇幅可能比较短，内容比较少，利用通知、告示、启示、简报（快报）等应用文体，对处理信息任务更有现实意义。

每一种具体的应用文体，在体式、结构、语言和主体内容上，都有一些区别。如通知、告示要醒目，语气不宜生硬；启示是为了公开声明某件事或希望公众协助办理某件事，有标题、正文和落款。

简报（快报）是信息书面传递的重要应用文体，一般在内部使用，具有及时、准确、实用、规范的特点。简报（快报）的写作应遵循以下原则：① 抓准问题，有的放矢。② 材料准确，内容真实。③ 简明扼要，一目了然。④ 讲究时效，反映迅速。⑤ 内容实在，勿求虚华。

3. 电子手段传递

由于科技的飞速发展，利用电子手段进行信息传递的方式多种多样，如电话、传真、手机短信、步话机、网络（包括未来的广播、电视、互联网与电网的三网或四网融合）等。电子手段传递信息普遍具有方便、快捷的特点。其中的电子信箱方式，不仅方便、快捷，使用成本也相对较低，被各类用户群体广泛使用。

电子信箱是通过网络电子邮局为网络客户提供的网络交流电子信息空间。电子信箱具有存储和收发电子信息的功能，利用网络传送文本、数据、图像和数字化语音等各类型的信息，是互联网最重要的信息传递交流工具。使用电子信箱发邮件，先要申请电子信箱，并设置自己的账户名称、密码等。可以利用有关网站注册一个免费信箱，例如，网易"163网易免费邮"。有QQ账号的用户，系统已为该账号自动设置了电子信箱，信箱的账户名即为QQ账号。

电子手段传递信息尽管有很强的优势，但也有不足。采用时应注意：事前对所传信息要认真核校，操作时要仔细，不要造成"张冠李戴"的笑话；一些特别的重要文件、数据和加急使用的信息，要考虑两种以上方式传递并尽可能亲临操作现场，比如，用传真配合电子邮件，再挂电话或发手机短信确认是否收到，是否清晰；要充分考虑设备和网络的故障与信息安全问题，防止窃取失密。

二、展示多种信息

展示信息就是利用适当的信息载体和一种或多种方式，将信息完整地表现出来。由于信息表现形态的复杂性，决定了信息展示手段、方式的多样性。

1. 用演说传达信息

演说是口头发布信息的一种重要技能，如就职演说、工作述职、论文答辩、竞选演说、庆典讲话、欢迎致辞等。演说能力与信息传达效果有密切关系。同时，提高演说能力对个人职业发展也是十分重要的。

演说是直接"告诉"受众的形式，在传达信息的同时，演说者的一言一行也"展示"给了受众。如果对演说现场进行电视直播，可以想象一下，一个错误内容的表达、一个不良的习惯动作、浓重的方言、忘了词……将有多么尴尬。

演说能力的提高在于实践锤炼和运用好演说技巧。表达正确清楚，有声语言清亮圆润、富有变化、声调和谐；正确发挥面部表情、手势动作的功效，加强态势语言的表现力，与有声语言协调配合等演说基本技巧，是各种演说形式需要掌握和实践应用的。不同的演说场合有不同的内容和技巧，如会议讲话时应注意主题、内容、条理、语言等方面；致辞时应着重注意言辞恳切，风格风趣典雅，内容与环境氛围协调。

述职演说要求述职者本着实事求是的原则，就自己一段时间以来履行职责的情况，向领导及同事等鉴定者进行演讲。在内容、材料、时间上是有限定的，述职者与多数听众彼此是"相知"的。因此，述职演说要实事求是、严肃认真。

【案例5-4】

林肯在葛底斯堡的演讲

八十七年以前，我们的祖先在这块大陆上创立了一个孕育于自由的新国家。他们主张人人生而平等，并为此献身。现在我们正进行一场伟大的内战，这是一场检验这一国家或者任何一个像我们这样孕育于自由并信守其主张的国家是否能长久存在的战争。我们聚集在这场战争中的一个伟大战场上，将这个战场上的一块土地奉献给那些在此地为了这个国家的生存而牺牲了自己生命的人，作为他们的最终安息之所。我们这样做是完全适当和正确的。可是，从更广的意义上说，我们并不能奉献这块土地，我们不能使之神圣，我们也不能使之光荣。因为那些在此地奋战过的勇士们，不论是还活着的或是已死去的，已经使这块土地神圣了，远非我们微薄的力量所能予以增减的。世人将不太会注意，更不会长久记住我们在这里所说的话，然而，他们将永远不会忘记这些勇士在这里所做的事。相反地，我们活着的人，应该献身于勇士们未竟的工作，那些曾在此地战斗过的人们已经把这项工作英勇地向前推进了。我们应该献身于留在我们面前的伟大任务，由于他们的光荣牺牲，我们会更加献身于他们为之奉献了最后一切的事业，我们要下定决心使那些死去的人不致白白牺牲，我们要使这个国家在上帝的庇佑下，获得自由的新生，我们要使这个民主、民治、民享的政府不致从地球上消失。

林肯在葛底斯堡的演讲是美国文学中最漂亮、最富有诗意的文章之一，用时不到2分钟，它以简练、凝重、朴实的语言，揭示了这场战争的意义，赞颂了为这场战争而献身者的精神，阐明了战士们为之奉献的理想事业的精髓。这篇演讲在当时获得普遍的好评，一百多年来，一直被作为演讲的典范，在全世界范围内广为流传。

2．文字与图表信息组合展示

人们获得的信息主要来自文字和图像。为了获取知识要阅读大量文字书籍，但对于那些只有黑压压文字的书籍，通常没有主动学习的兴趣和激情。而对于装帧漂亮、图文并茂的书籍，却能引起学习兴趣。如金陵本《本草纲目》为描述药物的形态，配有 500 多幅准确、逼真的植物手绘图，读者可以按图寻药；小说《西游记》的插图，精美绝伦，为后代的艺术再现提供了宝贵的素材。在现代，计算机等科技的发展，为用文字和图像展现信息提供了更大、更美的空间。

有实验证明，图像信息占据了人们所获信息的绝大部分。图像包括图表和影视信息等，这里特指以静态形式展现的图表。图表的式样很多，生动、直观，是视觉效果极佳的展示形式。常用的图表类型，如柱状图、条形图、折线曲线图、饼图和表格等，要学会制作、利用。这里需要强调，用于展示信息的关键是如何强化信息内容的展示效果。文字、图表组合展示，是增强展示效果的基本途径。有关文字、图表及其组合应用的知识和实例，请同学根据本章和"数字应用能力"中的有关训练任务进行，这里不再展开。

3．用网络展示信息

网络对于信息的展示，具有强大的优势和发展应用空间。网络展示的方式有多种，利用网站是最基本的方式之一。下面简要介绍建立网站和制作网页的有关常识。

当决定建立网站时，第一，要申请、选择一个域名。个人网站很多依赖免费个人空间，但网页传输速度慢。域名要形象、简单、易记。第二，网站主题要明确。主题定位要小，内容要精，特别是对于个人网站，必须要找准一个自己最感兴趣内容，做深、做透才有特色。第三，做好整体规划。网站规划包含的内容很多，如对网站的标志（LOGO）、层级结构、板块与栏目、网页版面统筹等，既要着眼当前需要，又要考虑发展使用。第四，重视艺术形式和细则。如颜色基调、图文组合、链接细则等，让浏览者明确分辨出这是该网站独有的风格和特色。

制作网页需要掌握一定的知识和技巧，当你尚无经验时，要先掌握一些网页编辑软件（如 FrontPage、Dreamweaver）和编辑语言（如 HTML、CSS、JavaScript）基础知识，还要会用图片编辑软件（如 Photoshop）、动画制作工具（如 Flash）等。也不妨下载一个比较简单的网页模板，模仿它去填充各种元素，结合教程边学边作。制作网页是一个复杂而细致的过程，要按照先大后小、先简单后复杂的顺序来操作。

制作网页的基本步骤按以下顺序进行：

（1）网页版面框架布局、层级规划。其中，网页版面框架布局的类型有：①"T"型布局。②"口"型布局。③"川"型或"三"型布局。④标题正文型布局。⑤框架型布局等。

（2）添加（模板填充）文本、表格和图片。

（3）图、文、表混排编辑与优化。

（4）插入多媒体与超级链接（包括热区链接处理）、层级链接。

（5）菜单与导航设计编制。

（6）上传测试等。

4．多媒体手段辅助传达信息

在整理信息时，我们已经掌握了对多种媒体信息分别进行编辑加工的相关知识。有了这些基础，就可以利用多媒体手段，完成多媒体信息的处理和传送。用多媒体手段辅助传达信息，要了解并学会使用相关多媒体技术设备及其应用软件，在确定需要辅助的内容基础上，制订展示方案。

（1）扫描仪。它用于静态文字、图像的采集，常用的有台式、滚筒式和扫描笔等。光学分辨率各有不同，有的只有300dpi，高档的达到8000dpi；色彩位数也从24位到48位不等。dpi是指图像的分辨率（每英寸长度上的点数），也就是扫描精度。分辨率越低，扫描图像的清晰度越低（注：Web上的图片仅72dpi）。

（2）录像机。它主要用于动态影像的采集，一般也有照相功能；具有影像采集功能的手机，也是一种录像设备。应掌握将图像输入计算机进行存储的方法。

（3）投影仪。它主要用于媒体信息的播放，有的投影仪还具有幻灯机、实物展示台的多功能投影功能。投影仪的重要指标是输出的光能量，单位为"流明"（lm），投射面积越大亮度越低，反之则亮度越高。在实际使用时，要学会正确安装、计算与投影幕的最佳距离，快速接入计算机，对便携式投影仪的影像和颜色的快速、精确会聚（对焦）等操作。

此外，还应掌握Windows操作系统"设备管理器"内置的音视频设备的使用方法。

高职学生应学会使用最基本的多媒体系统开发应用软件，如Windows操作系统、多媒体素材制作软件PhotoShop、多媒体集成软件PowerPoint、多媒体创作工具Authorware等。

三、有效应用信息

虽然已经掌握了信息搜集、整理和展示的一些基本知识和操作技能，但还需要同学们将所学知识和技能融会贯通，在更宽的领域、更多的实践中有效地应用。信息应用的总体要求是：所传递的信息准确、清楚、重点突出，确保所展示的信息清晰、明白。

（一）新闻方式发布信息

新闻方式发布信息有多种形式，其中新闻发布会是影响较大的一种，具有形式正规、沟通活跃、传播面广等特点。将信息以新闻发布会的形式向社会传递，既是信息有效应用的重要活动，又是对发言人的个人素质和临场表现的挑战和考验。举办新闻发布会和作为新闻发言人，应注意以下几点：

第一，发言人必须传递积极、健康的信息，内容要正确。发言人是举办单位的代表，要注意传达的准确性。

第二，新闻发布会应有明确的主题和新闻价值。所发布的信息主题不能杂乱，会议的标题（会标）要突出主题，发言人所发布的信息要紧扣主题。

第三，新闻发布会一般都会邀请媒体记者参加，所发布的信息应有价值和新闻性。

第四，发言人应注意个人素质。口语表达要讲普通话，语言要清晰，语调、语速要适中，表情、手势等姿态语言适度。对现场提问的回答要有准备，有亲和力，把握分寸，认真作答。对于无关或过长的提问则可以委婉、礼貌地制止，对于涉及企业秘密的问题，有的可以直接、礼貌地告诉它是企业机密，有的则可以委婉作答，不宜采取"无可奉告"的方式。对于复杂而需要大量解释的问题，可以先简单答出要点，并邀请其在会后探讨。

第五，做好新闻发布会策划和筹备组织工作。策划文案要考虑周全、细致，尽量显示人性化安排；事前应准备主题材料，如通稿及可能用到的材料。通稿是媒体所期待的，可以按照主题内容分类引导。

（二）平面方式展示信息

在学校时候办的黑板报，就是一种普遍使用的平面展示信息的方式。时至今日，板报仍不失为一种常用方式，只是利用的技术手段、展示的空间形式有所不同，如单位在展会上使用的信息展板（见图 5-7）。

图 5-7　信息展板

信息展板是在展会等许多场合要用到的信息应用展示方式，其目的是要让参观者被吸引并读懂相关信息。通过信息技术的充分利用，信息展板增添了更多的时代感和趣味性，以及展示空间的观赏性。展板版面大致由文字、图片、图表和装饰等四个部分内容有机构成。

（1）文字。展板文字与数字的体式、大小和颜色必须有统一的设计或选定。

（2）图片。黑板报的图片一般手工直接绘制，展板中的图片主要是用计算机处理后喷涂制成的，如说明照片、产品展示照片、形象宣传照片、漫画、手绘草图和原作绘画等。

（3）图表。一般在总结性、规划性的展览会上，图表使用较多。

（4）装饰。展板版面上通常使用各种装饰。这些装饰包括色彩等多种表现形式，如总体色彩的选择要与企业标准色相呼应并符合行业特色。

由于展示内容的不同，介绍的形式和角度也会有所不同，一般展示版面主要有以图片为主或以文字为主两种形式。但无论何种形式，展板的版面布局都要轻重有序，形式与内容要整体统一、美观大方。

（三）网络新技术应用

随着信息科技快速发展和普及，新的信息应用手段不断产生。即时通信（如 QQ）、博客、维客等新兴信息交流和展示工具，因其效率高、门槛低成为广大网民的新宠。

1. 即时通信（QQ）

目前，基于互联网的即时通信（IM）软件，以腾讯公司开发的 QQ 软件系统为例，具有在线聊天、视频电话、点对点断点续传文件、共享文件、网络硬盘、自定义面板和 QQ 邮箱等多种功能。

2. 博客（Blog）

近年来"博客"风靡互联网世界，被形象地比喻为网络时代的个人"读者文摘"。博客代表着新的生活、学习方式，工作交流方式，作为网络时代一种快捷、易用的个人知识管理系统，也越来越受到关注。

中文"博客"一词，源于英文单词 Blog，是 Web 和 Log 的组合词，是在网络上的一种流水记录形式或简称"网络日志"。一个 Blog 就是一个网页，它通常是由简短且经常更新的 Post（张贴的文章）所构成，这些张贴的文章都按照年份和日期倒序排列。

博客作为信息发布系统，鼓励社会成员共同参与，"通过博客让自己学到很多，让他人学到更多"（《博客中国》）。博客作为个人网站，其内容可以通过浏览器直接输入并发布。博客作为知识管理工具，个人、组织和团队可以将关注领域的信息进行有效的分类。

利用博客进行交流，有很高的使用价值。如教师把学习资源发布在博客上，教师、学生可以分享资源、共同研究；学生可以在线完成作业、写日记和读书笔记等。旅游时也可以用手机将所见所闻记录下来并及时编发到自己的博客中。

要登录或开通博客很方便。如拥有新浪 UC（类似 QQ 的软件）号或者新浪邮箱，即可直接登录。如果没有，到博客首页，单击"开通博客"的按钮，按提示即可完成。

3. 维客（Wiki）

维客是一种在网络上开放的、可供多人协同创作的超文本系统，是多人协作的写作工具，而参与创作的人，也被称为维客。在维客页面上，每个人都可浏览、创建、更改文本，系统可以对不同版本的内容进行有效控制管理，所有的修改记录都保存下来，不但可事后查验，也能追踪、恢复。维客几乎与普通写字板编辑文字差不多，这也就意味着每个人都可以方便地对共同的主题进行写作、修改、扩展或者探讨。

维客的概念始于 1995 年，最初为一个知识库的工具模式，其目的是方便社群的交流，此后这个模式的知识库得到不断发展，维客的概念也得到丰富和传播，网上又出现了许多类似的网站和软件系统，其中最有名的就是维基百科（Wikipedia）。维基百科是一个基于 Wiki 技术的多语言百科全书协作计划，是一个动态的、可自由访问和编辑的全球知识体。

要成为维客很容易，只要进入中国维基百科网站，选择进入相关条目，注册一个用户后，输入、编辑自己的内容，进行有关设置，保存即发布自己的内容。

四、预测与评估信息

1. 利用信息预测趋势

对信息的预测体现在通过对已知信息内容的分析，进而获取未知或未来信息。尽管信息千变万化，但还是可以捕捉到其变化规律并用科学方法对其结果进行预测的。信息预测的方法有多种，通常使用定性、定量方法。定性方法如专家会议法、德尔菲法和类推预测法等；定量方法如函数法和指数法等。但是每一种具体的方法都有其优缺点，如定性方法存在主观因素地位过于突出、结果难于固定；定量方法又过于量化、对相关因素考虑不足。在实际工作中，往往采用两种以上的具体方法进行综合预测。

对信息进行综合预测，应考虑几种关系：①信息之间的关系。②定性和定量关系，即对预测做出定量和定性两方面的描述。③整体和局部的关系，即从整体和局部两方面进行预测，以提高预测的质量。④平行关系，即要考虑信息的多重性，从一个体系中可能取得不同种类的信息；不同的处理方式，结果未必完全相同。⑤因果关系，如前项信息可能影响后项信息。⑥动态关系，在多因素的连接关系中，如果某项信息影响到另一项信息，则构成动态关系。

尽管如此，对信息进行趋势预测还是有基本规律和步骤可遵循的。一般按照以下三个步骤进行：

（1）集合并确定不同渠道的信息。

（2）利用有关方法分析所获信息。

（3）预先推知和判断信息结果或趋势，采取行动，创新信息。

2. 信息反馈与评估

信息发布后，必然会产生程度不同的结果和反映。通过不同渠道将这些结果和反映搜集起来，就是信息反馈的重要过程。以企业为例，顾客（客户）对产品的购买、使用、服务等意见和建议，对企业营销十分重要。搜集顾客（客户）反馈信息的方法包括：

（1）安排专门部门或专人负责客户服务工作。

（2）规范制度。如建立定期反馈意见表、电话首问必答制度等。

（3）利用公司网络进行互动交流。

（4）定期走访或网络、电信方式了解。

（5）多种方式的市场调查行动。

（6）利用活动进行面对面交流等。如邀请特定客户参加公司有关活动。

对不同渠道反馈的信息进行汇集、整理后，还要进行应用效果的评估。通过评估提出修改、补充措施和有助于未来改进和巩固的方针政策。

评估时采用有关评估指标、等级，对信息效果进行多角度的直接或间接评估，必要时可以利用第三方评估等办法，以维持评估结果的公正性、客观性、全面性和正确性。

能力训练

【训练任务】

德明科技有限公司经理办公会决定给每个员工定做一套高级工作服。会议决定由行政办负责落实服装置办工作，选择厂家，量身定做，要求服装样式能使大家满意。行政办主任安排工作认真的小胡负责定做服装方案的相关信息搜集。现在请你以小胡的身份接受这项任务。为简单好记，给这项任务定名"定做服装项目"。这个项目的全过程贯穿了 9 个子项目，即分解为 9 步骤完成。

【训练目标】

1. 明确信息任务，确定信息搜索范围。

2. 分析比较复杂的信息任务，制订较复杂的信息处理计划。

3. 能根据实际需要，灵活运用多种方法有效搜集信息。

4. 根据主题需要对信息进行变类，筛选确定信息。

5. 利用计算机编辑整合主题，开发利用信息，生成新信息。

6. 利用口语、书面及多媒体等手段传递展示信息，综合应用信息。

【训练过程】

步骤一：定义任务。

1. 分析思考并确定需要的信息。

（1）所订服装规格的信息。定做男装 140 套、女装 90 套，合计 230 套。

（2）多数员工对服装品牌、样式和面料的喜好需求的信息。

（3）市场比较流行的男、女高级工服品牌的信息。

（4）有哪些服装企业可邀请参与竞标的信息。

2. 用关键词法定义这个复杂的信息搜集任务：服装品牌，服装展示，员工选择档次意向，厂家招标，量身定做；也可用图示法分解信息搜集任务。

步骤二：确定信息搜集范围。

1. 在公司内部获取领导与员工要求信息。

2. 通过熟人、专家、广告及现场了解品牌、款式等信息。

3. 通过有关媒体和实地考察掌握生产厂家信息等。

步骤三：确定信息搜集方式，按优先次序列出计划。

1. 实地观察和访谈。到较大的商场了解品牌、款式；到同行企业了解他们工装的特点、反映；采集照片等资料。

2. 搜集员工意见信息。向员工展示样品后，用询访法调查员工要求和意见：以面谈和书面形式询访领导、中层、基层的男女代表；也可作抽样问卷调查。搜集员工意见时，重点要了解品牌、式样、面料要求。

3. 网上搜集竞标企业。筛选 3 ~ 5 家作为候选竞标企业；可要求参与竞标企业提供样品。

4. 实地观察，了解生产厂家的实力。

5. 竞标。搜集竞标厂家信息，供领导者决策。

6. 中标厂家给员工量身，确定所有工服规格信息。

对以上方式和次序，也可以做行动计划流程图来表达。

步骤四：根据已完成的搜集计划和次序，正确使用观察、询访（访谈）、问卷等方法搜集信息。

1. 观察、询访市场。到较大的商场实地了解高级工装的品牌、款式、面料等情况，到同行企业了解他们工装的特点及同行反映，采集照片等资料。到同行企业询访前，最好通过与他们比较熟悉的朋友先联系，那样所了解的情况会更具体一些，尤其是同行的评价会客观一些。

2. 询访、调查员工的要求和意见。采用面谈和书面形式询访领导、中层和基层的男女代表；向员工展示样品后，也可作抽样问卷调查。询访、调查搜集员工意见，重点要了解员工对品牌、式样、面料的要求，向领导汇报时要介绍服装的价格信息。

3. 实地观察、网上了解生产厂家的实力：比如厂家规模，高级工装类服装的品牌、式样、面料情况，价格和销售情况，生产周期、客户口碑和售后服务等。

重要提示：为避嫌，考察竞标厂家及向领导汇报时，宜两人共同行动。

步骤五：将已搜集的信息输入计算机保存；对信息进行初选。

1. 保存信息。

（1）笔记法即时保存信息：主要是保存在观察、询访过程中的原始信息记录。

（2）计算机归类保存：以确定的信息任务为主线，在计算机中设计表格保存信息。如定做服装项目——信息归类汇总表见表5-1，可以较好地完成归类保存任务。

表5-1　定做服装项目——信息归类汇总表

信息任务	信息内容	信息来源	搜集方式	其他说明
服装规格信息	1. XX …			
参与竞标的厂家信息	1. XX …			
领导与员工要求信息	1. XX …			

2. 定量和初步筛选。此例中我们不是决策者，可对信息进行初步处理。比如，对服装规格信息按男装3种款式、女装4种款式定量；竞标厂家信息按3家定量；在汇总领导与员工要求信息时，由于领导、中层、基层代表的意见角度不同，不好统一，需要把他们一致的或主流意见集中起来保存有价值的意见，尽管是少数也要保留，以供领导决策。

步骤六：通过"定做服装项目"的前述过程，尽管进行了筛选，但信息仍然不少。因此，还需要对不同形式的信息进行分类编辑，以便领导和同事审阅、参考和决策，也方便自己查找使用；对相关的资料和信息进行特征的综合整理，按类别集中，并做出初步判断和建议。

1. 利用表格分类编辑整合，形成检索。如按男装、女装大类，将对国内有影响力的服装厂家的品牌、型号、价格等整合为一个可供检索的表格，见表5-2。

表5-2　国内具有影响力的服装品牌/企业

分类	品牌	型号	价格
男装	雅戈尔		
	创世		
	杉杉		
	罗蒙		
	七匹狼		
	报喜鸟		
女装	白领		
	凯撒		
	红袖		
	哥弟		
	太平鸟		
	玖姿		

资料和信息分类有多种，除上表外，还有其他分类表。如按价格、按款式、按面料等，可一一列出，供检索查找使用。另外，通过编辑具有风格的文件，如用颜色管理资料，形象、直观，方便检索，可增强表现力。

2. 集中类别，对特征进一步综合。可选择符合领导要求和意向的服装信息，将特征进行综合。如提出包括男女装各自特点、价格的2~3套方案，插入式样图形，编成书面建议；对邀请竞标的企业信息，也可以综合后提出书面建议。信息特征方面，如品牌获奖、销售额排名、国家质量认证及具体服装款式的独有特征等。

步骤七：利用计算机对员工量身数据进行管理，编制统计报表；用数据库生成量身数据报表。

1. 录入数据，形成量身数据统计报表。

（1）打开 Excel，建立一个工作簿。

（2）输入每人的肩长、袖长、三围和裤长、直档、裙长等量身数据，确定一个文件名予以保存。员工量身数据表见表5-3。

表5-3　员工量身数据表

	A	B	C	D	E	F	G	H	I	J	K	L
1	序号	姓名	性别	肩长	袖长	身长	胸围	裤腰	臂围	裤长	直档	裙长
2	1											
3	2											
4	3											
……	……											
231	230											

2. 将电子表数据导入数据库，生成便于选择打印的数据报表。

（1）打开 Access2000，打开该数据库。

（2）导入"员工量身数据表"文件。

（3）选择查询对象，用选择查询向导新建报表文件。

（4）选择报表文件，打印所需报表。

步骤八：在完成前述任务后，需要向领导和同事汇报、推介说明工作情况，以便获得反馈，推动工作进展。

1. 在公司中层以上员工会议上，就搜集到的市场服装品牌信息和拟邀请竞标的生产厂家信息，作专门的口头汇报。在重要会议上介绍说明情况，对每个员工来说都是一次良好的演说锻炼机会，需要发言前做好周密、细致的准备。汇报的内容主要集中在任务要求的两个方面，问题要明确，思路要清晰，方案要具体，样品、图片等资料要准备齐全。为了防止遗漏，起草一个发言提纲或打好腹稿，要对自己有信心。发言时做到自然大方，从容镇定。

2. 做一份图文宣传资料，向领导提交书面汇报材料，征求反馈意见。以汇编形式将会议汇报内容整理为书面材料，打印后报送副总以上领导和行政办存档。

3. 如果有中层领导在公司中层会议期间出差在外地，需要尽快将情况告知他们：以电子邮件方式将会议汇报内容发给未出席会议的中层领导。如果邮件文件中有图片，要将文件压缩整理后电邮。

4. 做一份品牌分类投票表，供员工选择款式。品牌分类投票表见表5-4。

表5-4 品牌分类投票表

品 牌	品牌第1组	品牌第2组	品牌第3组	品牌第4组
男 装				
女 装				
投 票（打√）				

步骤九：收集反馈意见和建议。经过逐条整理、分析后，对本次任务完成的效果要予以评估。最后向主管领导反馈意见和自己的想法。

实践活动

承办信息橱窗

【活动目标】

以小组为单位，办一期有专业特色的信息橱窗，要反映该专业的最新信息和专业特点。通过活动实现以下能力目标：

1. 使受训者充分认识、体验和利用信息的价值。

2. 增强信息敏感度、信息反应能力和信息辨析意识。

3. 进一步掌握和巩固信息采集、编辑、传递、展示的技能。

4. 提高和加强信息的实际应用能力，认识信息传递方式的多样性，以及它对信息传播效果的影响。

【活动内容】

1. 通过多种途径，使用适当方法查找所学专业及课程内容的最新社会信息资料。信息途径包括书籍、电视、网络等信息媒介；查找方法包括阅读法、关键词法、文献索引等。

2. 能够以适当方式了解所在学院（系、教研室）及主讲教师，对所学专业和课程的最新规划、研究动态等。

3. 搜集了解本小组及其他同学对信息橱窗的建议，以及他们掌握的有价值的信息内容。可采取问卷、访谈等手段和主题法等方法。

4. 对搜集的信息进行鉴别、筛选、整理和尝试性再度开发。

5. 认真准备、精心设计信息橱窗版面。

6. 预测、评估信息内容及其展示效果，与教师和同学交流、分享信息成果。

【活动过程】

1. 以学习小组为单位完成，由组长或由指导教师安排一名同学做项目负责人。

2. 由项目负责人组织小组讨论、交流，确定活动所需的信息内容及范围。

3. 任务分解确定，安排实施计划并责任分配到人，务必使每个同学都能得到锻炼。

4. 利用各种方法途径搜集自己所需的信息，培养自觉、准确传递和搜集信息的意识。

5. 对展示的信息内容一定要进行核实，防止虚假信息，并筛选归类，综合利用。

考核评价

1. 分别用［网页，全部］［网页，仅 Html］［Web 档案］［文本文件］类型保存所在学校网站的首页。

2. 参照"定做服装项目"有关子项目训练步骤，为某单位到西藏旅游提供三套方案。

3. 以演讲方式在全班同学面前交流"目前交通事故增多的原因"。

4. 试创建一个小型数据库管理班级同学的基本信息和学期课程。

5. 结合个人情况做一份求职计划和用于求职的个人简历。

6. 试做一个图文并茂的演示文稿，介绍你所在学校的有关情况。

7. 自行练习编辑以下一组文档。

（1）用 Word 软件新建文档，规范录入至少有五个自然段且含有多种符号的文字内容

（教师确定，下同）。

（2）在第二段后插入一个文本框，将录入的第三段文字置于文本框内并改变字号、字体。

（3）设定纸张大小、页边距、页眉、字体、字号等。

（4）下载一幅网上的适当图片并保存；将图片插入第四、五段之间。

（5）将文档的内容保存在指定硬盘和指定的文件夹内。

8．阅读下面的故事并回答问题：

颜回是孔子的大弟子，处处以孔子的道德理论作为自己的行为准则。但颜回在一次煮稀饭时，孔子却亲眼看到他将本来不多的饭粒送进嘴里。孔子很生气，没有想到平时很像自己的弟子颜回竟能做出这样的不敬不孝的事来。过了几天，孔子向颜回问起这件事，并指责他为什么在老师和大家都没有吃饭的时候，自己偷偷先吃了起来。颜回将实情告诉孔子，说：您冤枉我了，当时稀饭里不慎掉入一块灰土，我想如果直接端给您，则显得不敬；如果将粘了灰土的饭粒扔掉，则浪费粮食。所以我就将有灰尘的饭粒自己先吃了。孔子很感慨，召集弟子后说："所信者目也，而目犹不可信；所恃者心也，而心犹不足恃。弟子记之，知人固不易矣。"

这段话意思是说：（人们）相信的是自己的眼睛，但即便亲眼看到的也不一定是对的；（我）所依靠的是心，但心也仍不完全可靠。弟子们要记住，认识和了解一个人是不容易的。

请问：这个故事以及孔子的感慨说明了什么问题？对我们处理信息有何帮助？

第六章　创新创业能力

第一节 ⃟ 创新概述

在中国的传统文化中，创新总是给人以神秘感。很多人喜欢把创新看成是一种先天的"神力"，认为创新只有少数智力超群的天才才能做到。事实上，创新并不是天才的专利，每个普通人都可以实现创新；创业也不仅仅是"创立产业"，而是带有创新含量的创业。

一、创新

《伊索寓言》中有这样一个故事：在一个风雨交加的夜晚，有一个穷人到富人家讨饭。"滚开！"仆人说，"不要来打搅我们。"穷人说："只要让我进去，在你们的火炉上烤干衣服就行了。"仆人以为这并不算什么，就让他进去了。穷人进了屋子以后，请求厨娘给他一个小锅，以便他"煮点石头汤喝"。"石头汤？"厨娘说，"我倒是想看看你怎样能用石头做成汤。"于是厨娘就答应了。穷人于是到路上拣了块石头洗净后放在锅里煮。看着看着，厨娘有些看不下去了。"就算是石头汤，你总得放点盐吧。"厨娘说。于是她给了穷人一些盐。不一会儿，厨娘又说"就算是石头汤，也得有点作料吧。"于是穷人又得到了豌豆、薄荷和香菜。最后，厨娘干脆把能够收拾到的碎肉末都放在汤里。最后，汤煮好了。出了富人的房子之后，穷人把石头捞出来扔在路上，美美地喝了一锅肉汤。

试想一下，如果这个穷人一开始就对仆人说："行行好吧！施舍给我一锅肉汤吧。"结果会怎样？恐怕连个肉末都没有，还会被暴打一顿。但是穷人没有这么做，而是换了一种思维方式，用一个个看似微不足道的、又很容易得到满足的小请求，最后完成了不可能完成的事情。这种思维方式，就是创新思维。因此，伊索在故事结尾处说："坚持下去，只要方法正确，你就能成功。"

看到这儿，相信大家能够走出对创新理解的误区。创新不是天才的专利。科学家、思想家可以创新，故事中的乞丐同样在创新。创新不是一种行为，而是精神层面的内容，它集中体现为不满足人类已有的知识经验，努力探索客观世界中尚未被认识的事物规律，从而为人们的实践活动开辟新的领域、打开新局面的精神。创新是一种思维方式，是求异思维与求同思维的统一，这就是为什么我们一提到创新，就会提到创新性思维，没有创新性思维，没有勇于创新的精神，人类的实践活动只能停留在原有水平上，人类社会就不可能在创新中发展。求异思维是创新的核心。流畅性、灵活性和独创性是求异思维的三个重要的特征。显然，求异思维的这些特征同时也是创造性思维的主要内容。它在创造活动中常常使人们摆脱习惯性思维的束缚，产生大量新奇而独特的创造性构想。同样，求同思维在创造过程中也是不可缺少的因素。求异思维和求同思维之间有着极其密切的关联。创新的过程实际上就是求异思维和求同思维的整合过程，是两者高度协调的结果，是求异—求同—再求异—再求同的循环往复的过程。随着这一过程的发展，思维层层深入，逐渐逼近目标。最终，新的构想和创意脱颖而出。

所以，创新是指人们根据一定的目的和任务，运用一切已知的条件，产生出新颖、有价值的想法，并把它转化成具体成果的行为模式。

这里的具体成果既包括新产品、新材料，也包括新工艺、新方法，还包括新思想、新观念、新理论、新制度、新机制等。

二、创新意识的培养

（一）提倡标新立异，养成首创精神

首创就是要做他人没有做过、没有想过的事情。标新立异实质上就是有强烈的进取精神和勇于开拓的思维意识，是一种敢为天下先、敢为人未为的创新精神。首创和标新立异的精神以及物质成果对我们的贡献巨大，而且具有开创性的意义，给后人提供了新的思路和平台，有的成果则可推进社会的进步。有了这种精神，才能有创新的动力，才能发现创新点，也就有了培养创新习惯的基础。

【案例6-1】

美国人谢皮罗是一位保持着高度发现警觉的人。有一次，他在浴缸洗完澡随手放水，发现出水处的水流是按逆时针方向旋转，他就想知道别的浴缸里的水是否也这样旋转。经多次观察，发现北半球的流水都是逆时针方向旋转，而南半球的水流是反方向旋转。这个发现对认识台风移动规律和预报台风有很大的启迪作用。

（二）激发探索欲望，养成好奇心境

古往今来，有很多的发明创造、真知灼见都是通过不断探索而获得的。而人们的探索欲望，常常表现为强烈的好奇心。古人说："失败是成功之母。"西方谚语也说："好奇是研究之父，成功之母。"好奇可使人对事、对人充满兴趣，而有了兴趣便想去质疑，去探究，喜欢刨根问底。人一旦对某个问题产生好奇心，他对这方面的知识储备便会丰富，同时注意力便会集中，对这件事情便会更加关注，更加投入，思维也会特别活跃。潜能往往可以在这时释放出来，使人发挥出不可估量的作用。这时，人的创造性便会空前高涨。

（三）增强顽强意识，养成耐挫能力

人生不可能是一帆风顺，都会遇到困难，碰到挫折。如果没有超强的克服挫折的能力，没有百折不挠的顽强毅力，而是怕苦畏难，遇到风险便止步，就永远也不可能获得成功，更不要说取得创新成果。其实，困难、挫折也是一笔财富。危急时刻，人们往往会斗志昂扬，思维活跃，意志也更加坚定。只有不畏艰难，去集中精力，解决矛盾，战胜困难，才更容易激发出创造性思维。

（四）树立远大理想，养成献身精神

古往今来，多少英雄豪杰、志士仁人的成功，无不应验了这一真理。他们无不是从小就

树立远大的理想和抱负，为之努力奋斗，顽强拼搏，并最终实现。我们任何人都拥有与杰出成功者一样的潜能、一样的时间和一样的机会。如果拥有远大理想和献身精神，我们每个人的能量就能得到发挥。

小技巧

- 不要被权威吓倒，要敢于破除对权威的敬畏，克服自卑感。
- 多了解一些他人创新发明的过程，从中学习如何创新。
- 不要让自己固定在某个模式上，这会局限你的思维。
- 能够接受不同的观念，认识差异，学习和借鉴他人的好想法。
- 兴趣爱好是创新的基础，因此具有广泛的兴趣爱好很重要。
- 对周围事物保持敏感，观察事物要有自己独到的眼光。
- 培养对创造思维和成果的识别能力，找到客观的创新思维方法。
- 消除埋怨和消极情绪，认真并积极听取他人对自己观点的反馈。
- 勇于冒险求索，不畏艰险，敢于追求且不怕失败。
- 不要讥笑那些看起来似乎荒谬怪诞的观点，因为这些观点可能就是许多创新成果的源泉。
- 经常做创新思维训练，把知识和经验更好地运用到首要创新活动中去。
- 不断学习创新，大胆尝试和实践，能够认真、有效地总结经验。

【案例 6-2】

废料中净赚了 12.5 万美元

美国人斯塔克既没有自己的企业，也没有雄厚的资本，但他特别渴望赚钱，脑海里充满了赚钱的想法。虽然有的不成熟，有的不现实，但却培养了他这种时常思考赚钱方法的习惯。

机会果然来了，他创造了一个神奇的点子，令人惊叹不已。当时美国的得克萨斯州有座很大的历史悠久的女神像，许多人都喜欢来这里参观、照相。但因女神像年久失修，当地州政府决定将它推倒，只保留其他建筑。推倒后，广场上留下了几百吨的废料：有碎渣、废钢筋、朽木块、烂水泥……既不能就地焚化，也不能挖坑深埋，只能装运到很远的垃圾场去。有的人为女神像的推倒而感到可惜，有的人为垃圾的处理而头痛，有的人为将来广场的建设而作种种设想，唯有斯塔克以敏锐的眼光看到了这些腐朽的废渣里藏着的钱财。他来到市政有关部门，说愿意承担这件"苦差事"。他说，政府不必费 25000 美元，只需拿 20000 美元给他就行了，他保证处理好这些垃圾。

对于这样的好事，市政部门没有不同意的道理，合同当场就定下了。斯塔克要这些垃圾干什么呢？他请人将大块废料破成小块，然后进行分类：把废铜皮改铸成纪念币；把废铁、废铝做成纪念品；把水泥做成小石碑，把女神像帽子弄成很好看的小块，标明这是神像的著名桂冠的某部分；把女神像嘴唇的小块标明是她那可爱的小嘴唇……装在一个个十分精美而又便宜的小盒子里，甚至朽木、泥土也用红绸垫上，装在玲珑透明的盒子里。斯塔克将这些纪念品出售，小的 1 美元一个，中等的售 2.5 美元，大的 10 美元左右。卖得最贵的是女神的嘴唇、桂冠、眼睛、戒指等，150 美元左右一个，都被很快抢购一空。

这样，斯塔克从一堆废料中净赚了 12.5 万美元。面对同样一堆垃圾，唯有斯塔克从中想到了赚钱的妙计。所以，你可以缺乏体力，可以缺乏资金，但决不能缺乏智慧，智慧是赚钱的最大资本。

三、创新必备的心理素质

创新应具备的心理素质是多方面的，但主要有积极的人生态度，这是从世界观的高度看问题；肯定的自我意识，是创新的先决条件；较高的动机水平，是创新的强劲动力；创造性的认知风格，是创新的人格特质；积极的情绪状态，是创新的心理环境。

1. 积极的人生态度

积极的人生态度是指使人的心理活动保持一种稳定、持久的积极状态，这是人的心理活动维持一定的质和量的水平特征。积极的人生态度是创造性人格中的灵魂，它可以使人脱离低级趣味，从而为人类的文明进步、为人类的美好事业、为追求真理而发挥自己全部的聪明才智。大学生如果缺少这一人格特质，就会缺少创造的动力，就会远离创新。

2. 肯定的自我意识

肯定的自我意识是指对自我的存在及其意义和价值的认识和了解。心理学家认为，高创造性的人，一般都具有坚强的自信，做到自我承认、自我肯定，能充分地肯定自我潜能的存在，并能最大限度地挖掘和利用它。在主体有自信地肯定自我有某一种能力倾向时，他就有可能在该领域比他人做得更好，就有可能发展自己某一方面的兴趣，展示出某一方面的特殊才能，在某一方面的创新思维比他人更可能有所突破，进而更加自信。

3. 较高的动机水平

动机是引发并维持人的行动和追求以达到一定目标的内在原因。通俗地讲，动机是使人们坚持去做某件事和不做某件事的直接原因。目前，心理学中把动机分为内在动机和外在动机。内在动机包括人们的好奇心、求知欲、对事物本身的兴趣等。外在动机是指由外部刺激引起的，高水平的创造动机，是富有创造性人格结构中的动力源泉，也是创新得以施展的能源。

【案例6-3】

现代第一个创造力测试

吉尔福特是一位著名的心理学家，被奉为现代创造力之父。二战期间，他被指派去设计一项能够挑选出最佳轰炸机飞行员人选的性格测试系统。为此，吉尔福特使用了智力测验、评分系统及面试等方法。但令他大为恼火的是，空军委派了一名没有经过心理训练的退役空军飞行员帮助他进行筛选工作。吉尔福特并不信任这名退役空军飞行员。最终，吉尔福特与退役飞行员挑选了不同的候选人。在随后的工作评审中，非常奇怪的是吉尔福特挑选的飞行员与退役飞行员挑选的人选相比，被击落毙命的人数多出许多。吉尔福特随后为自己将如此之多的飞行员送上绝路而沮丧不堪，以致他想到要自杀。但最终他没有那样做，他决心要找出退役飞行员挑选的比自己挑选的人选出色的原因。这位退役飞行员说，他问了所有飞行员候选人一个问题："你在飞过德国时，如果遭遇德国的防空部队炮火时会怎么办？"他淘汰了所有回答"我会飞得更高"的候选人，而挑选了违反飞行条例准则的人，例如，那些回答"我不知道，可能我会俯冲"或"我会'之'字形前进"或"我会转圈，掉头避开火力"的人。遵循飞行条例准则的飞行员都是可被预测的人，这就是吉尔福特失败的原因。因为德国人清楚美国飞行员遭遇炮火会飞得更高，因而他们的战斗机会停留在云端，准备将美国飞行员击落。换句话说，那些具有创造力、不按照准则飞行的飞行员会比那些可能更聪明、但却局限于规则的飞行员更容易幸存下来。吉尔福特突然意识到，一个人具有独特思维和富有创造力，也是一种才华，于是他决定进一步去研究这种才华。他要找出那些能够灵机一动就想出绝妙办法、具有创造力的人，作为飞行员的合适人选。

随后，吉尔福特为美国空军设计了世界上第一套创造力测试题。问题之一就是让候选人尽可能多地说出砖的用途。问题虽然简单，但却是测试候选人创造力的绝佳方法。有些人不费吹灰之力就可以不断地想出砖的不同用途，而另外一些人却需要经过长时间思考，并且只给出了砖的几种用途。

4. 创造性的认知风格

由于个体人格特征不同，每个人都有自己的认知风格，这是最具个体差异性的人格特质。认知是创新的前提，没有创造性的认知，不可能进行创新活动。我国学者把富于创造性的认知风格特点概括为以下 7 个方面：① 感知敏锐，善于发现问题、提出疑问；② 感知全面、客观；③ 认识具有独立性；④ 思维流畅，记忆准确、广阔；⑤ 思维灵活；⑥ 思维开放；⑦ 富有想象力和幽默感。

5. 积极的情绪状态

经常保持快乐、良好的心境，对事物的高度热情等，都是创新思维主体应有的积极情绪状态。心理学家的研究认为，当人们处在消极情绪、情感状态时，如在过分紧张、忧愁、沮丧时，不仅会出现生理上的变化，而且在心理上会出现记忆力、理解力、想象力和自制力的下降，甚至失去理智；然而，过分松弛也难以产生创造性思维，只有人的情感既积极活跃而又不过度时，才能产生创造性思维。

四、创新教育

创新教育的前身为创造教育，创新教育本身是创造教育的延续。创造教育是由英国心理学家、优生学家高尔顿开创的。此后，创造教育先后在美国、日本、德国得到重视和发展，并迅速扩展到世界其他国家。第二次世界大战后，创造教育受到广泛重视，初步形成理论体系。我国的创新教育起步较早，著名教育家陶行知即为中国创新教育的开拓者。他于 20 世纪 30 年代在育才学校设立"育才创造奖金"，后发表《创造宣言》。此后，由于历史原因，创造教育未能在实践中得到落实。直到 1985 年 5 月 27 日，中共中央下发的《关于教育体制改革的决定》才将具有"创造精神"列为我国教育所要培养的人的基本目标之一。1999 年 1 月 18 日颁布的《面向 21 世纪教育振兴行动计划》中提出了更为明确的目标，即提高全民族素质和创新能力。1999 年 6 月召开的第三次全国教育工作会议，其主题是以提高国民素质为根本宗旨，以培养学生的创新精神和实践能力为重点，全面推进素质教育。党的十六大以来，"提高自主创新能力，建设创新型国家"已经上升为国家战略，创新教育迎来新的契机。

那么，什么是创新教育呢？从字面上看，创新教育就是通过教学活动来培养学生的创新能力，进而增强学生创造新事物的能力。对创新教育的理解，既要考虑创新教育的历史和已经形成的规约，又要考虑到创新教育已有的升华和将来的发展。创新教育既是一种反映时代需要的新的教育理念，也是一系列"为创新而教"的教育教学活动。从整个社会层面来看，创新教育就是为了使人能够创新而进行的教育。凡是以培养人的创新思维、创新素质和创新能力为主要目的的教育都可以称之为创新教育。

第二节 创新思维

思维具有非凡的魔力，只要学会运用它，你也可以像爱因斯坦一样聪明和有创造力。美国宇航局大门的铭石上写着："只要你敢想，我就能实现。"

世界上绝大多数人都拥有一定的创新天赋，但许多人盲从于习惯，盲从于权威，不愿与众不同，不敢标新立异，所以在任何时候、任何组织中成功的只有少数人。

一、创新思维的定义和特点

（一）定义

创新思维又称创造性思维，是指对事物间的联系进行前所未有的思考，从而创造出新事物的思维方法，是一切具有崭新内容思维形式的总和。一切需要创新的活动都离不开思考，离不开创新思维，可以说，创新思维是一切创新活动的开始。

（二）特点

1. 求异性

创新思维是思维的高级形态，其最大特点是相异性和差异性，即同样一个问题，不同的人有不同的思维。求异性是创新思维的本质属性。

【案例6-4】

两个推销人员到一个岛屿上去推销鞋。第一个推销员到了岛屿上之后，发现这个岛屿上每个人都是赤脚。他气馁了，没有穿鞋的，推销鞋怎么行，这个岛屿上的人没有穿鞋的习惯。他马上打电话回去，鞋不要运来了，这个岛上没有销路的，每个人都不穿鞋的！

第二个推销员来了，高兴得几乎昏过去了，因为他发现这个岛屿上的鞋的销售市场太大了，每一个人都不穿鞋啊，要是一个人穿一双鞋，那要销出多少双鞋啊！他马上打电报，空运鞋来。

同样一个问题，不同的思维得出的结论是不同的。

2. 灵活性

创造性思维思路开阔，善于从全方位思考问题，思路若遇难题受阻，不拘泥于一种模式，能灵活变换某种因素，从新角度去思考，调整思路，从一个思路到另一个思路，从一个意境到另一个意境，善于巧妙地转变思维方向，随机应变，产生适合时宜的办法。创造性思维善于寻优，选择最佳方案，机动灵活，能富有成效地解决问题。

3. 飞跃性

创造性思维的思维进程带有很大的省略性，其思维步骤、思维跨度较大，具有明显

212

的跳跃性。

4. 整体性

任何事物都是作为系统而存在的,由相互联系、相互依存、相互制约的多层次、多方面的因素,按照一定结构组成的有机整体。这就要求创新者在思维时,将事物放在系统中进行思考,进行全方位、多层次、多方面的分析与综合,找出与事物相关的、相互作用、相互制约、相互影响的内在联系。

二、创新思维训练

生物学家贝尔纳曾经讲过:"妨碍人们创新的最大障碍,并不是未知的东西,而是已知的东西。"人的思维一旦沿着一定的方向,按照一定的次序思考,久而久之,就容易形成一种惯性,就会阻碍新观念、新想法的构想,成为创造性解决问题的障碍。所以,要具备创新能力,必须首先冲破"思维枷锁"。

(一)冲破界限

1. 定势思维

(1)定势思维的概念。定势思维最为普遍的解释是:人们从事某项活动的预先准备的心理状态,过去的思维影响现在的思维,是按习惯的、比较固定的思路去考虑问题、分析问题,表现为在解决问题的过程中做特定方式的心理准备。

【案例6-5】

一位心理学家曾和乔打赌说:"如果给你一个鸟笼,并挂在你房中,那么你就一定会买一只鸟。"乔同意打赌。心理学家就买了一只非常漂亮的瑞士鸟笼送给他,乔把鸟笼挂在起居室桌子边。结果大家可想而知,当人们走进来时就问:"乔,你的鸟什么时候死了?"乔立刻回答:"我从未养过一只鸟。""那么,你要一只鸟笼干吗?"乔无法解释……后来,只要有人来乔的房子,就会问同样的问题。乔的心情因此搞得很烦躁,为了不再让人询问,乔干脆买了一只鸟装进了空鸟笼里。

(2)定势思维的作用。定势思维对常规思考是有利的。因为人们在思考同类或相似问题的时候,能不走或少走许多弯路,缩短思考的时间,提高思考的质量和成功率。但定势思维却十分不利于创新思考。比如有很多问题经过深入研究最后获得重大成果的现象,其实早就有人遇到过这些问题,但为什么只能有极个别的人才会去注意、重视和研究呢?其中的一个重要的因素就是普通人难以摆脱定势思维的束缚。某位心理学家曾经说过:"只会使用锤子的人,总是把一切问题看成是钉子。"事实上,在一个问题上形成定势思维后,时间越长,重复次数越多,束缚就会越强,摆脱或突破也就越困难。

(3)定势思维的特点。

思维模式化:许多具体的思维活动逐渐定型为一种"既定"的路线、方式、程序和模式。

思维顽固化:逐渐形成思维惯性,久而久之成为思维习惯,深入到潜意识中,成为一种本能心理反应。

2. 偏见思维

人们往往被一些自己并未察觉的假象所干扰，做出错误判断。由假象所导出的观察和判断会失真，从而产生偏见。

【案例 6 - 6】

一位农民的最高理想："我当了国王，全村的粪一个都不给你们捡，全是我的。"这似乎就是人们说的"乡村维纳斯效应"。德波诺在《实用思维》一书中饶有趣味地描述了一种常见的社会现象："在僻静的乡村，村里最漂亮的姑娘会被村民当作世界上最美的人（维纳斯），在看到更漂亮的姑娘之前，村里的人难以想象出还有比她更美的人。"

人们总是跳不出经验，它甚至让一切最大胆的幻想都打上了个人经验的偏见。

（1）经验偏见。

【案例 6 - 7】

一头驴子背盐渡河，在河边滑了一跤，跌在水里，盐溶化了。驴子站起来时，感到身体轻松了许多。驴子非常高兴，获得了经验。后来有一回，它背了棉花，以为再跌倒，可以同上次一样，于是走到河边的时候，便故意跌倒在水中。可是棉花吸收了水，驴子非但不能再站起来，而且一直向下沉，直到淹死。

驴子为何死于非命？每一个人都能够看得出：很重要的一个原因是它机械地套用了经验，受了经验偏见思维的影响，未能对经验进行改造和创新。

（2）利益偏见。

【案例 6 - 8】

印度人有一个抓猴子的办法，他们做了一个很大的透明的箱子，里面放了很多大桃子，然后在箱子上挖个很小的洞。猴子走过去，一看没人，就把爪子伸进去拿桃子了，可拿到桃子之后，爪子却怎么也拽不出来了。这个时候躲在远处的人赶紧跑过来，把猴子逮住了。

猴子的悲剧是什么原因造成的？就是利益。其实当时猴子只要放下抓到的桃子，爪子就可以拿出来了。利益偏见不是指由于利益关系导致立论的有意识的明显偏颇，而是指一种无意识的偏斜——对公正的微妙偏离。

（3）位置偏见。站在什么样的位置和地拉，就会得出什么样的认知。

【案例 6 - 9】

有一则禅的故事，说的是小海浪与大海浪的对话。小海浪：我常听人说起海，可是海是什么？它在哪里？大海浪：你周围就是海啊！小海浪：可是我看不到？大海浪：海在你里面，也在你外面，你生于海，终归于海，海包围着你，就像你自己的身体。

"不识庐山真面目，只缘身在此山中。"这就叫"思不出其位"。每个人都生活在社会一定的坐标体系中，各种思想无不打上其鲜明的烙印。

（4）文化偏见。人们都受到自己所在地域、国家、民族长期积淀的文化影响，看待问题的角度不可避免地打上文化、宗教、习俗的烙印。如一些外国学生在读了《红楼梦》后，总是不解地问中国老师："为什么宝玉和黛玉不偷些金银财宝然后私奔呢？"中国老师也很难用一两句话解释清楚。

（5）点状思维（以偏概全）。

【案例 6 - 10】

在加纳的一所寄宿制中学里，一位老师走进了教室。他先拿出一张画有一个黑点的白纸，问他的学生："孩子们，你们看到了什么？"学生们盯住黑点，齐声喊道："一个黑点。"老师非常沮丧，"难道你们谁也没有看到这张白纸吗？眼光集中在黑点上，黑点会越来越大。生活中你们可不要这样啊！"教室里鸦雀无声。老师又拿出一张黑纸，中间有一个白点。他问他的学生："孩子们，你们又看到了什么？"学生们齐声回答："一个白点。"老师高兴地笑了："孩子们太好了，无限美好的未来在等着你们。"

为什么你的眼睛仅盯住那个黑点？而没有看到黑点旁边的那一大片的白纸？而正是这个黑点束缚和禁锢了我们的思维，使我们看不到其余更多的、更好的、更丰富的东西。其实，更重要的是我们要关注广阔的存在，而不是那个黑点。

（6）固执己见（刻板印象）。在我们的印象里，年轻人总因血气方刚而爱冲动，老年人则保守而稳重；北方人高大而性格豪爽，南方人矮小却善于经商，这是因为我们都存在着"刻板印象"的偏见。人际交往过程中，没有时间和精力去和某个群体中的每一成员都进行深入的交往，而只能与其中的一部分成员交往，只能"由部分推知全部"。刻板印象固然有省事省力的好处，但有些情况下却会出现耽误大事的判断错误。

3. 冲破思维枷锁

对人们来说，某种定势思维或偏见思维一旦形成，很容易演变成一种非理性思维模式。并在我们认定为"事实"的判断中，包含我们并不知觉的"定势"和"偏见"，正如我们耳熟能详的：无商不奸，无官不贪；运动员四肢发达、头脑简单等。定势和偏见广泛地、悄悄地影响着我们的思维，使我们无法彻底超越。但对于创新而言，冲破思维枷锁，从思维方法上寻求对定势和偏见的有限超越是大有裨益的。

（1）避免先入为主。人们在生活中往往先入为主，凭自己的主观臆测，并非是真的事实。如果人们在平时的人际关系中总是喜欢道听途说，靠印象作出判断，就难免陷入"先入为主"的泥潭，对他人形成定势或偏见。

（2）避免"循环证实"。有些人对他人的偏见十分强烈，而且这种偏见一旦形成后，久久不能消除，还自认为有许多"理由"和"成见"，究其原因是受了"循环证实"的影响。所谓"循环证实"，即你对某人抱有反感，久而久之，对方也会对你产生敌意，于是，你就相信自己最初的判断是正确的，两人的偏见和隔阂越来越深。遇到这种情况，自己应首先主动理智地改变偏执的态度和行为，切断偏见的"恶性循环"。

（3）增加直接接触。许多定势和偏见往往是由于彼此间缺乏开诚布公的沟通、接触而形成和产生的。要克服定势与偏见，就必须跨越敌意和不信任的心理障碍，加强直接接触，不管你是喜欢还是不喜欢，理解就能万岁。

（4）提高知识修养。水平偏见是无知和愚昧的产物。一个人知识和修养水平越高，观察和分析问题的能力就越强，形成偏见的机会就会减少。反之，则容易受流言蜚语、道听途说的愚弄，而对人形成固执的偏见，妨碍做出正确的判断。对创造性思维而言，一定的经验是必需的，过多的经验和对经验的过度依赖却是有害的。在今天这样一个知识爆炸和经验积累的时代，人们更需要学会删除，头脑里应存有一个"回收站"，设定一个删除键。否则，有限的思维内存会因爆满而"死机"。

【案例 6 - 11】

突破自己，别让经验禁锢自己。一次，一艘远洋轮船不幸触礁，沉没在汪洋大海里。幸存下来的 9 位船员拼死登上一座孤岛，才得以幸存下来。但接下来的情形更加糟糕：岛上除了石头，还是石头！没有任何可以用来充饥的东西。更为要命的是：在烈日的曝晒下，每个人口渴得冒烟，水成为最珍贵的东西。尽管四周是水——海水！可谁都知道，海水又苦又涩又咸，根本不能用来解渴。现在，9 个人唯一的生存希望就是老天爷下雨或别的过往船只发现他们。等呀等，没有任何下雨的迹象，天际除了海水还是一望无际的海水，没有任何船只经过这个死一般寂静的小岛。渐渐地，8 个船员支撑不下去了，他们纷纷渴死在孤岛上。当最后一位船员快要渴死的时候，他实在忍受不住，扑进海水里，"咕嘟咕嘟"地喝了一肚子水。船员喝完海水，一点儿觉不出海水的苦涩味，相反觉得这海水又甘又甜，非常解渴！他想：也许这是自己渴死前的幻觉吧。便静静地躺在岛上，等着死神的降临。他睡了一觉，醒来后发现自己还活着，船员非常奇怪！于是他每天靠喝这岛边的海水度日，终于等来了救援的船只。后来，人们化验这水发现，这儿由于有地下泉水的不断翻涌，所以岛边上的海水实际上全是可口的泉水！

8 位船员正是死于"海水又苦又涩又咸，根本不能用来解渴"这条经验。如果他们不作先入为主的判断，敢于突破自己过去的经验，大胆尝试岛边的"海水"，就不会失去宝贵的生命。他们就是让经验束缚了思维，从而断送了自己的生命。

（二）拓宽视角

做任何事情都有诀窍。要提高创新能力，就必须拓宽思维视角，在了解创新思维具有流畅性、灵活性、独创性、精细性、敏感性和知觉性的特征前提下，敢于在解决问题时打破旧规则、旧方法的束缚，并学会通过发散性思维、质疑思维、逆向思维、直觉思维、灵感思维、横向思维等，寻求新方法与新途径。

1. 发散思维

发散思维也叫多向思维、辐射思维或扩散思维，是指对某一问题或事物的思考过程中，不拘泥于一点或一条线索，而是从仅有的信息中尽可能地向多方向扩展，不受已经确定的方式、方法、规则和范围等的约束，并且从这种扩散的思考中求得常规的和非常规的多种设想的思维。

发散思维好比自行车轮胎一样，车轮的辐条以车轴为中心向外辐射，发散思维就是沿着多条"思维线"向四面八方发散，多方向、多角度扩展思维空间。

发散思维的训练要注意思维的三个度：流畅、灵活和新颖。流畅是指一定时间内产生观念的多少；灵活是指能产生不同类别属性的观念；新颖是指思维新奇独特的量度。

2. 收敛思维

收敛思维也叫作聚合思维、求同思维、辐集思维、集中思维。收敛思维是从已知条件和既定目标中寻求唯一答案的思维方式。它是为了解决某一问题，在众多的现象、线索、信息中，向着问题的一个方向思考，根据已有的经验知识或传统的方式方法，去思考得出最好的结论和最好的解决办法。

收敛思维是一种从众多答案或方案中寻求唯一的正确答案或最佳方案的思维方式。它表现为"以多趋一",其基本结果就是归一、聚合。它有如下特征:

(1)封闭。把许多发散思维的结果由各个方向聚合起来,从众多方案中选择一个最为合理的方案。

(2)连续。在解决问题的过程中,明确规定先做什么,后做什么,有一定的顺序,一环扣一环,具有较强的连续性。

(3)求实。发散思维所产生的众多设想或方案,一般来说多数都是不成熟的,对发散思维的结果必须进行筛选。收敛思维就起到筛选和比较的作用,被筛选出来的设想或方案是按照实用的标准来决定的,应当是切实可行的,具有较强的求实性。

【案例6-12】

在日本丰田汽车公司,曾经流行过一种管理方法,叫作"追问到底",以便找出最终的原因。比如某台机器突然停了,那就沿着这条线索进行一系列的追问:机器为什么不转了?答:因为保险丝断了。问:为什么保险丝会断?答:因为超负荷而造成电流太大。问:为什么会超负荷?答:因为轴承枯涩不够润滑。问:为什么轴承枯涩不够润滑?答:因为油泵吸不上来润滑油。问:为什么油泵吸不上来润滑油?答:因为抽油泵产生了严重磨损。问:为什么油泵会产生严重磨损?答:因为油泵未装过滤器而使铁屑混入。

追问到此,最终的原因就算找到了。给油泵装上过滤器,再换上保险丝,机器就正常运行了。如果不进行这一番追问,只是简单地换上一根保险丝,机器照样立即转动,但用不了多久,机器又会停下来,因为最终原因没有找到。

3.逆向思维

逆向思维也叫作反向思维,是指改变一般的思维程序,从相反方向展开思路,分析与解决问题的方法。逆向思维是发现问题、分析问题、解决问题的重要手段,有助于克服思维定式的局限性,是决策思维的重要方式之一。

逆向思维有如下方法:

(1)怀疑法,以怀疑的眼光看待事物。

(2)对立互补法,要求思考者在处理问题时既要看到事物之间的差异,也要看到因事物之间存在差异而带来的互补性。

(3)悖论法,对某个概念或学说,思考者应积极主动地从正反两方面进行思考,以求找出其中存在悖论的地方。

(4)批判法,对言论、行为进行分辨、评断、剖析,以发现客观事实。

(5)反事实法,思维活动所指的对象和内容并不都是正在发生或将要发生的事情。

【案例6-13】

美国人为了庆祝巴拿马运河竣工,经过几年筹备,于1915年在旧金山举办了一场"巴拿马万国博览会"。我国送展的茅台酒由于装潢简朴而无人问津。展会即将结束,一位中国代表心生一计,佯装失手摔坏了一瓶茅台酒,顿时醇香四溢,评委们一下子被吸引住了,经反复品尝后一致认定茅台酒是世界最好的白酒。

这是逆向思维最经典的案例之一。

4．想象思维

想象思维是人脑通过形象化的概括作用对脑内已有的记忆表象进行加工、改造或重组的思维活动。它是形象思维的具体化，是人脑借助表象进行加工操作的最主要形式。具有如下特征：

（1）形象。想象思维操作活动的基本单元是表象，是一些画面，静止的画面像照片，活动的画面像电影。

（2）概括。想象思维实质上是一种思维的并行操作，即一方面反映已有的记忆表象，同时把已有的表象变换、组合成新的图像，达到对外部时间的整体把握。

（3）超越。想象思维最宝贵特性是可以超越已有的记忆表象范围而产生许多新的表象，这正是人脑的创造活动最重要的表现，特别是一些重大的发明创造，都离不开超越性想象。在进行想象思维时，一般有两种方法，即不受意识主体支配的无意想象和受主题意识支配的有意想象。

【案例 6 - 14】

韩信是我国历史上有名的将领。有一天，刘邦想试一试韩信的智谋。他拿出一块五寸见方的布帛，对韩信说："给你一天的时间，你在这上面尽量画上士兵。你能画多少，我就给你带多少兵。"站在一旁的萧何想：这一小块布帛，能画几个兵？急得暗暗叫苦。不想韩信毫不迟疑地接过布帛就走。第二天，韩信按时交上布帛，上面虽然画了些东西，但一个士兵也没有。刘邦看了却大吃一惊，心想韩信的确是一个胸有兵马千万的人才，于是把兵权交给了他。

那么，韩信在布帛上究竟画了些什么呢？原来，韩信在布帛上画了一座城楼，城门口战马露出头来，一面"帅"字旗斜出。虽没见一兵一卒，却可想象到千军万马。

5．联想思维

联想思维是指在人脑内记忆表象系统中，由于某种诱因使不同表象发生联系的一种没有固定思维方向的自由思维活动。联想思维和想象思维可以说是一对孪生姐妹，在人的思维活动中起基础性的作用。其特点可以表述为：跳跃性连接、形象性和概括性。

联想思维有如下 4 种方法：

（1）接近联想。时间或空间上的接近都可以引起事物之间的联想。

（2）相似联想。从外形或性质上的、意义上的相似引起的联想，都是相似联想。

（3）对比联想。由事物间完全对立或存在某种差异而引起的联想，就是对比联想。（相反特征的事物或相互对立的事物间所形成的联想。）

（4）因果联想。由于两个事物存在因果关系而引起的联想，就是因果联想。这种联想往往是双向的，可以由因想到果，也可以由果想到因。

6．类比联想

类比法就是通过对一种事物与另一种（类）事物的对比，进行创新的方法。其特点是以大量联想为基础，以不同事物间的相同、类比为纽带。

例如，德国气象学家、地球物理学家魏格纳，有一次在看地图时，发现大西洋两岸的海岸线十分吻合，只要非洲方面有一个凹进去的海湾，对应的巴西海岸就有一个凸出来的地方与之对应，几乎完全可以拼到一起。这就引起了他的联想：难道大西洋两岸原来是在一起的吗？

于是，他开始寻找并搜集支持他这种非逻辑思维得出的假设，以便能获得必要的理论依据。经过将大西洋两岸的地形地貌、地质结构、山川山脉、植被植物、海滨生物、爬虫化石等的比较和研究，终于形成了一套关于大陆漂移学说的科学理论。

（三）思维重构

1. 新思维的内涵及表现

新思维是指在思维活动中产生超越以前的思维、观念、知识的思维。不仅包括前人所未有的科学发现和创新，也包括对自己来讲是新的思维，而不管他人是否有过这样的思维。当你突然对某一个事物、某一个人、某一个事件产生新的认识或感悟，新的思维就会出现。新思维有两个基本原理：一是新思维人人都有，二是新思维可以后期培养。

英国心理学家华莱士于 1926 年提出了四阶段创造过程，即任何创造过程都包括准备阶段、酝酿阶段、明朗阶段、验证阶段。在准备阶段，要明确需要解决的问题，围绕问题搜集信息资料，并使之概括化和系统化，形成自己的认识，了解问题的性质，澄清疑难和关键等。与此同时，开始尝试和寻找初步解决的方法；酝酿阶段，将需要解决的问题搁置起来，不去做有意识的表象工作，而是继续思考关联要素；明朗阶段，问题在思考过程中，豁然开朗，类似柳暗花明又一村的感觉，在某个特定情境下的某个特定启发，唤醒了困顿，新意识猛然涌现，问题被化解；验证阶段，对过程进行反思，检验解决的方法是否正确，如果验证出方法不正确，上述过程必须全部重新或部分重新进行。

新思维的产生主要经历了问题提出和假设论证这两个思维阶段，前一种思维阶段是以非逻辑思维为主要形式，后一种思维阶段是以逻辑思维为主要形式。创新思维能力的关键是非逻辑思维。

2. 重构思维模式

重构思维模式的关键是从建立一定基础的知识开始，充分发挥非逻辑思维能力，再以逻辑思维能力给予各种假设验证，从而实现创新思维，提高创新思维能力。

作为关键要素的非逻辑思维，如何去挖掘其潜能呢？纵观一些发明创造或科学体系建立，不外乎都有一种相同的现象，即探究过去，了解现在，推理未来。

所以，处理问题首先必须搜集该事物过去的准确信息，然后以自己的观点去分析信息，千万不要被某些权威，如某个著名人物、机构的定论限制思维，一定要亲自验证，接着掌握问题现在的状态，从根源上寻找解决问题的措施或方案，最后通过方案落实后的验证，反推过程，看有没有其他解决方法，新思维就有可能出现。

3. 六顶思考帽

思考最大的障碍是混乱，我们总是试图同时做太多的事情。情感、信息、逻辑、希望和创造性都蜂拥而来，如同抛耍太多的球。如何使思考变得更加有效率？英国籍马耳他裔学者爱德华·德·博诺博士开发的思维训练模式"六顶思考帽"，提供了"平行思维"的工具，避免将时间浪费在互相争执上，强调的是"能够成为什么"，而非"本身是什么"，是寻求一条向前发展的路，而不是争论谁对谁错。运用博诺的"六顶思考帽"，将会使混乱的思考变得更清晰。

（1）六项思考帽的功能：

1）白色思考帽。白色是中立而客观的。戴上白色思考帽，人们思考的是关注客观的事实和数据。

2）黄色思考帽。黄色代表价值与肯定。戴上黄色思考帽，人们从正面考虑问题，表达乐观的、满怀希望的、建设性的观点。

3）黑色思考帽。戴上黑色思考帽，人们可以运用否定、怀疑、质疑的看法，合乎逻辑地进行批判，尽情发表负面的意见，找出逻辑上的错误。

4）红色思考帽。红色是情感的色彩。戴上红色思考帽，人们可以表现自己的情绪，人们还可以表达直觉、感觉、预感等方面的看法。

5）绿色思考帽。绿色代表茵茵芳草，象征勃勃生机。绿色思考帽寓意创造力和想象力。它具有创造性思考、头脑风暴、求异思维等功能。

6）蓝色思考帽。蓝色思考帽负责控制和调节思维过程。它负责控制各种思考帽的使用顺序，它规划和管理整个思考过程，并负责做出结论。

（2）六项思考帽的应用。爱德华博士说："有两种使用六项思考帽的基本方法，一种是单独使用某顶思考帽来进行某个类型思考的方法；另一种是连续的使用思考帽来考察和解决一个问题。"

一个典型的六项思考帽团队在实际中的应用步骤：

1）陈述问题事实（白帽）。

2）提出如何解决问题的建议（绿帽）。

3）评估建议的优点（黄帽）。

4）列举建议的缺点（黑帽）。

5）对各项选择方案进行直觉判断（红帽）。

6）总结陈述，得出方案（蓝帽）。

这种思维区别于批判性、辩论性、对立性的方法，而是一种具有建设性、设计性和创新性的思维管理工具。它使思考者克服情绪感染，剔除思维的无助和混乱，摆脱习惯思维枷锁的束缚，以更高效率的方式进行思考。用六种颜色的帽子这种形象化的手段使我们非常容易驾驭复杂性的思维。当你认为问题无法解决时，"六项思考帽"就会给你一个崭新的契机，使各种不同的想法和观点能够和谐地组织在一起，经过一个深思熟虑的过程，发现答案。

（四）头脑风暴法

所谓头脑风暴（Brain Storming），最早是精神病理学上的用语，是指精神病患者的一种胡思乱想的思维状态，在创造学中转化为无限制的自由联想和讨论，其目的在于产生新观念或激发创造性设想。头脑风暴法是由美国创造学家亚历克斯·奥斯本于1939年首次提出、1953年正式发表的一种激发思维的方法。

1. 头脑风暴法的要求

为使与会者畅所欲言，互相启发和激励，达到较高效率，必须严格遵守下列原则：

（1）禁止批评和评论，也不要过分自谦，彻底防止出现一些"扼杀性语句"和"自我扼杀语句"，集中全部精力开拓自己的思路。

（2）目标集中，追求设想数量，越多越好。在智力激励法实施会上，只强调大家提设想，越多越好。会议以谋取设想的数量为目标。

（3）鼓励巧妙地利用和改善他人的设想。每个与会者都要从他人的设想中激励自己，从中得到启示，或补充他人的设想，或将他人的若干设想综合起来提出新的设想等。

（4）与会人员一律平等，各种设想全部被记录下来。与会人员不论是该方面的专家、员工，还是其他领域的学者，以及该领域的外行，一律平等；各种设想，不论大小，甚至是最荒诞的设想，记录人员也要认真地将其完整地记录下来。

（5）主张独立思考，不允许私下交谈，以免干扰他人思维。

（6）提倡自由发言，畅所欲言，任意思考。

（7）不强调个人的成绩，应以小组的整体利益为重，注意和理解他人的贡献，人人创造民主环境，不以多数人的意见阻碍个人新的观点的产生，激发个人追求更多更好的主意。

2. 头脑风暴法实施程序

头脑风暴法的具体运作程序通常分为五个步骤：

（1）确定选题。头脑风暴法适合解决单一明确的问题，不适合处理复杂、面广的问题。对于后者可分解成若干简单的小课题，逐个解决。

（2）会前准备。会前应该对会议参与人、主持人和选题任务进行落实，必要时可进行柔性训练。

1）选定理想的主持人，善于启发和鼓励。

2）组成头脑风暴法小组，小组成员不一定全是专家。

3）会议之前通知与会成员，告诉会议目的，以便事前做些准备工作，但要防止造成先入为主的后果。

（3）热身。"热身"的目的在于使与会者逐步地全身心地投入，使大脑进入最佳启动状态。

（4）小型会议。小型会议的与会者以 5～10 人为宜，人多了很难使与会者充分发表意见。会议时间大约为半小时到 1 小时。由主持人宣布议题后，即可启发、鼓励大家提出设想。

（5）加工处理。一旦集体讨论结束，马上检查记录结果和开始对各种回应进行评价。

第三节 分析创业环境 寻找创业机会

"励志照亮人生，创业改变命运。"一个充满机会和挑战的时代正向我们走来。展望未来，科技进步和经济发展将使世界变小、时间变短。每一位有识之士都想做出一番大的事业，掌握自己的命运，创造出属于自己的一份事业。

创业是建立在能力和机会的基础上的，对创业者或投资者来说，学会快速估算某种机会是否存在商业潜力，以及决定在这种机会上花费多少时间和精力是一项重要的技能。

一、大学生创业

（一）创业

创业有广义和狭义之分。广义的创业将创业提升到国家和民族的高度，泛指在各个领域开创事业并且在特定领域内造成较大的影响，一般强调关系到国计民生或者民族命运的事业。例如，近代以来，各界有志之士为了救国图存，在抵抗侵略和反抗独裁统治的伟大斗争中发挥了艰苦卓绝的创业精神，将创业的内涵提高到了一个新的更高的层次。中国共产党领导中国人民推翻三座大山，建立了中华人民共和国，创下了史无前例的伟大功业。新中国成立以来，特别是改革开放以来，党领导人民进行社会主义现代化建设，开创了中国特色社会主义伟大事业。不过，这种层次的创业只属于伟人，与普通人关系不大。所以，人们一般是从狭义上来理解和使用创业概念的。狭义上的创业，是经济学意义上的创业，是指通过利用各种资源包括人力资本创造价值，以产品或服务的形式贡献给消费者，同时自身获取利润并取得发展的过程。

创业是带有创新含量的创业，而不是简单的谋生。在生活中，很多人都将创业单纯地理解为"创立产业"，以为创业其实很简单，开个小店，做点小本生意，就是拥有了一份产业。这种所谓的"创业"其实并不是严格意义上的创业，只是一种谋生的手段，充其量只能算"谋生型创业"，是创业主体出于别无选择的境地，只好将创业作为生存的手段。我们所说的创业是"创新型创业"，即创业主体出于抓住机会的强烈欲望和固有偏好，将创业作为追求事业、实现自我，并最终通过产品和市场创新，创建新的企业，获得经济效益的过程。在这一过程中，需要创业者发挥创新思维，只有发现和捕捉机会并由此实践系统化的创新，才能够实现真正的创业。

（二）大学生应具备的创业能力

大学生创业已经成为一道风景线，但这道风景线却有着截然不同的两面，一面是令人振奋的创业"英雄榜"，一面是令人痛心的"伤心墙"。看来，"学生老板"并非人人能当，创业并非人人都能成功。到底是什么造成了这两种截然不同的结果？大学生创业首先是对自身综合素质的一次考验，必须要有一定的专业知识、学习能力、应变能力、处理人际关系的能力、合作意识和良好的心理素质等。这些素质，是每个人立足社会的基本素质，也是创业者所必备的。但是，对于创业者来说，仅有这些基本素质是远远不够的，还必须打造和提升创业所必备的创业能力。大学生创业不仅是自身综合素质的考验，更是对创业能力的考验。创业能力的高低，才是决定大学生创业成功与否的关键。

创业者必须具备创业所需的创业能力，这种创业能力无疑是与"企业"二字紧密相连的，是由企业的申办、运营和管理等因素所决定的。一般来说，创业者所需的创业能力包括：

1. 熟悉法律法规

遵纪守法是企业正常运行的通行证。遵纪守法的前提就是要熟知我国的各项法律法规，特别是与企业、金融、税收等方面相关的法律法规，如企业登记法、合同法、反不正当竞争法、税法等。这些法律法规就像海上的灯塔，是所有企业经营者都必须熟知的。如果对法律法规一无所知，就只能在海上盲目航行，随时有可能触礁。

2. 具有市场意识

一个好的创意，在市场上并不一定有价值。市场上有价值的东西，并不一定难做，关键是怎样把市场的需求和创意结合起来。创业要成功，创业者必须密切关注市场，注意了解市场动向，分析需求发展趋势，把握稍纵即逝的商机。不了解市场，盲目创业，最后只怕会淹没在市场的大潮之中。这种市场意识主要体现在市场调查、市场预测、市场营销和捕捉市场机会的能力之中。

3. 拥有企业管理能力

创业的过程，其实就是创建、经营和管理企业的过程。企业的管理包括财务管理、人事管理、团队管理、风险管理、战略管理。市场充满了竞争和风险，创业要想获得成功，良好的经营管理十分必要。初创企业一般规模较小，更需要仔细运作。经营管理不善极可能造成资金周转不灵、人才流失、战略失策等问题。目前，缺乏企业经营管理能力是创业者，特别是大学生创业面临的最大问题。

4. 掌握商业谈判和有效沟通

创业是在社会环境下进行的，它所需要的社交能力自然不是打招呼那么简单。它要求创业者必须掌握谈判技巧和与人沟通的能力。这两种能力在创业过程中发挥着重要的作用。特别是谈判技巧，它是创业者劝说说服的重要工具。社会上的人际关系远不如同学、师生关系那么简单，创业者能否随机应变，在人际交往中做到有效沟通，将影响其创业的成败。

【链接】如果你能够为以下 9 个问题找到满意的答案，就说明你已经具备了创业的基本素质。

（1）你是否发展出一个能够创造利润的创新经营模式？而且能够描述经营模式中顾客需求、核心策略、资源整合能力、价值链各要素的内涵及创造利润的可能方式。

（2）你是否拥有能够协助企业取得各项必要资源的网络关系能力？

（3）你是否勇于承诺愿意承担风险与愿意吃苦耐劳？能够勇敢地在公开场合向大众做出承诺的创业者，你的决心与行动力就不会令人质疑。

（4）你是否提出一个明确可行且能够结合市场机会的创业构想？这个创业构想也必须要具有一定程度的创新以及能带来市场竞争优势。

（5）你是否具有强烈的创业企图心？唯有强烈的企图心才能化为持久的行动与坚持的毅力。没有强烈企图心的人恐怕是不太适合创业，这点创业者自己必须先要三思。

（6）你是否具有一个能够振奋人心的愿景？这个愿景必须是远大且清晰的，除了能使自己兴奋，也能激发他人追随你一起创业的意愿。

（7）你是否拥有足以经营管理一个新生企业发展的经验与能力？你是否拥有足以带领团队前进的领导与沟通能力？

（8）你是否拥有足以判断产业相关技术与产品发展的专业能力？

（9）你是否看到一个具有潜力的市场机会？必须是一个潜力够大，且在可见的未来能够被实现的市场机会，当然也需要能够大略估计实现市场潜力所需要的时间与资源条件。

以上 9 个问题一般可以考验你的创业时机是否成熟。但是凡事总有例外，一个最简单的方式也可以包括所有的烦琐程式：你到了准备为创业而献身的地步了吗？如果是，恭喜你！没有什么条件比这个更能够证明你创业条件的成熟了。

二、创业环境分析

（一）创业环境的概念

创业环境是指创业者周围的境况，围绕着创业企业生存和发展变化，对其产生影响或制约创业企业发展的一系列外部因素及其所组成的有机整体。

1. 宏观环境

市场开放程度、国际地位、信誉和工作效率、金融市场的有效性、劳动力市场的完善、法律制度的健全以及技术的进步等宏观环境因素对创业者的投资兴业起着较大的诱导和促进作用，对创业企业的生存和发展产生重要影响。

2. 地区环境

不同地区对不同的企业、行业和产业都有不同的支持力度，在这一地区可能失败，但在另外一个地区则有可能成功。

3. 行业环境

选择行业一定要慎重再慎重。必须关注两个问题：一是行业内的竞争程度及变化程度；二是行业所处的生命周期。如果行业内竞争已十分激烈，进入壁垒高或已处于夕阳阶段的行业，创业企业成功的概率就不高，即使成功也十分艰难。

（二）创业环境的内容

创业环境条件应该包括以下方面。

1. 政府政策

这包括对创业活动和创业企业成长的规定、就业的规定、环境和安全的规定、企业组织形式的规定、税收的规定等，还包括政策的执行情况、落实情况和实施上的效率情况等。

2. 政府项目

提供项目支持是政府政策的具体化。这种支持既包括提供资金和项目，也包括提供服务支持和建立扶植创业企业的相关组织和机构，以及通过这些组织和机构举办和开发的大量创业项目。

3. 金融支持

创业的金融支持最主要的来源是私人权益资本、自有资金、亲戚朋友投资或其他的私人股权投资。

4. 教育与培训

教育培训是创业活动得以开展的必要条件，也是创业者将潜在商机变为现实商机的基础。

5. 切入时机

我国的市场正处于市场增长率高、市场变化率高的阶段，对创业企业来说，是个难得的机遇。创业企业进入成本相对较低。

6. 文化和社会规范

我国目前的文化和社会规范鼓励创业和创业者，鼓励人们通过个人努力取得成功，也鼓励创造和创新的精神；更鼓励通过诚实劳动致富，让创业者勇敢地承担和面对创业中的各种风险。

（三）我国创业环境的特点

1. 法律、政策、社会环境持续改善

目前我国私营经济发展的法律环境逐步具备，创业门槛不断降低，资本市场日趋健全和活跃，创业载体和创业服务机构发展加快，创业者的后顾之忧将会越来越少。

2. 创业扶持政策不断推出

为了促进创业，国家和地方各级政府纷纷出台了相关政策，给予创业者更多的支持。例如，人力资源和社会保障部已经在全国百家创业试点城市搭建创业平台。通过开展免费创业培训、强化创业指导、优化创业环境、培育创业文化、进行创业激励等途径进行重点扶持。

3. 提供了广阔的发展空间

知识经济时代最根本的变化是资金让位于知识，知识成为最宝贵的资源、最重要的资本，这为受过良好教育并具有相当的专业知识的人才提供了无穷的机会。另外，第三产业投资少，见效快，十分适合普通大众创业，成为我国一个极具魅力的投资领域，可以为创业者提供大显身手的舞台。

三、调研市场

（一）寻找创业机会

创业是发现市场需求，寻找市场机会，通过投资经营企业满足这种需求的活动。机会无时不在，无处不在。寻求机会的简便方法，可以关注以下 6 个方面。

1. 问题

创业的根本目的是满足顾客需求，而顾客需求在没有满足前就是问题。比如，双职工家庭，没有时间照顾小孩，于是有了托儿所；没有时间买菜，就产生了送菜公司等。

2. 变化

创业的机会大都产生于不断变化的市场环境，环境变化了，市场需求、市场结构必然发生变化。这种变化可以包括：产业结构的变动、消费结构升级、城市化加速、人口结构变化、价值观与生活形态的变化、政府政策的变化、人口结构的变化、居民收入水平提高、全球化趋势等诸方面。

3. 创造发明

创造发明提供了新产品、新服务，更好地满足顾客需求，同时也带来了创业机会。

4. 新知识、新技术的产生

随着科技的发展，开发高科技领域是热门的课题，如美国近年来设立的风险性公司，IT行业占 25%，医疗和遗传基因占 16%，半导体、电子零件占 13%，通信占 9%。

5. 竞争

机会并不只属于"高科技领域"。在传统行业，如果你能弥补竞争对手的缺陷和不足，这也将成为你的创业机会。

6. 顾客的差异

机会不能从全部顾客身上去找，那就从顾客差异角度寻找。因此，在寻找机会时，应把顾客分类，认真研究各类人员的需求特点。

（二）市场调研的内容

创业市场调研的目的就是为创业项目的相关决策提供依据或者为验证创业决策中的相关推断和策划而进行的各种市场信息的搜集、整理、分析和应用的过程。因此，市场调研对创业项目的前期规划和设计有着关键性的支持作用。

1. 政策调研

创业者只有熟悉政策，利用好政策中的有利因素，规避不利因素，才能少走弯路，从而更快地让企业启动起来，事半功倍地打好创业这场战役。

2. 行业调研

创业者对自己即将从事的行业，需要有一个全面、充分、系统、细致的考察与评估。比如，你即将进入的行业是属于成长型行业，还是属于已经成熟，甚至达到饱和状态的行业？主要的合作商和客户是谁？未来的发展趋势如何？只有对此类问题有了深入的了解，你才会知道如何更好地进入特定的市场。

3. 产品和服务调研

对同类产品的调研，主要解决以下问题：如这些同类产品的外观、色彩等都有什么特点？其产品具有什么样的特点和优势，是质量取胜，还是功能取胜？同行业中失败的产品存在什么样的问题……对这些问题的答案都是你创建未来产品特色和优势的有效依据。对目标消费人群的调研分析，着重需要了解：哪类人群可能是你的长期客户？他们更看重同类产品的什么功能和服务？他们期望得到什么样的服务？

4. 客户调研

进行客户调研就是了解客户需求的过程，了解即将开发的产品和服务能否满足客户和市场的需求。客户调查包括对客户的消费心理、消费行为等特征进行调查分析，研究社会、经济、文化等因素对购买决策的影响，同时还要了解潜在顾客的需求情况，影响需求的各因素变化的情况，消费者的品牌偏好等。

5. 盈利模式调研

所谓盈利模式又可称为商业模式，就是企业通过怎样的模式和渠道来盈利。商业模式是企业生存的根本，因此，在企业启动之前，你需要去了解成功企业的盈利模式是怎样的，失败企业的盈利模式又是怎样的。只有这样才能在确立自己企业的盈利模式时能够有所借鉴、扬长避短。

（三）市场调研的步骤

市场调研工作必须有计划、有步骤地进行，以防止调查的盲目性。一般说来，市场调研可分为以下 4 个阶段。

1. 调研前的准备阶段

对现有资料进行整理、分析，明确调研的目标和范围，制订出市场调研的方案。主要包括：市场调研的内容、方法和步骤，调研计划的可行性、经费预算、调研时间等。

2．正式调查阶段

市场调研的内容和方法很多，因企业和情况而异。例如，调研市场竞合需求，寻找市场经营机会等。

3．综合分析整理资料阶段

当统计分析研究和现场直接调查完成后，市场调查人员拥有大量的一手资料。对这些资料首先要编辑，选取一切有关的、重要的资料，剔除没有参考价值的资料，然后对这些资料进行编组或分类，使之成为某种可供备用的形式，最后把有关资料用适当的形式展示出来，以便说明问题。

4．提出调研报告阶段

经过对调研材料的综合分析整理，便可根据调查目的写出调研报告，得出结论。但是，调研人员还应继续注意市场情况变化，以检验调研结果的准确程度，并发现市场新的趋势，为改进以后的调查打好基础。

（四）市场调查方法

创业者搜集市场信息的方法有两种：一种是间接方法；另一种是直接方法。

1．间接调查法

间接调查法搜集市场信息就是搜集已存在的、他人调查整理的二手信息、情报、数据或资料。这些间接的信息可以从各个渠道得到，如报纸、杂志、互联网、行业协会、研究机构、政府部门、统计机构、银行财税、咨询机构等。

2．直接调查法

搜集市场信息最直接的方法就是直接观察或者调查相关人员有关问题或感受，根据得到的答案或信息整理出有用的市场信息。

通常有以下几种直接搜集信息的方法：

（1）问卷调查法。

（2）面谈访问法。

（3）电话询问法。

（4）观察调查法。

（5）实验法。

四、选择项目

（一）创业项目的分类

1．传统技能型创业项目

传统技能型创业项目具有永恒的生命力。尤其是在酿酒、饮料、中医中药、工艺美术品、服装与食品加工、修理等与人们日常生活紧密相关的行业中，独特的传统技能项目表现出了经久不衰的竞争力，许多现代技术都无法与之竞争。

2．高新技术型创业项目

高新技术型创业项目往往知识密集度高，带有前沿性、研究开发性质的新技术、新产品等特点。

3．知识服务型创业项目

现今，各种信息量越来越大，知识更新越来越快，各类知识性咨询服务的机构将会不断细化和增加。知识服务型创业项目投资少、见效快，依托互联网创业的知识服务型创业项目数不胜数，如网络优化等。

（二）选择创业项目应考虑的因素

1．个人爱好、特长与创业目标的结合

一个人只有从事他喜欢做又有能力做的事情，他才会自觉地、全身心地投入到工作中去并忘我地工作，才有可能在遇到困难和挫折时百折不挠勇往直前，千方百计克服困难，实现创业目标。所以，选择自己感兴趣、有特长的项目，明确创业目标，是创业道路上的关键一步，决定了今后的发展方向以及发展规模，是创业能否成功的一个基石。

2．对拟进入市场的熟悉程度

大量的经验证明，许多工作需要的不是天才，而是熟悉程度，例如，经营饭店、茶馆，开办文化娱乐业等，并不需要多高的智商，只要深入地了解、熟悉、动动脑筋就可以总结出行业的规律，找到生财的窍门，再加上勤奋和信心就能够取得创业的成功。

3．能够承受风险的能力

创业过程会受到太多的不可控因素的影响，一旦把资金投入进去谁也不敢保证一定能够成功。因此，在你选择创业项目投资之前，无论你对该项目多么有把握，都必须考虑"未来最坏的情况可能是什么？最坏的情况发生时，我能不能承受？"如果以上问题的答案是很清楚并能承受，那么，只要项目预期报酬率符合你的预期目标，就可以投资，尽可能把创业风险控制在能够承受的范围之内。

（三）选择创业项目

创业项目的选择十分重要，往往决定了创业者的创业成败，还有可能影响创业者今后的事业发展。选择项目一般可按照以下的步骤进行。

第一步，对自己的资源（人际关系、资金）状况进行分析。

第二步，判断什么是自己最有优势的资源和能力。

第三步，根据自己的优势资源、能力，初选适合自己的项目。

第四步，对初选的目标项目进行市场调查。

第五步，对初选的目标项目的发展阶段及发展潜力进行判断。

第六步，初定有良好发展潜力、市场已经初步形成的行业作为创业项目。

第七步，再次分析自己的优势对初定创业项目的掌控能力。

第八步，选择可以发挥自己优势（资源、能力）、市场空间比较大、自己能够掌控的目标项目。

在以上项目选择的步骤中，需要强调的核心是：创业者对资源和优势的准确把握。

（四）选择创业项目的思路

好的创业项目意味着成功了一半。但在如今纷繁复杂的商品经济当中，如何慧眼识珠找到适合你的优秀项目？或许以下思路会对你有所帮助。

1. 选择已有的创业项目

选择已有的创业项目进行创业的现象最为普遍，如自己创立公司，或者代理加盟。建议大家在实施之前最好仔细细地评估一下市场前景、客户群体、项目运营的成本和方式、短长期目标等，这些问题考虑清楚了，相信你能做到有的放矢，运筹帷幄而决胜于千里之外。

2. 从产品找市场

当我们自己没有项目的时候，可以采用反其道而行之的方式，不去找项目，而是找市场。生活中有很多非常优秀的产品和服务，我们可以仔细评估这些产品和服务，看其是否适合市场需求，又适合哪里的市场需求，需求有多大？找到合适的市场已经成功了一半，市场需求能够带动事业的成长。

3. 复制成功项目

成功者自有成功的奥秘和窍门，我们应借助这些成功案例，并加以改进，优化设计，进一步满足市场和客户的需求，从而把握住市场的脉搏。

4. 从他人的不足中寻找项目

20世纪，美国经济迅猛发展，信息公司迅速成长，使得图样、文件、磁带、磁盘以及小型电子元件等货物交流频繁，但是市场缺乏将这些货物迅速送达目的地的好方式，巨大的浪费和很低的效率困扰着很多企业，于是"联邦快递公司"顺应时代的需求诞生了，一个新型的产业也随之产生。

【案例6-15】

初生牛犊不畏虎

当下，自信张扬的90后，比较向往自由有弹性的工作，他们"初生牛犊不畏虎"，毕业就勇敢地去迎接市场的风浪。

1990年出生的瑞昌小伙刘剑，大三时就"沉不住气"背起行囊走出"象牙塔"。放弃对他来说"索然无味"的大学生活，毅然离开天津奔赴四川学装潢技能。他仅用了半年的时间就能够娴熟设计橱柜、灶台等餐厨设施，还对各种厨具的使用方法、性能特征也了解个"透"。拿到结业证书后，便被四川一家装饰公司请去做餐厨设计的老师，每月收入七八千元。刘剑一边做讲解，一边不断学习巩固厨具设计方面的知识，几年的时间，让毛头小伙深深地"爱"上了厨房，整天围着厨房转，甚至连如何清洗餐厨用具都有了细致研究。

这两年春节回家，刘剑经过市场调查分析，发现家乡厨房装饰有很大的发展空间。今年春节刘剑果断地留在家乡创业。年初，他看中了金铭福邸东门一家商铺，便"马不停蹄"地装修布置，请员工。三月底，瑞昌市现代整体橱柜店正式开业了。他告诉记者：开业三天就接到订单了，做装饰之余还兼做设计，兼培训员工。目前只请了三位员工，以后随着业务增长再考虑请些店员。虽是千头万绪忙得很，但是携手"心爱"的事业，再苦再累也是甜。

案例中，刘剑就是在经过认真仔细的市场调查后，选择已有创业项目开创自己的整体橱柜店，同时找市场，发现厨房装饰市场的商机，大胆投资创业并取得了初步成功。

第四节 整合创业资源 开办创业项目

创业需要什么？资源。所谓创业资源是指新创企业在创造价值的过程中需要的特定的资产，包括有形与无形的资产，它是新创企业创立和运营的必要条件，包括了创业人才、创业资本、创业机会、创业技术和创业管理等。而几乎所有的创业者都不是先有资源再去创业的，而是在创业中寻找资源、整合资源。大量创业的事实证明，资源整合是成功创业的一条重要路径。

一、创业者的素质

1. 心理素质

创业是艰难的，难免会遇到苦恼、挫折、压力甚至失败，这就要求创业者必须具备承受挫折、迎接挑战的心理素质，而这些素质的培养就是靠增强自己的创业信心。对创业者来说，必须树立这样一个理念：你一定会赢。困难、挫折乃至失败，都是暂时的，关键是如何吸取教训继续前进。创业者必须具有百折不挠的精神，才能到达胜利的彼岸。

2. 应变素质

商海变幻莫测，市场千变万化，机会和风险并存，要抓住机会就必须要有冒险精神，不敢冒险就不敢前进，机会稍纵即逝。这就要求创业者时刻拥有对市场决断的勇气与洞察力，能审时度势地在复杂环境下洞察到事物的内在本质和运动发展趋势，能通过各种渠道认真听取与分析各方面意见，并不失时机地做出科学合理的决策。独树一帜的预见能力，是创业者战胜对手的法宝。

成功的创业者还少不了具备较强的社交能力和沟通能力。俗话说："一个好汉三个帮。"创业者在从事经济活动中，免不了有各种社会交往，它对加强与各方面的沟通联系、扩大影响、提高经济效益都有着不可估量的作用。沟通能力，是扩大社会交往必不可少的条件，演讲、对话、讨论、答辩、谈判、介绍等各方面的技巧与艺术的运用，再加上待人接物的恰到好处，你就能结缘天下。

3. 管理素质

管好一群人，需要创业者知人善用。善于发现人才、培养人才和使用、爱惜人才，充分调动员工的聪明才智和积极主动性，是知人善用的根本所在。知人善用，能使创业者的组织指挥能力得到充分发挥，能使各要素与环节准确无误地高效运转。知人善任，还必须建立起和谐的内外部环境，创业者要善于妥善安置、处理与协调内部的人际关系，树立起自身和企业的良好形象。

二、学会融资

俗话说，巧妇难为无米之炊。资金是创业的物质基础，是创业成功的必要保证，也是决定创业规模的重要因素。筹集足够的资金，是创业者要过的第一关。

（一）融资渠道与方式

融资渠道是指取得资金的途径，即资金的供给者是谁。确定融资渠道是融资的前提，它直接影响企业的融资成功率和融资成本，并决定企业融资公关的方向。

融资方式则是指如何取得资金，即采用什么融资工具来取得资金。融资渠道展示出取得资金的客观可能性，即谁可以提供资金。融资方式则解决用什么方式将客观存在的可能性转化为现实性，即如何将资金融到企业。

总体来看，我国创业企业的资金来源主要有以下6种渠道。

1. 国家财政资金

为了支持创业活动，国家一些部委和地方政府设立了各种基金，对于符合基金支持条件的创业企业（如技术创新、出口创汇、生态环保等）以无偿拨款、投资、贴现贷款等方式来扶持其发展。

2. 企业自留资金

这是企业在生产经营过程中形成的资本积累和增值，主要包括资本公积金、盈余公积金和未分配利润等。

3. 国内外金融机构资金

各种银行和非银行金融机构向企业提供的资金。

4. 其他企业和单位的资金

这是各类企事业单位、非盈利社团组织等，在经营和业务活动中暂时或长期闲置、可供企业调剂使用的资金。

5. 职工和社会个人资金

这是企业职工和社会个人以其合法财产向企业提供的资金。直接投资的形式吸引企业和私人资金，既拓宽了创业企业的融资渠道，又实现了社会资金的良性循环。

6. 境外资金

这是指国外的企业、政府和其他投资者以及我国港、澳、台地区的投资者向企业提供的资金。

【案例6-16】

大学生"众筹"找路子

背着一个电影剧本，西北师范大学传媒学院学生张百强三次进京，寻找资金支持。虽然有影视公司直言剧本非常有潜力，但张百强还是被泼了冷水，"他们认为对于学生来讲，要真正做一部电影基本不可能"。

张百强早前拍摄过微电影《指尖的流沙》，他一直希望能拍出一部院线电影，但资金不够。去年9月，他成立了一个15人的剧组，在南京进行前期取景和拍摄。剧组小伙伴体谅这位"导演"的难处，除了拿到基本补贴，几乎不收取其他片酬。

当电影前期拍摄结束后，张百强了解到众筹模式日趋火热，决定通过众筹解决资金难题。

3 月 12 日，张百强通过"读懂甘肃"微信平台发布众筹信息，第一天就入账一万余元，众筹结束时共有 54 人支持，筹集资金 47307 元，超出了 4 万元的众筹目标。

在张百强心里，众筹不仅仅是资金，物资也是重要一环。当他再次奔赴北京时，在北京的小伙伴解决了他的食宿问题。这些人为张百强提供了在京 4 天的住宿、伙食等费用。"这也是众筹的另一种方式，融到了资源。"张百强说。

资本不够雄厚，融资又比较困难，加上个人的人脉和社会经验都有欠缺，年轻人创业更倾向于众筹及团队合作的方式，这是明智的选择。

（二）创业企业融资的程序

企业融资是一个复杂的过程，要解决目标投资者选择、向目标投资者证明其投资是有价值的、投资风险是可以控制的等问题。

1. 事前评估

系统分析企业融资的必要性和可行性。第一，判断企业战略，然后判断融资与战略方向是否一致。第二，判断融资需求的合理性，如企业为什么要融资。第三，融资可能性分析。最后，对上述结果进行归纳，形成融资诊断与评估报告，作为高层融资决策的依据。

2. 融资决策与方案策划

融资决策与方案策划环节主要是就融资中的一系列关键问题进行决策和策划，包括估算融资规模、确定融资渠道和方式、选择融资期限与时机、估算融资成本、评估融资风险等。

3. 融资资料准备与谈判

融资资料准备与谈判阶段，企业一方面要着手准备相关融资资料，编制融资计划书（创业计划书），另一方面要开始与潜在资金提供方接触，就资金的使用价格、期限、提供方式、还款方式等细节进行协商，直到达成一致。

4. 过程管理

过程管理阶段包括融资组织、策划与实施等内容，它是根据双方谈判的结果和要求，对所有资金到位前的工作进行细化、论证、安排。核心是制订融资实施方案与签订融资协议两个环节。

5. 事后评价

通过分析总结成败之处，为下次融资积累经验和相关资料，包括融资效果评价及其成败经验教训分析、融资参与人员的表现及其奖惩处理、企业融资档案的建立等。

（三）融资渠道与工具选择策略

1. 种子期

创业者可能只有一个创意或一项尚停留在实验室的科研项目，所需资金不多，应主要靠自有资金、亲朋借贷，吸引"天使"投资者，也可向政府寻求一些资助。

2. 创建期

企业需要一定数量的"门槛资金"，主要用于购买机器、厂房、办公设备、生产资料、后续研究开发和初期销售等，所需资金往往较大。由于没有经营和信用记录，从银行申请贷款的可能性甚小。这一阶段的融资重点是吸引股权性的机构风险投资。

3. 生存期

产品刚投入市场，市场推广需要大量的资金，现金的流出经常大于流入。此阶段要充分利用负债融资，同时还需要通过融资组合多方筹集资金。

4. 扩张期

企业拥有较稳定的顾客和供应商及良好的信用记录，利用银行贷款或信用融资已比较容易。但由于发展迅速，需要大量资金以进一步进行开发和市场营销。为此，企业要在债务融资的同时进行增资扩股，并为上市做好准备。

5. 成熟期

企业已有较稳定的现金流，对外部资金的需求不再特别迫切。此时的工作重点是完成股票的公开发行上市工作。

（四）如何降低银行融资成本

1. 巧选银行，贷款也要货比三家

随着利率市场化改革的推进，各家银行商业贷款利率浮动范围将不断扩大，因而到银行贷款也需要货比三家，才能选到物美价廉的融资服务。

2. 合理挪用，住房贷款也能创业

如果创业者有购房意向，并且准备了一笔购房款，可以先将这笔购房款挪用于创业，买房时再向银行申请办理住房按揭贷款。因为住房贷款是商业贷款中利率最低的品种，如当5年以内住房贷款年利率为3.33%时，普通3~5年商业贷款的年利率则为6.57%。

3. 精打细算，合理选择贷款期限

如果创业者资金使用时间不是太长，应尽量选择短期贷款。比如原打算办理两年期贷款的，可以一年一贷，这样可以节省利息支出。另外，创业融资也要关注利率的走势情况，如果利率趋势走高，应抢在加息之前办理贷款；反之，则应尽量暂缓办理贷款，等降息后再办理。

4. 用好政策，享受银行和政府的低息待遇

中央和地方政府的各种基金和扶持性资金、政策性银行的融资成本是最低的，如果创业企业基本符合相关政策条件，应尽量努力，争取这类政策支持。

5. 亲情借款，成本最低的创业"贷款"

创业初期最需要的是低成本的资金支持，如果亲朋好友在银行存有定期存款或国债，创业者可以和他们协商借款，按照存款利率支付利息，并适当上浮，这样创业者既方便快捷地筹集到创业资金，亲朋好友也可以得到比银行略高的利息。当然，这需要借款人有良好的信誉，必要时还要找担保人或提供一些抵押物，以解除亲朋好友的后顾之忧。

6. 适时还贷，提高资金使用效率

创业过程中，如果因效益提高、货款回笼以及淡季经营、压缩投入等原因致使经营资金出现闲置，就应及时向贷款银行提出变更贷款方式和年限的申请，直至部分或全部提前偿还

贷款，从而降低利息负担，提高资金使用效率。

三、公司选址

项目确定了，资金到位了，合作人找好了，万事俱备，只欠落实店铺这股"东风"了。特别对年轻的创业者来说，要在短时间内找到地段、租金等各方面都合适的店铺，真是难上加难。那么，如何寻找创业的这份"黄金宝地"呢？

（一）选址原则

大量的成功案例证明，在选址问题上，定性的分析更为重要，定性分析是定量分析的前提。具体的选址原则如下：

1. 费用原则

开办初期的固定费用，投入运行后的变动费用，产品出售以后的年收入，都与选址有关。

2. 集聚人才原则

企业地址选得合适有利于吸引人才。反之，因企业搬迁造成员工生活不便，导致员工流失的事情常有发生。

3. 接近用户原则

对于服务业，几乎无一例外都需要遵循接近用户原则。许多制造企业把工厂建到消费市场附近，以降低运费和损耗。

4. 长远发展原则

选址要考虑到企业生产力的合理布局，要考虑市场的开拓。

（二）选址要考虑的因素

选址必须要对商圈、潜在客户、交通进行调查，但最重要的还是要结合自己的实际情况，来选择理想的地段。

1. 商圈调查

所谓商圈即为繁华的商业地带，商圈调查的目的在于使你了解周围的消费群体、人口数量、消费水平。这些都是选址的重要参考依据。按照环境不同，商圈可以分为商业区、住宅区、娱乐区、办公区等几大类。其中商圈的交通便利程度、公共设施、周围竞争者、消费特征等，都是在调查中需要考虑的因素。

2. 有效客流

很多人总是认为，人流量大的地方往往是最佳的经营地址，其实也不尽然。在选址时，你要研究的不是人有多少，而是你的"有效容量"究竟有多大，也就是要清楚地了解客流的消费目标。比如商业集中的繁华区，客流一般以购物为主流，特点是速度缓慢，停留时间长，流动时间相对分散。

3. 交通地理条件

交通的便利性也是选择地址要考虑的重要因素。方便的交通要道，如接近车站、码头以及公共汽车的停车站的地方，由于行人来往较多，客流量大，具有设店的价值。交叉路口的街角，由于公路四通八达，能见度高，也是设店的好地点。

4. 竞争程度

"知己知彼，百战不殆。"了解所选店址周围竞争对手的经营模式和实力。如果鸡蛋硬是往大石头上碰，那头破血流也是早晚的事情。

四、创业营销

"营销就是有利益的满足需求。"也就是说，在营销的过程中，企业要实现利润。事实营销上，任何企业在营销手段上，所采取的方法都是大相径庭的，因此，不管你用任何形式的营销手段，最终的目的是把企业的产品卖出去，并且给企业换取利润，以维持企业的正常运转。

（一）市场定位

1. 市场定位的依据

市场定位就是针对竞争者现有产品在市场上所处的位置，根据消费者或用户对该种产品某一属性或特征的重视程度，为产品设计和塑造一定的个性或形象，并通过一系列营销活动把这种个性或形象强有力地传达给顾客，从而确定该产品在市场上的位置。

2. 调查研究影响定位的因素

适当的市场定位必须建立在市场营销调研基础上，必须先了解有关影响市场定位的各种因素。这主要包括：

（1）竞争者的定位状况。

（2）目标顾客对产品的评价标准。

（3）目标市场潜在的竞争优势。

3. 市场定位战略

（1）"针锋相对式"定位。把产品定在与竞争者相似的位置上，同竞争者争夺同一细分市场。实行这种定位战略的企业，必须具备以下条件：

1）能比竞争者生产出更好的产品。

2）该市场容量足够吸纳这两个竞争者的产品。

3）比竞争者有更多的资源和实力。

（2）"填空补缺式"定位。寻找新的尚未被占领、但被许多消费者所重视的位置，即填补市场上的空位。

（3）"另辟蹊径式"定位。当企业意识到自己无力与同行业强大的竞争者相抗衡从而获得绝对优势地位时，可根据自己的条件取得相对优势，即突出宣传自己与众不同的特色，在某些有价值的产品属性上取得领先地位。

（二）市场细分

市场细分是指通过调研，根据消费者对产品不同需求、不同的购买行为和消费习惯等方面差异，把某一产品的市场划分为若干个相似需求的小市场群。

1. 地理标准

地理标准是指消费者所处的地理环境和地理位置，包括地理区域、地形、气候、人口密度等。在某些消费方面不同的文化圈有不同的消费倾向。

2. 人口标准

人口标准主要包括年龄、性别、职业、家庭、经济收入水平、教育水平等因素。人口统计因素是最常用的细分标准，因为消费者的需求与这些因素最相关。

3. 心理标准

心理标准包括社会阶层、生活方式，即消费者对自己工作和休闲娱乐的态度；个性，很多产品服务是针对某些个性特征而设计的，以迎合消费者的需要。

4. 行为标准

行为标准主要包括消费者的消费习惯、购买倾向等，如产品购买的动机和目的；产品利益，产品能带给消费者的利益；使用者的状况，是初次使用，还是多次使用。

5. 商品的用途

商品的用途主要分为消费品市场和生产资料市场，针对消费品市场，分析商品用在消费者吃、喝、穿、用、住、行的哪一方面；同时，分析不同的商品用途是为了满足消费者的哪一类需要，从而决定采用不同的营销策略。

（三）营销策略选择

目标市场营销战略有选择性市场营销、无选择性市场营销和集中性市场营销。

1. 无选择性市场营销

企业面对整个市场，只提供一种产品，采用一套市场营销方案吸引所有的顾客，它只注意需求的共性。其优点是生产经营品种少、批量大，节省成本和费用，提高利润率。缺点是忽视了需求的差异性，较小市场部分需求得不到满足。

2. 选择性市场营销

企业针对每个细分市场的需求特点，分别为之设计不同的产品，采取不同的市场营销方案，满足各个细分市场上不同的需要。其优点是适应了各种不同的需求，能扩大销售，提高市场占有率。缺点是因这种差异性营销会增加设计、制造、管理、仓储和促销等方面的成本，造成市场营销成本的上升。

3. 集中性市场营销

企业选择一个或少数几个子市场作为目标市场，制订一套营销方案，集中力量为之服务，争取在这些目标市场上占有大量份额。其优点是由于目标集中能更深入地了解市场需要，使产品更加适销对路，有利于树立和强化企业形象及产品形象，在目标市场上建立巩固的地位。同时，由于实行专业化经营，可节省生产成本和营销费用，增加盈利。缺点是目标过于集中，把企业的命运押在一个小范围的市场上，有较大风险。

（四）营销组合

企业的营销策略是企业对其内部与实现营销目标有关的各种可控因素的组合和运用。影响企业营销目标实现的因素是多方面的，包括产品的设计制造、产品包装、品牌选择、价格的制定与调整、中间商的选择、产品的储存和运输、广告宣传、人员销售、营业推广、公共关系等。

1. 产品（服务）策略

产品的设计应有一个整体的概念，包括核心产品、形式产品、期望产品、延伸产品和潜在产品五个层次。核心产品是向消费者提供满足需要的基本效用，产品的功能应该永远放在第一位；其次要充分考虑产品的其他层次。在形式产品层次上，即使实现了产品的基本功能，产品没有合适的外观形象，一定会影响其销售；在期望产品层次上，消费者期望得到与产品密切相关的一整套附属和条件。在产品延伸层次上，消费者希望送货上门、安装调试、提供维修等服务。在产品潜在价值层次上，消费者希望能有更多的辅助功能。

2. 定价策略

一个产品在它的生命周期的不同阶段，价格不同。

（1）开发阶段：在产品开发阶段进入市场，定价较高，但利润较低，因营销成本偏高。

（2）发展阶段：产品逐渐得到市场认可，定价较高，利润开始增长。

（3）成熟阶段：因为大多数潜在顾客已经买了，新顾客很少，价格降低或打折销售，盈利减少，营销费用加大。应在此时开发新产品并迅速引进市场。

（4）衰退阶段：原有产品销售额和利润开始下降，宜退出市场，新产品开始盈利。

如果你想在产品的发展和成熟期获利，那就需要在产品的开发阶段就进入市场，这个阶段的营销任务是向顾客介绍新产品，使顾客了解新产品将给他们带来什么。但是，营销费用相对要高。

3. 渠道（分销）策略

（1）搭他人的顺风船。刚创办的企业，企业及产品品牌不为消费者所了解，也很难在短时间内为客户所接受，此时，可以借用品牌的商标（合法使用，而不是非法使用）和他人强有力的销售渠道，可以迅速打开市场。

（2）捆绑式销售。如果开发的是系列产品，这些产品的用途也是相互配套、相互联系的，那么配套产品可以利用主产品的销售来销售。

（3）直接建立自己的销售网络。在目标市场采用密集型和轰炸型销售策略，也可以建立自己的终端销售队伍。

4. 促销策略

（1）借助他人推荐扩大知名度，顾客之间的推荐是招揽生意的最好方式，没有什么比一传十、十传百的推荐在传播企业及其新产品方面来得更快、更有效。

（2）公共关系，为了使新产品尽量让其他人了解，公共关系是强有力的促销工具。比如媒体的侧面报道；召开有关产品研讨会、发布会；与中间商、政府的良好沟通等。

（3）广告促销，广告是现代促销手段中最直接的手段，许多创业企业通过打广告打开市场。

（4）协作营销，与周边相关企业形成协作销售的模式，共同造势，吸引顾客，如饭店与宾馆协作，起到共赢的效果。

（五）创业不同时期的营销模式

1. 创业初期的营销

大多数公司都是由一些聪明而有理想的创业者个人创建的，而每个企业在创建之初，都经历了一个艰苦奋斗的过程。比如很多现在非常成功的企业，最初的营销就是创业者个人自己走出去，推销自己的产品。

2. 成熟创业的营销

随着公司的发展和客户群体的壮大，一般的企业在成长期，都采用了惯例式营销，即细分市场，建立营销队伍，构建营销网络。

3. 协调式营销

许多大公司进行了惯例式营销后，花了大量的精力来阅读最新的市场调研报告，力求将与经销商的关系调节到最好。但是，经过比较我们不难发现，惯例式营销模式缺乏创业初期营销模式的那种灵活性、创造力和热情，于是，更多的企业要求在惯例式营销模式下，企业经理有必要走出办公室，直接倾听顾客的反映，以保证企业的产品更好地满足客户的要求。

（六）电子商务

今天的消费者，已经可以在互联网上自由地比较他们需要的商品的价格，由于厂方的信息量集中，他们还可以进行竞价比较来选择最适合他们的产品。这种消费形式的变化给企业的营销模式带来了变化。

任何科技进步既是机遇也是挑战，作为一个新生企业的创业者，不能无视这种变革。只有充分认识到这场在市场和营销领域内发生的重大变革，才可以更好地融入市场，取得应有的市场份额。

电子商务的优点：

（1）便捷。网店永远不会关门。网络购物，可以任何时间，随意选择，不需要特别安排时间来购物。

（2）经济。由于网店开店成本较低，这就使得同样的货品在网店购买，更实惠、更便宜。支付宝等支付手段也为顾客提供了资金安全和信誉保证。

（3）选择。随着网络的普及，绝大多数的企业都建立了自己的网站，介绍自己的企业和产品。通常，人们会首先在网站查询相关的商品信息，通过比较以后再进行购买。

（4）个性化。由于网络的便捷和无边界，使远在千里之外的顾客可以跟卖家在网络上轻松沟通，可以把自己的需求更充分地表达给制造者，因此，个性化的服务比传统营销更加有效率。

五、风险管理

至此，我们的企业已经走上了起步发展的道路。人们常说机遇与挑战并存，收益也往往与风险同在。创业是一种高风险活动，尤其是在创业初期，企业更是处于高危期，抗风险能力较弱，因此，风险控制是创业者必须学会的本领。

（一）创业风险的来源

风险是指在一定环境下、一定时间段内，影响目标的不确定性，或某种损失发生的可能性。也就是说风险的存在意味着创业目标的实现可能会遇到预料之外的事情。一位成功的创业者曾说过，创业时要从最坏的结果打算，你能承担多大的损失，支撑多长的时间，如何应对创业瓶颈阶段，如何应对风险，这些都十分重要。

1．资金风险

来自资金方面的风险会在创业初期一直伴随在创业者的左右。是否有足够的资金创办企业是创业者遇到的第一个问题，企业创办起来之后，能否有足够的资金支持企业的日常运作也是一个重要的问题。对于初创企业来说，如果几个月内连续地入不敷出或者因其他的原因导致企业的现金流中断，都会给创业者带来极大的威胁。

2．竞争风险

如果创业者所选择的行业是一个竞争非常激烈的领域，那么在创业之初极有可能受到业内同行的强烈排挤。比如，一些行业内的大企业为了能把同行业中的小企业吞并或挤垮，常会采用低价销售的手段。对于大企业来说，由于规模效益或实力雄厚，降价并不会在短时间之内对它造成致命伤害，而对初创企业来说，低价则可能意味着彻底的毁灭。因此，考虑好如何应对来自同行的残酷竞争是创业者生存的必要准备。

3．团队风险

创业企业大多是弱小的，它在诞生或成长过程中最主要的力量来源于创业团队。一个优秀的创业团队能使创业企业迅速地发展起来，但风险也蕴含其中，团队的力量越大，产生的风险也就越大。一旦创业团队的核心成员在某些问题上产生分歧而不能达到统一时，极有可能会对企业造成强烈的冲击。

有些生产或经营性企业需要面向市场，大量的高素质的业务员队伍是这类企业成长的重要基础。如何防止业务员的流失应该是创业者时刻注意的问题。而在那些依靠某种技术或专利创业的企业中，拥有或掌握这一关键技术的业务骨干的流失则更是创业失败的主要风险源。

4．核心竞争力缺乏

对于那些有雄心的创业者来说，他们的目标是使企业不断地发展壮大，因此企业是否具有自己的核心竞争力就是最主要的风险。一个依赖他人的产品或市场来打天下的企业是永远不会成长为优秀企业的。核心竞争力在创业之初可能不是最重要的问题，但要谋求长远的发展，就是最不可忽视的问题。没有核心竞争力的企业终究会被淘汰出局。

（二）创业风险类型

在企业的管理及成长发展过程中，一般会出现以下几种风险。

1．机会风险

创业者选择创业也就放弃了自己原先所从事的职业。一个人只能做一件事，选择创业就丧失了其他的选择，这就是所谓的机会成本风险。如果创业者认为目前创业时机成熟，正好有一个绝佳的商业机会，那么就狠下决心，立即着手创业。如果觉得没有什么太好的商业机会，而且自己对公司经营运作管理知之甚少，就可以暂时不要辞去工作，边工作边认真观察，看看所在公司是如何运作的，甚至用心学习所在公司开拓市场的技巧，以及公司老总管理公司的技巧。

2．市场风险

市场风险是指市场主体从事经济活动所面临的盈利或亏损的可能性和不确定性。市场容量决定了产品的市场商业总价值。很多创业者在制订创业计划时，常常会根据调查的数据进行主观的推理，结果可能过高地估计市场的需求量。一个全新的产品，打开市场需要一定的过程与时间，若创业企业缺乏雄厚的财力投入到广告宣传中去，产品被市场接受的过程就会更长，因而不可避免地出现产品销售不畅，造成产品积压，从而给创业企业资金周转带来困难。

3. 管理风险

对于创业者而言，绝不可以根据自己的喜怒哀乐或不切合实际的个人偏好而做出决策。创业企业的迅速发展如果不伴随着组织结构的相应调整，往往会成为创业企业潜在危机的根源。因此，对于新创企业，创业者从最开始就应该注意组织结构的设计、调整，人力资源的甄选、考评、薪酬的设计及学习与培训等管理；从创业初始就需要建立健全各种规章制度，并建立起企业文化。

4. 资金风险

资金风险是指因资金不能适时供应而导致创业失败的可能性。对于新创企业，资金缺乏是最普遍的问题，如果创业者不能及时解决，非常容易造成创业夭折。

5. 技术风险

技术风险是指在企业产品创新过程中，因技术因素导致创新失败的可能性。技术从研究开发到实现产品化、产业化的过程中，任何一个环节的技术障碍，都将使产品创新前功尽弃，归于失败。技术产品的特点之一就是寿命周期短、更新换代快。对依托技术产品的创业者而言，如果不能在技术寿命周期内迅速实现产业化，收回初始投资并取得利润，那么必将遭受巨大的损失。

（三）风险识别与管控

在创业风险出现或出现之前，就予以识别，以有效把握各种风险信号及其产生的原因。风险管理的第一步就是要正确、全面地认识可能面临的各种潜在损失。风险识别的具体方法主要有以下几种：

（1）现场观察法。通过直接观察企业的各种生产经营设施和具体业务活动，具体了解和掌握企业面临的各种风险。

（2）财务报表法。通过分析资产负债表、损益表和现金流量表等报表中的每一个会计科目，确定某一特定企业在何种情况下会有什么样的潜在损失及其成因。由于每个企业的经营活动最终要涉及商品和资金，所以这种方法比较直观、客观和准确。

（3）业务流程法。以业务流程图的方式，将企业从原材料采购直至送到顾客手中的全部业务经营过程划分为若干环节，每一环节再配以更为详尽的作业流程图，据此确定每一环节进行重点预防和处置。

（4）咨询法。以一定的代价委托咨询公司或保险代理人进行风险调查和识别，并提出风险管理方案，供经营决策参考。

（四）化解创业风险

为避免造成重大经济损失和社会不良影响，每个创业者都应花大力气进行风险预防。创业者应选择那些发生概率大、后果严重的事件，进行重点的防范。

1. 应对开业风险

要在你最熟悉的行业办企业；制订符合实际的，而不是过分乐观的计划；在预测资金流动时，对收入要谨慎一点，对支出要留有余地，一般要留出所需资金10%的准备金，以应付意外情况；没有足够资金不要勉强上项目，发现问题时要立即调整。

2. 应对现金风险

理解利润与现金以及现金与资产的区别，经常分析它们之间的差额；节约使用现金；向有经验的专家请教；经常评估现金状况。现金管理上应注意接受订货任务要与现金能力相适应；不将用于原材料、在制品、成品和清偿债务的短期资金移作固定资产投资；约束投资冲动，慎重对待扩张、多种经营以及类似的投资决策；对现金需求的高峰期应预先做出安排；安排精明而又务实的人管理现金。

3. 应对市场风险

以市场及消费者的需求为生产的出发点；时刻关注市场变化，善于抓住机会；广泛搜集市场情报，并加以分析比较，制订有效的市场营销策略；摸清竞争对手底细，发现其创业思路与弱点；对各种成本精打细算，杜绝不必要费用；健全符合自身产品特点的销售渠道网络；充分了解各主管机关职能及人员构成情况；以良好诚信的售后服务赢得顾客青睐。

4. 应对技术风险

综合考虑企业自身技术能力、资金量和所需时间，选择技术获得途径；若选择引进技术，则要在引进技术前对所引进技术的先进性、经济性和适用性进行评价；在技术开发的过程中应加强技术管理，建立健全技术开发和管理的内部控制制度，对科技人员实行特殊的优惠政策，防止因技术人员外调引起技术流失，保证技术资料的机密性；加强对职工的技术培训，提高员工对高科技设备的操作熟练度，减少不必要的风险损失。

5. 应对人员风险

建立完善的雇员选择标准，综合考虑技术能力和合作能力两个因素；无论人员来源，寻找最胜任工作的人选；记录并跟踪新雇员情况，熟悉各个职员素质及发展，做到人尽其才；友好对待并鼓励新雇员，使其早日适应新环境，进入工作角色；建立合理的信息沟通及汇报制度，使创业者能充分掌握员工及企业动态；制订有效的投资计划，从长计议，加强员工内部凝聚力。

6. 应对财务风险

为了应付财务风险，领导班子要有适当分工，密切监控和防范财务风险；向专家和银行咨询，选择最佳的资金来源以及最合适时机和方式筹措资金。

能力训练

【训练任务】

三国时期，曹操率80万大军想要征服东吴。孙权、刘备便联手抗曹。孙权手下有位大将叫周瑜，智勇双全，可是心胸狭窄，很妒忌诸葛亮的才干。因交战需要弓箭，周瑜要求诸葛亮负责在10天内赶造10万支箭，哪知诸葛亮只要3天，还愿立下军令状，完不成任务甘受处罚。

于是周瑜派大臣鲁肃去探听诸葛亮的虚实。鲁肃见了诸葛亮。诸葛亮说："这件事要请你帮我个忙，希望你能借给我 20 只船，每只船上 30 个军士，船要用青布幔子遮起来，还要一千多个草靶子，排在船两边。不过，这事千万不能让你家都督知道，否则就不灵了。"鲁肃回去报告周瑜，只说他不用准备的材料，绝口不提诸葛亮的计划。

两天过去了，不见一点动静。周瑜想：他肯定造不好了。到第三天四更时候，诸葛亮秘密地请鲁肃一起到船上去，说是一起去取箭。诸葛亮吩咐把船用绳索连起来向对岸划去。

那天江上大雾迷漫，对面都看不见人。当船靠近曹军水寨时，诸葛亮命船一字摆开，叫士兵擂鼓呐喊。曹操以为对方来进攻，又因雾大怕中埋伏，就从旱寨调六千名弓箭手朝江中放箭，雨点般的箭纷纷射在草靶子上。过了一会儿，诸葛亮又命船掉过头来，让另一面受箭。

太阳出来了，雾要散了，诸葛亮令船赶紧往回划。此时顺风顺水，曹操想追也来不及了。这时船的两边草靶子上密密麻麻地插满了箭，每只船上至少五、六千支，总共有 20 条船，总数远远超过了 10 万支。鲁肃把借箭的经过告诉周瑜时，周瑜感叹地说："诸葛亮神机妙算，我不如他。"

【训练目标】

打开思维方式，灵活应对问题，锤炼基本素质。

【训练过程】

1. 将班级同学分组，5~10 人为一组。

2. 下发讨论命题：

（1）在"草船借箭"中，诸葛亮运用了什么思维方式？

（2）请同学们分析诸葛亮之所以能成功借箭，都体现了他身上具备的哪些创新素质，对我们有什么启示。

（3）请你评估：为什么诸葛亮用草船借箭的方案可行？

3. 宣布讨论规则，各组自由讨论。

4. 汇报展示讨论结果。

【训练任务】

2005 年 8 月，中国一批国企高层主管到美国接受培训。上"管理与企业未来"这门课时，每个人拿到了一份具有测试性质的案例：请根据下面三家公司的管理现状，判断它们的前途。

公司 A：八点钟上班，实行打卡制，迟到或早退 1 分钟扣 50 元；统一着装，必须佩戴胸卡；每年有组织地搞一次旅游、两次聚会、三次联欢、四次体育比赛，每个员工每年要提 4 项合理化建议。

公司 B：九点钟上班，但不考勤。每人一个办公室，每个办公室可以根据个人的爱好进行布置；在走廊的白墙上，信手涂鸦不会有人制止；饮料和水果免费敞开供应；上班时间可以去理发、游泳。

公司 C：想什么时候来就什么时候来；没有专门的制服，爱穿什么就穿什么，把自家的狗和孩子带到办公室也可以；上班时间去度假也不扣工资。

【训练目标】

感受先进的企业管理理念。

【训练过程】

1. 将班级同学分组，5~10人为一组。

2. 下发讨论命题：请根据你的经验作出判断，哪一家公司的前景会更加乐观？

3. 宣布讨论规则，各组自由讨论。

4. 汇报展示讨论结果。

注：公司A：广东金正电子有限公司，因管理不善，申请破产，生存期9年。公司B：微软公司，现为全球最大的软件公司和美国最有价值的企业之一。公司C：Google公司，是唯一一家能从微软帝国挖走人才的公司。

实践活动 1

【活动目标】

丰富校园文化生活，充分挖掘学生内在潜力，展示学生特长，丰富学生的精神世界，提高学生综合能力，培养学生创新精神和实践能力，促进学生全面发展。

【活动内容】

1. 活动主题：体验生活，健康成长。

2. 组织机构：

（1）组委会组长（略）。

组委会副组长（略）。

组委会成员（略）。

（2）辅导老师。

科普"征文"辅导（略）。

科普板报辅导（略）。

科普绘画辅导（略）。

科技制作辅导（略）。

3. 活动内容：本次科技创新活动从以下几个方面着手。

（1）科普宣传。

1）通过班会，做好科技创新活动宣传发动工作。

2）利用板报、广播进行宣传，班级各出一期科普教育黑板报。

3）各班级结合学生特点开展主题教育。

4）各系部可根据学科特点，向学生进行相关的科普教育。

（2）科普实践。

1）利用班级活动，开展各项科普活动竞赛选拔活动。

2）学生每人选读一本科普读物，写出读后感。

3）开展一些科普实验等活动，写一篇科技小论文。

4）举办一次科普知识讲座。

5）组织学生观看科普纪录片。

（3）科普比赛。

1）科技创新制作活动。

① 主题说明。

a. "科技创新小制作"——用身边的旧电器等废旧物品，运用"声、光、电、磁、机械"等科学原理创新制作科技玩具、模型等作品。

b. "生活中的小发明"——发现生活、学习用品中的不足、缺陷，发明创造出可以弥补不足与缺陷的小发明，或发明出实用、多功能的新型用具。

注：如无制作条件，也可以只写出创造发明创意，包括设计思路、设计原理、设计图样。

② 活动要求。

a. 根据给出的创造发明主题，进行准备与制作，每位学生可独立或与其他同学共同制作1~2件科技小发明、小制作作品参赛（每班择优选送，数量3~5件）。

b. 比赛作品应围绕科技创新主题，有科技含量、创新性、实用性、美观性与学生课余生活联系密切，并提倡利用废旧物品为材料进行科技制作。

c. 作品上贴注：作品类型（小制作或小发明）、作品题目、作者班级、姓名。

③ 评奖方法。由组委会邀请相关专业老师作初评，筛选出候选作品，推荐参加院级比赛。

④ 负责人。各系部（中心）主任。

⑤ 截止时间。××年×月×日（参赛作品统一交系部（中心）主任处）。

2）科普板报比赛。

① 参赛对象：各年级各班。

② 板报内容：根据主题"探究身边的科学"进行集体创作。

③ 参赛办法：以各班教室内的板报为板面，自行设计、参赛。

④ 负责部门：院团委。

⑤ 比赛方式：现场打分。

⑥ 比赛时间：（略）。

3）科技创新绘画比赛。

① 参赛对象：各年级各班。

② 比赛内容：各班围绕科技创新主题进行训练、选拔、参赛。

③ 比赛办法：每班选送参赛作品2~3件。

④ 作品要求：

a. 参赛作品一律用400mm×600mm的纸（材质不限），作品要求整洁，反面右下角注明：作品题目、作者班级、作者姓名。

b. 本次科普绘画比赛采用"绘画形式多样化"的比赛方法，绘画形式可以是油画、国画、水粉画、水彩画、钢笔画、蜡笔画、剪纸画、粘贴画、计算机画或综合技法画等多种技巧、风格、材质表现（但不包括非画类其他美术品与工艺品）。

c. 作品要具备想象力、科学性，体现绘画水平（设计、色彩、技巧），具有真实性（必须自己原创，不得临摹或抄袭他人作品）。

⑤ 比赛时间：×月×日前交稿，统一交至学生处。

⑥ 评奖方法：由组委会邀请相关专业老师作初评筛选出候选作品，各年级各设一、二、

三等奖若干名。优秀作品推荐参加院级比赛。

4）科技小论文竞赛。

① 参赛对象：各年级各班。

② 比赛内容：各班通过开展实验等活动或通过学习、查阅书籍、网络资料，结合科技兴国的思想，写一篇科技小论文。

③ 比赛要求：各班认真准备，选送 2~3 篇（不超过 3 篇）参加校比赛。

④ 截止日期：××年×月×日（参赛文章统一交各系部（中心）主任处）。

⑤ 评奖方法：由组委会邀请相关专业老师作评委，评出一、二、三等奖若干名。

4. 活动时间：×月×日—×月×日。

×月×日—×月×日：宣传动员阶段。

×月×日—×月×日：准备阶段。

×月×日—×月×日：总结阶段。

5. 参赛对象：全院学生。

6. 奖励措施。

（1）奖项设置：

1）集体奖：一等奖 1 名，二等奖 2 名，三等奖 4 名。

2）个人优秀奖若干名。

3）学院将视情况专门设立优秀组织奖和科技辅导员奖。

（2）奖励办法：凡上交作品的班级将组织评比，作为班级考核内容之一。

7. 备注

各班有关活动资料、材料等由班主任负责收集。活动中，要求各班积极、认真地组织活动，抱着"参与第一，比赛第二"的态度，利用活动的契机全面提高学生各方面素质，尤其是科技素质的提高。各班要广泛宣传、营造氛围。各班要精心组织、积极参与、讲究实效，要在普及教育和普遍参与的基础上出精品，培养优秀学生参加竞赛。

实践活动 2

【活动目标】

根据不同经营内容选择合适的门店地址。

【活动内容】

1. 活动内容：新创企业门店选址。

2. 活动要求：根据所学知识和搜集的信息资料，以自愿的原则，将学生分为若干小组，每组 6~8 人，每个小组自定经营内容。

假定以小组为单位开设门店，根据不同经营内容，制订一份门店的选址方案。方案中应涉及以下内容：

（1）多个选址策略的比较分析过程。

（2）最终决策理由。

（3）选址结果。

3. 参考与提示

（1）根据门店的经营内容选址。例如服装店、小超市要开在人流量大的地段。

（2）选择自发形成某类市场的地段。

（3）选择有广告空间的店面。

（4）把店铺开在著名连锁店或强势品牌店的附近。因这些著名品牌店在选址前做过大量细致的市场调查，挨着它们开店，不仅可省去考察场地的时间和精力，还可以借助它们的品牌效应"捡"到顾客。

4. 成果与测试：

（1）各小组互相评判，并评选出两个优胜小组。

（2）由教师给各组方案打分，对优胜小组进行点评。

考核评价

1. 一家公司既经营鲜牛奶又经营面包、蛋糕等食品。这家公司出售的牛奶质优价廉，每天都能在天亮以前将牛奶送到订户门前的小木箱内。牛奶的订户不断增多，公司获利越来越大。可是这家公司经营的面包、蛋糕等食品，虽然也质优价廉，但是，由于门市部所在的地段较偏僻，来往的行人不多，营业额一直不大。这家公司的老板当然知道通过报纸和电台做广告是有作用的。但他同时也清楚，这要付出很大的代价，而且面包、蛋糕一类食品，不同于一般大件商品，在报纸上或新闻媒体公布其名称、价格，是不容易引起消费者注意的。该公司老板从牛奶订户不断增多的事实中感到，这是一个很大的消费群体，对其进行宣传不仅能收到很大效果，而且通过他们不断扩大影响。于是他认定，要为面包、蛋糕等食品做宣传，可以在牛奶订户上做文章，这是一个可以从中挖掘出有效宣传广告形式和手段的重要源泉。

请帮助该公司设计一个投资不大而又宣传效果极佳的推销面包、蛋糕的好方式，并说明理由。

2. 试着拿100元钱去另一个城市生活10天，看你在那里过得怎么样？你有什么办法能让这100元钱变得更多吗？

3. 我们现在经常享受上网的快乐。可以通过网络传递信息、查找下载资料、玩游戏等。可是盲人要和我们一样上网就会遇到很大困难。针对"盲人上网"这个课题，请你分析主要困难，并提出解决方案。

4. 三个大学生租了某旅馆的房间作为宿舍，每人交了1000元。旅馆经理对服务员说，大学生还没有工作，挺困难的，退给他们500元吧。服务员在找大学生的路上想500元他们不好分。干脆给他们300元算了，我还能捞200元。于是。他把200元装进自己口袋里，只退给大学生300元。现在计算一下：大学生每人实际交了900元，一共交了2700元，加上服务员的200元，共2900元，比原来的3000元少了100元。

请问那100元去哪里了？

5. 有24斤油，现在只有盛5斤、11斤和13斤的容器各一个，如何才能将油分成三等份？

6. 随着我国经济的发展，人民生活水平日益提高，轿车已进入许多家庭，但同时也带来了交通拥挤、停车难等一系列难题。请运用创新知识，帮助我国中等城市设计解决拥堵的方案。

7. 随着经济的发展，现代社会越来越重视能源的节约和利用，请用创新的原理说说如何在家庭中节电？

8. 请你根据以下故事情节，用简洁的语言（不超过100字）写出该故事各种可能的结尾，写得越多越好。

古时候，有兄弟三人。大哥、二哥好吃懒做，三弟勤劳聪明。三兄弟长大后都成了家。有一天，他们在一起喝酒，大哥、二哥提议："从现在起，我们三个说话，互相不准怀疑，否则罚米一斗。"酒后，大哥说："你们总说我好吃懒做，现在家里那只母鸡一报晓，我就起床了……"三弟直摇头说："哪有母鸡报晓之理？"大哥说："好！你不信我的话，罚米一斗。"二哥接下来说："我没有大哥这么勤快，因此，家里穷得老鼠撵着猫吱吱叫……"三弟又连连摇头，二哥得意地说："你不信，也罚米一斗。"后来……

参考文献

［1］许湘岳，吴强. 自我管理教程［M］. 北京：人民出版社，2011.

［2］劳动和社会保障部职业技能鉴定中心. 自我学习能力训练手册［M］. 北京：人民出版社，2007.

［3］劳动和社会保障部职业技能鉴定中心. 职业核心能力培训测评标准（试行）［S］. 北京：人民出版社，2007.

［4］劳动和社会保障部职业技能鉴定中心. 信息处理能力训练手册［M］. 北京：人民出版社，2007.

［5］王晓红，等. 网络信息编辑［M］. 北京：北京航空航天大学出版社，2009.

［6］泽拉兹尼. 用图表说话——高级经理商务图表指南［M］. 刘军，译. 长春：长春出版社，2002.

［7］劳动和社会保障部职业技能鉴定中心. 数字应用能力训练手册［M］. 北京：人民出版社，2007.

［8］大卫·R·安德森，等. 商务与经济统计学精要［M］. 陆成来，等译. 大连：东北财经大学出版社，2000.

［9］宇传华，等. Excel 与数据分析［M］. 北京：电子工业出版社，2002.

［10］劳动和社会保障部职业技能鉴定中心. 与人交流能力训练手册［M］. 北京：人民出版社，2008.

［11］武洪明，许湘岳. 职业沟通教程［M］. 北京：人民出版社，2011.

［12］许玲. 人际沟通与交流［M］. 北京：清华大学出版社，2007.

［13］许湘岳，徐金涛. 团队合作教程［M］. 北京：人民出版社，2011.

［14］孟汗青，郭小龙. 团队建设操作实务［M］. 郑州：河南人民出版社，2002.

［15］劳动和社会保障部职业技能鉴定中心. 解决问题能力训练手册［M］. 北京：人民出版社，2007.

［16］全国职业核心能力认证办公室. 全国职业核心能力认证测试大纲［M］. 长春：吉林大学出版社，2011.

［17］孙健敏，宁健. 创造性解决问题［M］. 北京：企业管理出版社，2004.

［18］吴维亚，吴海云. 创新学［M］. 南京：东南大学出版社，2008.

［19］许湘岳，邓峰. 创新创业教程［M］. 北京：人民出版社，2011.

［20］许湘岳. 礼仪训练教程［M］. 北京：人民出版社，2012.